설득의 논리학

+ 일러두기

1. 이 책에 등장하는 지명, 인명의 외래어 표기는 국립국어원의 표기법을 따랐다.

2. 책 제목은 겹낫표(『 』), 편명, 논문, 보고서는 홑낫표(「 」), 신문, 잡지 등의 간행물은 겹화살괄호(《 》), 희곡, 영화, TV 프로그램, 음악, 사진 등은 홑화살괄호(〈 〉)로 표기했다.

설득의 논리학
말과 글을 단련하는 10가지 논리 도구

초판   1쇄 발행 2007년 7월 9일
개정판 1쇄 발행 2020년 2월 25일
개정판 9쇄 발행 2024년 6월 3일

지은이 김용규

발행인 이봉주 **단행본사업본부장** 신동해 **편집장** 김경림
디자인 [★]규 **마케팅** 최혜진 이은미 **홍보** 반여진 허지호 정지연 송임선
국제업무 김은정 김지민 **제작** 정석훈

브랜드 웅진지식하우스
주소 경기도 파주시 회동길 20
문의전화 031-956-7366(편집) 02-3670-1123(마케팅)
홈페이지 www.wjbooks.co.kr
인스타그램 www.instagram.com/woongjin_readers
페이스북 https://www.facebook.com/woongjinreaders
블로그 blog.naver.com/wj_booking

발행처 ㈜웅진씽크빅
출판신고 1980년 3월 29일 제406-2007-000046호

© 김용규, 2007, 2020
ISBN 978-89-01-23976-7 (03100)

• 책값은 뒤표지에 있습니다.
• 잘못된 책은 구입하신 곳에서 바꾸어드립니다.

LOGIC OF PERSUASION

말과 글을 단련하는 10가지 논리 도구

설득의 논리학

김용규 지음

웅진 지식하우스

피닉스의 부활

"세상은 믿기지 않을 만큼 설득의 기법으로 가득하다!"

— 롤랑 바르트

논리학이 설득의 도구라면 어떨까? 논리학의 기원이 수사학이라면? 아리스토텔레스가 『수사학』에서 설득의 도구 가운데 하나로 논리 (logos)를 꼽았다면? 중세 수도사들이 숭배하던 설득의 여신 페이토 (Peito)의 두 가지 무기 가운데 하나가 논증이라면? 어쩌면 이 모든 사실에 당신은 놀랄지도 모른다. 당신이 밤낮으로 접하는 광고와 유튜브, TV 토론, 프레젠테이션에는 논리학이 들어 있다. 당신이 쓰고 있는 자기 소개서와 에세이, 보고서, 강연 자료에도 논리학이 필요하다. 심지어 동료와 나누는 담화나 가족에게 건네는 말 한마디에도 논리가 요구된다.

놀라지 마시라! 논리학은 본디 설득의 도구로 개발되었고, 지금도 그러하며, 또 앞으로도 그럴 것이다. 설득이 필요한 곳이라면 언제 어디서나 논리학이 필요하다. 만일 이 말이 생소하게 들린다면, 지금 당신이 알고 있는 논리학은 수리논리학(mathematical logic)이다. 기호논리학(symbol logic)이라고도 불리는 그것은 근대 이후 발달하여 오늘날에는 수학이나 공학에서 주로 사용되는데, 사실상 우리의 일상생활과는 별 상관이 없다. 우리에게 필요한 논리학, 아니 우리가 이미 숨 쉬듯이 사용하고 있고 앞으로도 쓰게 될 논리학은 따로 있다. 바로 이 책에서 말하는 설득의 논리학이다!

그렇다! 이 책은 당신이 누군가를 설득할 때 필요한 논리에 관한 것이다. 설득이란 말과 글을 통해 이뤄지기 때문에 이 책에서 다루는 것도 말과 글을 단련하는 논리, 곧 언어의 논리다. 인류 문명은 크게 두 가지 욕구에 의해 이뤄졌다. 하나는 자연을 이해하고 조종하려는 욕구다. 여기에 필요한 것이 수리논리다. 다른 하나는 인간을 설득하여 움직이려는 욕구다. 여기에 필요한 것이 언어의 논리다. 일반적으로 후자에 대한 욕구가 전자보다 더 크고 강하다. 인간을 설득하여 얻는 이익이 자연을 조종해 얻는 그것보다 더 크기 때문이다.

기억하기 바란다! 시대마다 각 분야를 이끌었던 지도자들은 하나도 빠짐없이 설득의 기술을 터득한 인물이었다. 그런 이유로 설득의 논리학은 어느 학문보다도 일찍부터 탐구되기 시작했고 널리 사용되어왔다. 자연과학이 발달하면서 각광받은 수리논리학에 밀려 잠시 무대에서 사라지는 것처럼 보였지만 알고 보면 허상이다. 이 시기에도 설득의 논리학은 담화와 강연, 토론, 프레젠테이션을 진행할 때나 자기 소개서, 광고문, 제안서, 기획서, 연구 보고서, 논문, 논설문 등을 쓸 때 변함없이 탁월한 힘을 발휘하며 영역을 넓혀왔다.

4차 산업혁명 시대라 불리는 오늘날에는 어떤가? 인공지능(AI)을 탑재한 지능형 기계(intelligent machine)들이 논리학이 활용되는 모든 분야에서 인간을 추월하고 있다. 그렇다면 이제는 논리학은 무용지물이 되어버린 것일까? 절반은 맞고 절반은 그렇지 않다. 수리논리는 이제 지능형 기계들의 몫이다. 그러나 설득의 논리는 아니다! 지능형 기계들이 아직은 그리고 앞으로도 상당 기간은 따라올 수 없는 인간의 능력이 비판적 사고와 복잡한 의사소통인데, 그것은 오로지 말과 글을 통해 이뤄지기 때문이다. 설득의 논리가 바로 그 작업의 뼈대를 이룬다.

이렇듯 설득의 논리학은 4차 산업혁명을 맞아 오히려 부활하고 있다. 천년을 살고 불에 뛰어든 불사조(phoenix)처럼 잿더미 속에서 다시 살아나 힘차게 날아오르고 있다. 그리고 다시 천년을 살 것이다. 이것이 출간 이후 꾸준히 사랑을 받아온 이 책의 개정판을 내놓는 이유이기도 하다. 내용도 다시 쓰는 마음으로 수정하고 보완했다.

시대의 흐름에 맞춰 이 책의 부활을 마련해준 신동해 편집주간과 송현주 편집자에게 감사를 드린다.

2020년 봄을 기다리며

청파동에서 김용규

논리 고수들,
설득 클럽으로 모이다

"분명한 말만 써야겠어. 어정쩡한 말을 쓰다간 봉변당하겠는걸!"

— 〈햄릿〉 V. 1

우화로 시작하자. 소크라테스가 오랜 백수 생활을 청산할 요량으로 광고 회사를 차렸다. 악처 크산티페에게 흠씬 두들겨 맞은 다음 날이라는 소문이 있다. 어쨌든 그가 아테네 시장 한쪽에 사무실을 얻어 '소크라테스 설득 클럽'이라는 간판을 내걸고 직원을 뽑았다. 우선 플라톤과 아리스토텔레스를 특채했다. 그리고 팀장으로 임명했다. 낙하산 인사라는 비난이 시장 골목에 자자했다. 그러자 크산티페의 눈길이 당장 곱지 않았다. 수다쟁이 사내 셋이 모여 또다시 탁상공론이나 벌일 것이 뻔했기 때문이다. 소크라테스는 다시 혼쭐이 났다.

다음 날, 사무실 앞에 초라한 공채 광고가 나붙었다. 그런데 지원자들이 구름같이 모였다. 그중에는 쟁쟁한 인사들도 많았다. 우선 로마의 수사학자 쿠인틸리아누스가 보였다. 영국에서 문호 셰익스피어가 철학자 베이컨과 함께 도착했고, 셜록 홈스가 웬일인지 그 뒤를 밟았다. 독일에서 쇼펜하우어가, 덴마크에서 키르케고르가, 프랑스에서 파스칼과 들뢰즈가, 미국에서 퍼스가 건너왔다. 과학사학자 쿤과 신실용주의자 로티는 손을 잡고 나타났다. 바버라 민토라는 여인이 색안경을 끼고 그 뒤를 따랐다. 심지어 길모퉁이에 비트겐슈타인까지 서성거렸다.

소크라테스는 이 모든 것이 자신의 명성 때문이라는 생각에 흥이 나서 고개를 뒤로 젖힌 채 코를 벌름거렸다. 그리고 이들을 전부 채용했다. 당분간 임금은 없다고 했다. 대박이 터지면 그때 준다고도 했다. 크산티페는 가당찮다는 표정을 감추지 않았다. 천하의 백수들이 다 모였다고 대놓고 투덜댔다.

그때 추레한 일본인 사내가 마지막으로 도착했다. 미야모토 무사시라는 검객이었다. 소크라테스는 그마저도 받아들였다. 그 이유는 본문 안에 있다. 그것을 본 크산티페가 드디어 폭발했다. 이런 작자들을 모아 뭐할 거냐고 대들었다. 소크라테스는 변명했다. 광고를 하려면 말과 글이 논리적으로 단련된 '꾼'들이 필요한데, 이 사람들이 그 방면의 대가들이라고 답한 것이다. 그는 변명의 달인이었다. 후에 『소크라테스의 변명』이라는 책도 나왔다. 그러나 크산티페에게는 통하지 않았다. 그래서 또 혼났다. 제명에 죽으려면 헛소리 말라는 게 그녀의 마지막 충고였다.

내가 보기에 소크라테스는 억울하다. 그의 말이 옳기 때문이다. 그는 언제나 옳은 말만 하다가 제명에 죽지 못했다. 그가 죽자 회사는 문을 닫았고 그 일은 금세 잊히고 말았다. 안타까운 일이다. 그래서 나는 이 책에 '소크라테스 설득 클럽' 직원들을 모두 다시 불러 모으기로 했다. 각 장에 이들이 하나 둘씩 등장할 것이다. 목적은 동일하다. 당신에게 설득력 높은 말하기와 글쓰기 비법을 가르쳐주기 위해서다. 이른바 '소크라테스 설득 클럽'의 비법 말이다.

권위의 시대는 갔다. 이제는 설득의 시대. 오늘을 사는 햄릿들에게는 '사느냐 죽느냐'가 '설득하느냐 못하느냐'로 바뀌었다. 이상하게 생각할 것 없다. 직장 또는 학교 그리고 가정에서 상대를 설득할 수 있으면 당신은 성공하고 행복해질 것이다. 그러지 못하면 실패하고 불행해질 것이다. 문제는 오직 어떻게 하면 상대를 설득할 수 있는 능력을 기르느냐는 것인데, 그 답은 논리에 있다. 알고 보면 설득이란 논리라는 나무에서 열리는 달콤한 열매에 불과하다. 그런데 잘못된 생각이 여전히 떠돌고 있다.

대개 사람들은 수사학이 설득의 도구라고 생각한다. 물론 그렇다. 미사여구로 화려하게 치장하거나 수사법으로 깔끔하게 다듬은 말과 글에는 분명 사람의 마음을 움직이는 힘이 있다. 그러나 여기에는 문제가 있다. 사람의 마음은 '바람에 날리는 갈대처럼' 항상 변한다. 그런 이유로 일순간 설득된 듯하다가도 이내 매몰차게 돌아선다. 수사학만으로는 확실히 뭔가 부족하다.

그래서 사람들이 다음으로 매달리는 것이 심리학이다. 이것으로 상대의 마음을 확실하게 잡아보겠다는 속셈이다. 옳은 생각이다. 심리학은 실험과 관찰을 통해 우리의 심리적 취약점이 무엇인지 세밀하게 파악한다. 따라서 적절하게 이용하면 큰 효과를 보기도 한다. 하지만 이조차도 지속적이지는 않다. 건전한 심리를 가진 사람들이라면, 자신의 심리적 취약점을 노린 설득에 어쩌다 넘어갔다 해도 진심으로 굴복하지는 않는다. 그러고는 '다음부터는 그러지 말아야지' 하고 다짐한다.

결국 당신에게 정작 필요한 것은 논리학이다. 논리학이란 강력하면서도 지속적인 효과를 내는 설득의 도구다. 논리는 합리적인 정신 활동이기 때문이다. 인간은 원래 타인에게 설득되는 것에 유쾌해하지 않는 존재다. 그러나 그 이유가 합리적이고 정당할 때는 설득됐다 하더라도 최소한 불쾌하지는 않다. '다시는 그러지 말아야지' 하고 다짐할 필요도 없다.

곧 알게 되겠지만, 논리학이란 대화로 상대를 설득하려고 할 때 어떤 일이 일어나는지를 알아보는 학문이다. 처음부터 그랬고, 지금도 그렇다. 역사적으로 그랬고, 본질적으로도 그렇다. 논리학이 논증의 타당성만을 검증하는 도구가 되어, 주로 공학(工學)에 사용되기 시작한 것은 극히 최근에 벌어진 일이다. 본래는 설득을 목적으로 하는 말하기와 글쓰기를 단련하는 뛰어난 도구였다.

당신은 이 책에서 소크라테스, 플라톤 그리고 아리스토텔레스가 개발한 '잊힌 비법'들과 마주하게 된다. 베이컨의 귀납법, 홈스와 퍼스의 가추법, 베이스의 의사결정의 논리를 접하고, 쇼펜하우어의 논쟁술과 그보다 더 독한 미야모토 무사시의 싸움의 도(道)에 숨겨진 술수들도 익히게 된다. 그리고 마침내 설득을 위한 가장 강력하고 최후의 도구인 진리란 무엇인가에 대해서 알게 될 것이다. 그 과정에서 '논리학의 쓸모가 이렇게 다양한가' 하고 놀라워할 것이다.

이 책에는 고대에 개발된 매우 다양하고 약간 비밀스러운 '논리적으로' 사고하기, 말하기, 글쓰기에 필요한 기술들이 하나하나 구체적으로 소개되어 있다. 그러니 당신은 따라 하기만 하면 된다. 부디 이

설득의 논리학

기술들을 익혀 담론과 토론, 프레젠테이션을 할 때, 또는 자기 소개서와 광고문, 제안서, 기획서, 실험 보고서, 논문, 논설문 등을 작성할 때 유용하게 써먹길 바란다. 그렇게 설득의 달인이 되어 모든 일에서 성공하고 행복해지길 바란다.

2007년 여름

청파동에서 김용규

LOGIC OF PERSUASION

1

소크라테스의
광고 전략

수사학과 예증법

소크라테스가 광고를 만들었다면 어땠을까?
분명 예증법을 사용했을 것이다.
아마 전지현처럼 머릿결이 좋은 여인을 골라
테살로니카에서 생산한 올리브유를 선전하게 하지 않았을까?
아니면 브래드 피트처럼……

당신이 말과 글로 상대를 설득해야 하는 회사원이나 학생이라고 해 보자. 회사원이라면 고객을 상대로 제품을 소개하거나 상사와 동료들 앞에서 프레젠테이션을 하게 될 것이다. 학생일 경우 토론이나 논술 시험에 참가해야 할지도 모른다.

우선 당신은 서점에 갈 것이다. 그리고 이른바 '논리적으로(logical)'라는 수식어가 붙은 생각하기, 말하기, 글쓰기, 문제 해결하기에 관한 책을 한두 권쯤 살 것이다. 아니면 이런 종류의 기술을 가르치는 강의를 들으려고 번잡한 도심 어디론가 서둘러 발길을 옮길 것이다. 이윽고 당신은 '논증'이나 '연역적 방법' 또는 '귀납적 방법'과 같은 말들을 듣게 될 것이다. 그리고 본의 아니게 논리학의 문턱에 한 발을 내딛게 된다. 예로부터 설득의 주요한 수단으로 논증이 사용되어왔는데, 논증이야말로 논리학의 가장 중요한 관심사이기 때문이다.

상대를 설득하고 이를 위해 논증하는 기술을 익혀야 한다는 점에서 보면, 오늘날 젊은이들은 고대 아테네 사람들과 다를 바가 없다. 물론 당시에는 논리학이라는 이름 대신 수사학이라고 불렀다. 어쨌든 이러한 기술이 필요해진 데에는 아테네에서 시행된 민주주의 제도와 관련이 있다. 민주주의란 여러 시민들의 의견을 존중하는 정치 형태다. 따라서 민주 사회에 사는 시민들은 예나 지금이나 자신의 생각을 유창하고 세련되게, 무엇보다 '설득력 있게' 표현할 수 있어야 한다. 소크라테스(Socrates)가 살았을 당시 아테네가 특히 그랬다.

기원전 479년, 그리스 연합군은 10년 넘게 계속된 페르시아전쟁에서 승리했다. 이후 아테네는 곧바로 전함을 상선으로 바꾸어 새로운 상업 도시로 변모했다. 점차 무역으로 돈을 번 상인들이 생겨나면서 소수 귀족들의 권력이 축소되기 시작했다. 이에 따라 그들이 관장하던 각종 제도들이 다수의 손으로 넘어가는 움직임도 나타났다. 행정제도에서는 '민중 의회'가 생겼고, 사법제도는 수백 명의 시민이 배심원으로 참여하는 '민중 재판'의 형태로 변했다.

소크라테스가 자신을 변호했던 재판에는 무려 500명의 배심원들이 참여했다. 플라톤(Platon)이 남긴 『소크라테스의 변명』을 보면, 소크라테스는 유례를 찾아보기 어려울 만큼 아름다운 생각과 뛰어난 논법으로 자신을 변호했다. 하지만 설득에는 실패하여 220 대 280으로 유죄 판결을 받고 사형되었다. 아마 그가 지나치게 현명했거나 아니면 배심원들이 너무 무지했거나 둘 중 하나였을 것이다.

이러한 사회제도와 풍토 때문에 아테네 사람들은 의회나 법정에서 명확하게 연설하고 설득력 있게 논쟁해야만 생명과 재산을 보호할 수 있었다. 그러자 사람들은 자기 생각을 좀 더 효율적으로 전달하기 위한 표현법을 찾아다녔다. 이것이 설득의 기술인 '수사학'이 아테네에서 인기를 끌게 된 이유다. 수사학을 가르치는 소피스트들이 아테네로 몰려들었고 정치가, 변호사, 성직자, 교육자 그리고 배우들이 앞다퉈 이 기술을 배웠다.

초기의 수사학은 주로 문학적 표현을 사용하여 상대를 설득하는 '미사여구법(elocutio)'이었다. 호메로스(Homeros)의 〈일리아스〉와 〈오디세이아〉는 실제로 온갖 미사여구들의 경연장이다. 어느 것 하나 버릴 게 없다. 〈일리아스〉를 보자. 미케네의 왕 아가멤논과 다투고 다시는 왕을 위해 싸우지 않겠다고 다짐했던 영웅 아킬레우스는 친구 파트로클로스가 자신을 대신해 전장에 나가 싸우다 헥토르에게 죽자 분노한다. 그의 분노를 호메로스는 다음과 같이 묘사했다.

분노란 부드럽게 미끄러져 내리는 꿀보다 훨씬 달콤하고, 모락모락 솟아오르는 불길처럼 사나이 가슴속에서 이내 자라난다.

미사여구로 가득한 아킬레우스의 말은 매우 감동적이었다. 그 때문에 어머니인 테티스 여신도 아들이 전투에 나가면 죽게 될 것을 미리 알았지만 말릴 수가 없었다. 초기의 수사학은 이처럼 '감동시키기(animos impellere)'에 주력했다.

그러나 시간이 지나면서 수사학은 감동시키기 위한 문학적 표현뿐 아니라 '확증하기(fidem facere)'를 위한 논리적 표현까지 개발하기 시작했다. 논리적으로 타당하지 않은 말은 아무리 감동적이라도 설득력이 떨어진다는 것이 점차 드러났기 때문이다. 인간의 마음은 감성과 이성, 두 개의 날개로 나는 새다.

설득은
논증이다

수사학에 논증이 포함된 최초의 예는 기원전 450년경 시칠리아
에 살았던 코락스(Corax)가 제자 티시아스(Tisias)에게 교훈하는 글
에서 찾아볼 수 있다. 플라톤의 『파이드로스』와 아리스토텔레스
(Aristoteles)의 『수사학』에 조금은 다르게 기록되었는데 그 내용은
대강 이렇다.

힘은 세지만 겁이 많은 A와 힘은 없으나 겁도 없는 B가 함께 길을 가
다가, B가 A의 옷을 빼앗았다. 그래서 A가 고소했는데 B가 그것을 부
인한다. 하지만 증인이나 분명한 증거는 없다. 이처럼 자백이나 분명
한 증거가 없을 때 논증이 필요하다. 이때 B는 "힘이 없는 사람이 어
떻게 힘이 센 A의 옷을 빼앗을 수 있겠는가?"라고 상식을 근거로 변
론해야 한다. 반대로 A는 자기가 겁이 많아 옷을 빼앗겼다는 것을 알
리지 않고 재판에 이기기 위해서는 "힘이 약한 B가 혼자서 한 것이 아
니고 여러 사람과 함께했다"라고 대응해야 한다.

이 예는 기원전 5세기경 이미 수사학에 논증이 도입되었음을 보
여준다. 여기에 훗날 아리스토텔레스가 이른바 '실천적 삼단논법'이
라고 정리한 논증 기법이 숨어 있기 때문이다. 예를 들어 "힘이 없는
사람이 어떻게 힘이 센 A의 옷을 빼앗을 수 있겠는가?"라는 변론을

논증의 형태로 구성하여 도식화하면 이렇다.

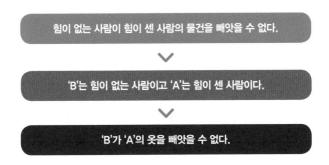

힘이 없는 사람이 힘이 센 사람의 물건을 빼앗을 수 없다.

∨

'B'는 힘이 없는 사람이고 'A'는 힘이 센 사람이다.

∨

'B'가 'A'의 옷을 빼앗을 수 없다.

물론 A를 위한 변론도 간단히 논증으로 구성할 수 있다. 이렇듯 설득을 목적으로 하는 논증을 '수사학적 논증' 또는 '논증적 수사'라고 한다. 수사학적 논증은 기원전 4세기경 아리스토텔레스가 그의 저서 『오르가논』에서 논리학을 하나의 독립된 학문으로 구분하기 전까지 논리학인 동시에 수사학의 한 부분으로 매우 중요하게 다루어졌다.

그렇다면 현재의 상황은 어떤가? 오늘날에는 수사학이나 논리학이 그리 중요한 학문이 아니다. 심지어 커뮤니케이션 이론이나 법학, 수사학 같은 특수한 경우를 제외하면 대학에서조차 상대를 설득하기 위한 논증을 가르치지 않는다. 하지만 이는 현실을 무시한 아카데미즘에 빠진 현대 교육의 맹점일 뿐이다. 현실적으로 본다면, 오히려 현대야말로 어느 시대보다 광범위하고도 무차별하게 설득의 기술이 요구되는 시대다.

오늘날 사람들은 법정에서뿐만 아니라 일상생활, 예컨대 회의, 상담, 교육, 면접 심지어 가정에서도 상대를 부단히 설득해야 한다. 그렇지 못하면 실패를 거듭하다 끝내 어려움에 빠지게 된다. TV 토론 프로그램에서 유권자를 설득하지 못한 후보는 낙선하고, 상담에서 고객을 설득하지 못한 상인은 물건을 팔 수 없으며, 면접에서 심사위원을 설득하지 못한 수험생은 취직할 수 없고, 가족을 설득하지 못한 가장은 존경은커녕 인정받지 못한다. 어디 그뿐인가. 토론이나 논술에서 설득력을 발휘하지 못하는 학생은 입시 경쟁에서 살아남지 못한다. 그것이 현실이다.

상대를 설득하기 위해 가장 치열하게 경쟁하는 분야는 역시 광고다. 광고란 도상 기호(이미지와 영상)를 통해, 혹은 언어 기호(말과 글)를 통해 대중을 설득하는 작업이다. 따라서 논리학자의 눈으로 볼 때 광고는 각종 다양한 수사학적 논증들의 경연장이다. 이와 관련해 전해 내려오는 흥미로운 일화가 있다. 다음은 고대 폼페이 상인의 광고문이다.

두 냥을 쓰면 아주 좋은 포도주를 드실 수 있습니다.
그러나 백 냥을 쓰시면 팔레르노 포도주를 드실 수 있습니다.

현대자본주의 사회에서나 나올 법한 이 광고문에는 사실 다음과 같은 논증이 깔려 있다. '값이 비쌀수록 좋은 제품이며, 팔레르노 포도주는 아주 좋은 포도주보다 두 배나 비싸다. 그러므로 팔레르노 포도주는 아주 좋은 포도주보다 두 배나 더 좋은 포도주다.' 이 사례는 당시에도 논증이 광고의 중요한 요소였다는 것을 말해준다.

우리가 자주 접하는 TV 광고도 마찬가지다. 예를 들어 "1000만 명이나 사용하는 카드"라고 선전하는 광고를 보자. 그 안에는 '많은 사람이 사용하는 제품일수록 좋다. A라는 카드는 1000만 명이나 사용한다. 그러므로 A 카드는 그만큼 좋다'라는 논증이 들어 있다. 폼페이 상인의 광고와 크게 다르지 않다. "저는 B 제품을 써요. 저는 소중하니까요"라는 광고문은 또 어떤가. 이 광고문에도 '자기 자신을 소중하게 여기는 사람은 좋은 상품을 사용한다. 나는 소중하고 B 제품을 쓴다. 그러므로 B 제품은 좋은 상품이다'라는 논증이 생략되어 있다.

어디 그뿐이랴! 날씬한 여성이 몸매를 뽐내며 저칼로리 음료를 마시는 모습이나, 분위기 있는 남성이 커피를 즐기는 장면을 보여주는 광고도 흔하게 접할 수 있다. 이런 광고 중에는 말이나 글, 즉 언어 기호가 전혀 없는 경우도 많다. 근래에는 고급스러움을 강조하는 광고일수록 이미지나 영상 같은 도상 기호로만 표현하는 경향을 보인다. 물론 이런 광고에도 '나름의' 논증이 들어 있다.

당신은 날씬한 몸매의 여성(또는 분위기 있는 남성)이 되고 싶다.

﹀

날씬한 몸매의 여성(또는 분위기 있는 남성)은 C 음료를 마신다.

﹀

당신도 C 음료를 마신다(또는 마셔야 한다).

광고 기획의 뼈대는 언제나 논증이다. 비록 그것이 현대논리학에서 인정하지 않는 조금 '느슨한' 형태일지라도 말이다. 이제 당신은 우리가 왜 논증에 관해 좀 더 자세하게 이야기해야 하는지 눈치챘을 것이다. 그렇다! 논증이 중요하다. 회사나 학교, 가정에서 '설득력 있는 사람'이 되어 당신의 목표를 성공으로 이끌고 싶다면 말이다.

논증이란
무엇인가

논증의 가장 유명한 예는 당신도 이미 알고 있을지 모른다. "모든 사람은 죽는다. 소크라테스는 사람이다. 그러므로 소크라테스는 죽는다." 하지만 이 예는 약간 우울하니 이보다 명랑한 다른 예를 들어 설명하기로 하자.

어떤 사람이 '누구도 충고를 받으려고 하지 않는다. 그러나 모두들 돈은 받으려 한다. 그러므로 돈은 충고보다 좋은 것이다'라는 생각을 했다고 하자. 이때 이 사람이 한 생각을 '추론(inference)'이라고 한다. 그가 아무 근거도 없이 돈이 충고보다 좋은 것이라고 여긴 것이 아니라, '누구도 충고를 받으려고 하지 않는다. 그러나 모든 사람은 돈을 받으려 한다'라는 생각을 전제로 하여 '돈은 충고보다 좋은 것이다'라는 결론을 이끌어냈기 때문이다.

조금은 엉뚱하지만 재미있는 추론을 한 사람은 『걸리버 여행기』를 쓴 영국의 풍자 작가 조너선 스위프트(Jonathan Swift)다. 그의 추론이 타당하고 건전한지는 일단 별개의 문제로 하자. (2장에서 보겠지만 이 추론에는 '많은 사람이 받으려 하는 것이 더 좋은 것이다'라는 전제가 생략되어 있다.) 스위프트가 자신의 이런 생각을 단지 마음에만 담아두지 않고 말이나 글, 즉 어떤 형식으로든 언어를 사용하여 표현했다면 그것은 '논증'이라고 할 수 있다. 논리학자들은 이 말을 이렇게 표현한다.

추론이란 우리가 출발점으로 삼는 '어떤 것(p)'을 근거로 하여 '다른 어떤 것(q)'에 도달하는 특수한 종류의 사고를 말한다. 이때 추론의 출발점이 되는 어떤 것(p)을 전제(premise)라고 하며, 도달점이 되는 어떤 것(q)을 결론(conclusion)이라고 한다. 이렇듯 전제를 근거로 하여 결론을 이끌어내는 추론의 언어적 표현이 논증(argument)이다.

논증은 추론을 언어적으로 표현하는 방식에 따라서 자연언어 논증(natural argument)과 형식 논증(formal argument)으로 나뉜다. '비형식 논증'이라고도 불리는 자연언어 논증은 일상생활에서 사용하는 언어로 표현된 논증을 말한다.

이때 전제와 결론은 '그러므로', '따라서', '때문에', '결과적으로' 등으로 이어진 문장이 결론임을 알리는 결론 지시어(conclusion indicator)나 '왜냐하면', '그 이유는' 등으로 이어진 문장이 전제임을 알려주는 전제 지시어(premise indicator) 같은 논리적 연결사(logical connective)로 연결된다.

예를 들어 "비가 오면 땅이 젖는다. 비가 온다. 그러므로 땅이 젖는다"는 '그러므로'라는 결론 지시어로 연결된 자연언어 논증이다. 한편 "철수는 존귀하다. 왜냐하면 모든 인간은 존귀하고 철수는 인간이기 때문이다"는 '왜냐하면'이라는 전제 지시어로 연결된 자연언어 논증이다.

이와 달리 형식 논증은 전제와 결론을 p, q, r 같은 일련의 기호로 표기하는 논증이다. 전제와 결론을 연결하는 논리적 연결사도 '→' 같은 기호로 표기된다. 이러한 논증을 다루는 논리학을 형식논리학(formal logic) 또는 기호논리학(symbol logic)이라고 한다.

예를 들어 "비가 오면 땅이 젖는다. 비가 온다. 그러므로 땅이 젖는다"라는 논증을 기호논리학에서는 '$((p \rightarrow q) \cap p) \rightarrow q$'로 표기한다. "철수는 존귀하다. 왜냐하면 모든 인간은 존귀하고 철수는 인간이기 때문이다"라는 논증은 '$\forall x((F(x) \rightarrow G(x)) \cap F(a)) \rightarrow G(a)$'로 표기한다.

혹시 '낯선' 기호들을 보고 미간을 구기진 않았는가? 만일 그렇다면 안심하라! 이 책에서는 기호논리학은 다루지 않을 것이다. 이제 논증의 외형상 특징을 다음과 같이 정리해두자.

① 논증은 적어도 둘 이상의 언어적 표현(p, q, r……)으로 이루어진다.
② 그들 언어적 표현 사이에, 예컨대 '왜냐하면'이나 '그러므로' 같은 전제나 결론을 표시해주는 지시어든, 아니면 '→'와 같은 기호든, 어떤 논리적 연결사가 있다.

만일 당신이 "물질과 반물질로 이루어진 체계는 없다"라고 말한다면, 그것은 단순한 양자물리학적 주장일 뿐 논증이 아니다. 그러나 "물질과 반물질로 이루어진 체계는 없다. 왜냐하면 물질과 반물질은 만나면 서로를 소멸시키기 때문이다"라고 말한다면 그것은 논증이다. 그리고 당신의 주장은 물리학적 사실의 옳고 그름과 관계없이 논리적 설득력을 갖는다. 당신의 주장이 전제를 근거로 하여 결론을 이끌어내는 추론의 형식을 갖추었기 때문이다.

이때 누군가 당신의 주장을 반박하려면, 상대는 당신이 내세운 전제가 허위라는 사실을 증명해야만 한다. 대부분의 경우 어려운 작업이다. 하지만 그렇게 하지 못하면 상대는 당신의 주장에 동의하는 수밖에 없다. 이것이 논증이 갖는 힘이다. 따라서 말이나 글로 자신의 주장을 내세울 때는 가능한 논증의 형태로 표현하는 것이 좋다. 반대로 남의 주장을 들을 때는 그것이 논증인지 아니면 단순 주장인지를 재빨리 구분하여 반박하는 것이 중요하다. 그래야 상대는 잘 설득하면서 상대에게 잘 설득되지 않는 사람이 될 수 있다.

그런데 문제가 하나 있다. 우리가 일상에서 사용하는 자연언어에는 논증이 잘 드러나지 않는다는 점이다. 논증의 형식을 따라 표현하는 것이 자연스럽지 않기 때문이다. 그래서 사람들은 자신도 모르는 사이에 논증을 자연언어적 표현으로 변형하여 사용해왔다. 자연언어로 표현된 논증 중에는 단 하나의 언어적 표현으로 이루어진 것도 있고, 전제 지시어나 결론 지시어가 생략된 것도 있다. 반대로 전제 지시어나 결론 지시어를 갖고 있지만 논증은 아닌 자연언어적 표현도 있다.

"철수는 변호사가 된 이후 수입이 많아졌다"라는 말은 분명 단순한 주장처럼 보인다. 하나의 언어적 표현으로 이루어진 데다 결론 지시어나 전제 지시어가 전혀 보이지 않기 때문이다. 그렇지만 여기에는 '철수는 변호사가 되었다. 변호사는 수입이 많다. 그러므로 철수는 수입이 많아졌다'라는 추론이 내용상 들어 있다. 따라서 논증이라고 할 수 있다.

반면에 "신은 존재한다. 왜냐하면 성경에 그렇게 기록되어 있으니까"라는 주장은 얼핏 논증처럼 보인다. 두 개의 언어적 표현으로 이루어진 데다 그 사이에 '왜냐하면'이라는 전제 지시어가 보이기 때문이다. 그렇지만 이것은 논증이라 할 수 없다. 이유인즉 전제가 결론의 근거가 되지 못하기 때문이다.

이처럼 형식적으로는 논증의 형태를 갖추지 않았으면서도 내용상 논증인 주장을 '실천적 논증'이라고 한다. 대부분의 '수사학적 논증'이 여기에 해당된다. 얼핏 논증처럼 보이지만 사실은 논증이 아닌 주장들은 '오류 논증' 또는 간단히 '오류(fallacy)'라고 부른다. 앞선 예에서 "신은 존재한다. 왜냐하면 성경에 그렇게 기록되어 있으니까"라는 주장은 논란의 여지가 있는 전제를 근거로 삼아 결론을 이끌어냈다. 그렇기 때문에 부당가정의 오류 또는 선결문제 요구의 오류(petitio principii)를 범했다고 볼 수 있다. 오류에 대해서는 8장에서 다루기로 하고, 우선 수사학적 논증을 살펴보자.

아홉 개의 설명보다
한 개의 예를

　형식논리학에서는 수사학적 논증이 허용되지 않는다. 현대논리학
자들은 이런 논증을 형식논리학이 확립되기 이전에 사용되던 미숙
한 단계의 논리학이라고 간주한다. 어느 정도는 맞는 말이다. 그럼에
도 불구하고 고대부터 현대까지 수사학적 논증은 일상생활에서 부
단히 사용되고 있다. 그렇다면 수사학적 논증을 고대의 미숙한 논리
학이라고 치부하기보다 논증의 자연언어적 형태 또는 말랑말랑한
(flexible) 논리학, 유연한(pliable) 논리학, 사용 가능한(adaptable) 논
리학, 한마디로 부드러운 논리학(soft logic)으로 보는 것이 옳다.

　수사학적 논증을 유형별로 살펴보자. 적절하거나 잘 알려진 예를
들어 주장을 내세우는 기법, 진부한 것을 언급하는 데서 오는 싫증을
덜기 위해 전제나 결론 중 일부를 생략하는 수법, 좀 더 확고한 주장
을 위해 전제마다 설명을 달아 확장하는 기법, 그리고 자신의 주장을
하나의 통일된 연결체로 만들기 위해 어떤 논증의 결론을 다시 전제
로 삼아 다른 결론을 이끌어내는 수법 등 그 형태는 매우 다양하다.

　어느 경우든 수사학적 논증은 언어를 실천적으로 사용하는 과정
에서 필요에 따라 얻어진 매우 '실용적'인 것들이다. 그래서 오늘날
에도 프레젠테이션, 연설, 설교, 토론, 광고, 논술 등에 자주 사용된
다. 먼저 예증법을 알아보기로 하자. 고대로부터 내려오는 수사학적
논증 기법 가운데 가장 널리 사용되었을 뿐 아니라, 가장 뛰어난 설

득력을 가진 기법으로 알려져 있기 때문이다.

예증법(paradeigma)이란 잘 알려진 예를 근거로 삼아 자신의 주장을 내세우는 논증이다. '나쁜 음식은 몸을 병들게 한다. 마찬가지로 나쁜 생각은 정신 건강을 해친다'라는 논증이 예증법의 대표적인 예다. 좀 더 세련된 예로는 레프 톨스토이(Lev Tolstoy)의 격언들을 들 수 있다. "건강이 육체와 관계가 있듯, 사랑은 영혼과 관계가 있다"라거나 "깊은 강물은 돌을 던져도 흐려지지 않는다. 모욕을 당했다고 화를 내는 사람은 얕은 사람이다" 등이 여기에 해당된다.

이처럼 예증법에서는 제시된 사례가 논증의 전제가 된다. 그래서 아리스토텔레스는 『수사학』에서 예증법을 다음과 같이 정의하기도 했다. "예증법은 부분에서 전체로 나아가는 추론(귀납법)도 아니고, 그렇다고 전체에서 부분으로 진행되는 추론(연역법)도 아니다. 그것은 부분과 부분이 유사성을 가지고 있고 그중 하나가 잘 알려진 것일 때, 잘 알려진 한 부분에서 다른 한 부분으로 진행되는 추론이다."

이 말에서 주목해야 할 것이 '잘 알려진'이라는 표현이다. 예증법에서는 제시된 사례가 결론을 이끌어내는 논리의 근거가 된다. 그 때문에 사례는 누구나 수긍할 만한 대표적인 것이어야만 한다. 예증법을 뜻하는 'paradeigma'의 본래 의미도 '본보기'다. 말 그대로 본이 될 만한 예를 제시하는 것이다. 고대 로마의 저명한 수사학자 쿠인틸리아누스(Quintilianus)가 든 예를 보자.

설득의 논리학

로마를 스스로 떠났던 플루트 연주자들도 원로원의 포고에 따라 다시 불러들였다. 하물며, 공화국에 많은 업적을 쌓았으나 시대의 불운으로 추방된 시민들을 다시 불러들이는 것은 당연하지 않은가.

이 논증의 장점은 플루트 연주자들도 다시 불러들였다는 잘 알려진 역사적 사례가 추방된 시민들을 불러들이는 일에 정당한 근거가 된다는 데에 있다. 왜냐하면 시민들은 스스로 로마를 떠난 것도 아닐뿐더러 많은 업적까지 쌓았기 때문이다. 이처럼 예증법에서는 적합한 예를 선정하는 것이 무엇보다 중요하다. 이쯤에서 생각나는 글이 있다. 절름발이의 노예였지만 놀라운 정신력과 뛰어난 인격으로 후기 스토아철학의 거두가 된 철학자 에픽테토스(Epiktetos)의 가르침이다.

입구가 좁은 병 속에 팔을 집어넣고 무화과와 호두를 잔뜩 움켜쥔 아이에게 어떤 일이 일어날지 생각해보라. 그 아이는 팔을 다시 빼지 못해서 울게 될 것이다. 이때 사람들은 "과일을 버려라. 그러면 다시 손을 뺄 수 있어"라고 말한다. 너희의 욕망도 이와 같다.

얼마나 멋진 예증법인가! 이 글에는 욕망을 버려야 행복을 얻을 수 있다는 스토아철학의 심오한 지혜가 "너희의 욕망도 이와 같다"라는 한마디에 명료하고도 설득력 있게 표현되어 있다. 그가 든 적절한 예가 그렇게 만든 것이다. 이것보다 멋있지는 않지만 더 유명한 예증법의 예가 있다. 미국의 신학자 윌리엄 페일리(William Paley)가 그의 저서 『자연신학』에서 사용한 예증법이 그것이다.

페일리는 사막에서 시계를 발견했을 경우를 가정한 다음, 그 시계가 누군가에 의해 제작되었지 결코 자연에서 우연히 생겨날 수 없다고 했다. 그리고 그것을 예로 들어 생명체가 우연히 생겨난 것이 아니라 신에 의해서 창조되었음을 주장했다. 이 말인즉, "원숭이가 아무렇게나 타자기 위를 뛰어다니다 보면 셰익스피어의 작품들을 써낼 수 있다"라는 게 가능하냐는 것이다. 이른바 '지적 설계설'이라고 불리는 그의 주장을 요약하면 다음과 같다.

시계는 매우 복잡하고 정교한 기계라서 우연히 만들어졌다고 볼 수 없고, 어떤 지성적 존재가 만들었다고 생각할 수밖에 없다. 생명체는 시계보다 더 복잡하고 정교하기 때문에 더욱 우연히 생겨난 것이라 할 수 없으며, 엄청난 지성을 가진 창조자가 만들었다고 생각할 수밖에 없다. 그러한 엄청난 존재를 우리는 신이라 부른다.

그럴듯하지 않은가! 예증법의 강점은 뛰어난 설득력에 있다. 창조론에 관한 그 어떠한 신학과 철학 이론도 페일리의 논증보다 간단하고 강렬하게 사람들을 설득시킬 수 없다. 아홉 개의 복잡한 설명보다 한 개의 적절한 예가 더 강한 설득력을 가지는 셈이다. 그런 탓에 예증법은 고대부터 뛰어난 웅변가나 설교자, 정치인 그리고 학자들의 사랑을 독차지해왔다.

동서고금의 성현들은 모두 예증법의 천재였다. 석가, 공자, 소크라테스, 예수, 노자, 장자 등이 예를 들어 교훈하길 즐겼다. 논리학자의 눈으로 보면, 경전들은 예증법으로 가득 차 있다. 그중 하나를 살펴보자.

> 너희 중에 아들이 빵을 달라는데 돌을 줄 사람이 어디 있으며, 생선을 달라는데 뱀을 줄 사람이 어디 있겠느냐? 너희는 악하면서도 자녀에게 좋은 것을 줄지를 아는데, 하물며 하늘에 계신 아버지께서야 구하는 사람에게 더 좋은 것을 주시지 않겠느냐?
>
> —「마태복음」 7:9~7:11

신이 인간에게 그들이 원하는 좋은 것만을 준다는 가르침은 우리의 경험상 믿기 쉬운 말이 결코 아니다. 만일 그렇다면 세상에서 그 누가 불행하겠는가. 하지만 "너희 중에 아들이 빵을 달라는데 돌을 줄 사람이 어디 있으며, 생선을 달라는데 뱀을 줄 사람이 어디 있겠느냐?"라는 단 하나의 예가 순식간에 이 말을 추호도 의심할 수 없는 교훈으로 만들어놓았다. "공중의 새들을 보아라. 그것들은 씨를 뿌리고 거두고 곳간에 모아들이지 않아도 하늘에 계신 너희의 아버지께서 먹여주신다. 너희는 새보다 훨씬 귀하지 않느냐?"(「마태복음」, 6:26)라는 구절도 마찬가지다. 결코 믿을 수 없는 억지까지도 도저히 거부할 수 없게 만드는 힘! 이것이 예증법이 가진 놀라운 설득력이다. 이번엔 『장자』의 예를 들어보자. 예증법에 관한 한 장자(莊子)야말로 동양 최고의 달인이라고 할 수 있다.

장자가 복수(濮水)에서 낚시를 했다. 초나라 왕이 두 대부(大夫)를 보내 이렇게 말을 전했다. "바라건대 나라의 일로 번거로움을 끼치고 싶습니다." 장자가 낚싯대를 손에 쥔 채 돌아보지도 않고 답했다. "내가 들으니 초나라에는 신성한 거북이 있는데, 죽은 지 이미 3000년이나 되었으며, 왕이 이를 비단보에 싸서 상자에 담아 묘당(廟堂)에 간직해두었다고 하오. 이 거북의 처지에서 보면 죽어서 껍데기를 남겨 귀하게 대접받는 것이 낫겠소, 아니면 꼬리를 진흙 속에 끌더라도 사는 게낫겠소?" 두 대부가 대답했다. "차라리 살아서 꼬리를 진흙 속에 끄는 것이 낫지요." 장자가 말했다. "가시오. 나도 진흙 속에 꼬리를 끌겠소."

— 『장자』, 「외편」, 추수 11

이처럼 경전은 놀라운 예들로 가득 찬 보물 창고다. 다른 성현들의 가르침을 통해 그것들을 발견하며 놀라는 즐거움은 당신을 위해 남겨두겠다.

옛 성현들의 경전뿐인가! 예증법은 오늘날에도 설득력이 필요한 어디에서나 효력을 발휘한다. 서점에 진열된 프레젠테이션 책들을 보라! 영상이나 애니메이션, 사진, 차트 등 다양한 매체를 이용한 예들을 통해 메시지를 제시하라고 저마다 권한다. 성직자들이 가장 많이 찾는 책이 설교에 인용할 일화들을 모아놓은 예화집이라는 것은 공공연한 사실이다. 우리나라 정치인들은 자신의 심중을 국민에게 밝힐 때 고사성어를 자주 인용한다. 이 역시 고사성어 안에 담긴 옛 이야기를 예로 들어 자신의 뜻을 내비치는 일종의 예증법이다.

"예를 들어 말하라"라는 말은 격언이 된 지 이미 오래다. 만일 당신이 책을 쓴다면 그때에도 이 격언을 따르는 것이 좋다. 추상적이고 개념적인 이론을 나열하는 방법만으로는 자신의 주장을 독자들에게 전하기가 어렵다. 인문학과 사회과학은 물론이고 자연과학에서도 사정은 마찬가지다. 대중을 향해 글을 쓰는 저자들은 누구나 적합한 예를 찾는 데 골몰한다. 이제 알아챘을 것이다. 왜 이 책의 거의 모든 쪽에서 예들을 들었는지를 말이다. 예증법을 설명하는 이 책 역시 예증법을 사용하고 있는 셈이다.

그뿐만이 아니다. 경쟁 업체의 경영 방식을 면밀히 분석한 자료를 예로 들어 자사의 경영 방식을 제시하는 벤치마킹 보고서나 독일의 통일을 예로 들어 우리나라의 통일 방법을 제시하는 식의 논설문도 예증법을 따른다. 대부분의 학생들에게는 논술이 '핫 이슈'인 만큼, 이에 대해 조금 더 구체적으로 알아보자.

가령 어떤 논술 시험에서 세계화, 신자유주의, 시장경제 등에 관한 다양한 제시문을 주고 진화하는 것이 꼭 진보하는 것이 아님을 논술하는 문제가 나왔다고 해보자. 당신이라면 어떻게 쓰겠는가? 진화가 반드시 진보가 아니라는 것을 이론적으로 설명하는 일은 누구에게나 어렵다. 특히 학생들에게는 더욱 그럴 것이다. 이때 잘못된 진화의 결과 멸종한 생물 하나를 예로 들면 이 문제를 간단하고 설득력 있게 풀 수 있다. 이를테면 수컷의 뿔을 키우는 쪽으로 진화하다가 끝내 멸종한 큰뿔사슴의 이야기를 예로 들어보자. 고생물학자들에 의하면 유라시아 대륙 전역에 서식하던 큰뿔사슴의 수컷들은 뿔길이가 3~4미터에 이르도록 진화했다. 그러나 빙하기가 끝나고 갑자기 기후가 따뜻해져 관목 숲이 늘어나자, 늑대 같은 천적의 습격을 받았을 때 수컷 큰뿔사슴의 뿔이 나뭇가지에 걸려 죽는 경우가 잦아졌다. 그렇게 개체 수가 줄어들어 결국 큰뿔사슴은 지구상에서 사라졌다. 이 예는 진화가 진보가 아니라는 것을 증명하는 좋은 예다.

간단하지만 강한 설득력, 그 때문에 예증법은 광고에서도 자주 활용된다. 아니, 알고 보면 대부분의 광고가 예증법을 직간접적으로 사용한다. 프랑스의 기호학자인 롤랑 바르트(Roland Barthes)는 이렇게 말했다. "세상은 믿기지 않을 만큼 고대의 수사학 기법으로 가득하다." 그렇다! 오늘날 광고는 믿기지 않을 만큼 예증법으로 가득 차 있다. 이유는 간단하다. 영화는 평균 90분간 상영되고, TV 쇼나 드라마는 대략 50분 정도 방영된다. 하지만 광고는 30초 이내에 메시지를 전달해야 한다. 가장 간단하고도 강력한 설득 수단이 요구되는 건 당연하다.

얼굴이 아름다운 여성이 선전하는 화장품, 몸매가 날씬한 여성이 마시는 저칼로리 음료, 젊고 멋진 남성이 입고 다니는 옷, 품위 있는 중년 남성이 운전하는 대형 승용차 등 높은 몸값의 모델을 내세운 광고들은 전부 예증법을 따른다. '아름다운', '날씬한', '멋진', '품위 있는' 모델을 대표적인 예로 보여줌으로써, 소비자도 모델처럼 '아름답게', '날씬하게', '멋지게', '품위 있게' 될 수 있음을 간단하지만 강력하게 주장하고 있다.

　물론 이때에도 예증법이 가진 설득력은 그 예가 얼마나 적절한지에 달려 있다. 적절하지 않은 예는 논증의 설득력을 오히려 떨어뜨린다. 확실하고 강한 이미지를 가진 모델들의 몸값이 비싼 이유도 여기에 있다.

토피카를
만들어라!

예증법을 사용하려면 적합한 예를 고르라는 말은 벌써 진부한 이야기가 되었다. 물론 그것이 말처럼 쉽지는 않다는 게 모두의 고민이다. 하지만 해법 없는 문제란 없는 법이다. 예로부터 뛰어난 설교자, 연설가, 정치가 그리고 학자들은 평소에 다양한 예들을 수집하고 정리하여 필요할 때마다 곧바로 사용할 수 있는 자료집을 준비했다고 한다. 그 기원이 아리스토텔레스가 쓴 『오르가논』의 5권 『토피카』에서 시작되었다고 해서 '토피카(topica)' 또는 '토픽(topic)'이라고 부른다.

　아리스토텔레스의 『토피카』는 본래 변증법(dialectic)에 관한 연구서다. 그는 추론을 논증법과 변증법으로 구분했다. 논증법은 참된 결론을 이끌어내는 추론이고, 변증법은 그럴듯한 결론, 곧 개연적 결론을 이끌어내는 추론이다. 논증법은 연역법이라는 의미고, 변증법은 넓은 의미에서 귀납법이라는 뜻이다. 따라서 그의 『토피카』는 일반인이 상투적으로 사용하는 귀납법을 사례별로 모아, 그것들이 모순을 범하지 않고 쓰일 수 있도록 정리해놓은 것이다. 예를 들어 "모든 쾌락은 선이다" 같은 상투적인 주장을 확립하거나 무너뜨리기 위한 논증을 어떻게 구성하는지를 알려주는 책이다.

그것을 쿠인틸리아누스나 키케로 같은 후대 사람들이 더욱 발전시켜 필요할 때마다 자주 사용했다. 그러다 보니 우리말로는 흔히 '이야기 터' 또는 '말 터'라고 번역되는 토피카는 본래의 뜻이나 용도와는 다르게, 변론이나 연설에서 '자주 사용되는 상투어들을 주제별로 모아놓은 자료집'이 되었다. 그 안에는 변론을 시작할 때 자신은 웅변가가 아니라고 낮추어 말하고 상대의 재능을 치켜세우는 식의 수사학적 상투어도 들어 있다.

물론 논리의 근거로 사용되는 상투어도 당연히 있다. 예를 들면 "시작이 있으면 끝도 있다", "빛이 있는 곳에는 어둠도 있다", "얻은 것이 있다면 잃은 것도 있게 마련이다", "건축 자재가 쌓인 것만으로도 집이 지어질 것을 안다", "아비를 때린 자가 남인들 못 때리겠느냐" 같은 말들이 포함되어 있었다.

당신에게 권하는 토피카는 바로 이런 자료집이다. 만일 당신이 말이나 글을 통해 설득력 있는 사람으로 거듭나고 싶다면, 다시 말해 프레젠테이션, 연설, 설교, 토론 등을 훌륭하게 해내거나 뛰어난 논설문을 쓰고 싶다면, 평소에 이런 토피카를 준비해두어야 한다. 그러다가 필요할 때마다 즉각적으로 꺼내 사용하는 것이다. 그 안에는 다양한 주제의 고사성어, 격언, 사실(史實), 검증된 학설 등은 물론이고 최신 통계 자료도 있으면 좋다. 그래야만 어떤 주제가 주어지더라도 적절하게 사용할 것이 아닌가.

뛰어난 논객이었던 이규태 선생이 오랜 세월 동안 일간신문에 자신의 논설란을 운영할 수 있었던 것은 그가 방대한 토피카를 갖고 있었기 때문이다. 그는 "노나라 군주 애공이 공자에게 물었다……"라든지 "한 무제 때 소무는……" 같은 식으로 고사를 예로 들어 날마다 주어지는 시사 문제에 대해 자신의 주장을 쉽게 펼치곤 했다.

주제를 자유롭게 선정할 수 있는 경우도 있다. 이때에는 자신이 갖고 있는 자료 가운데 가장 멋지고 특별한 예를 고른 다음 그것에 맞는 주제를 찾는 것이 좋다. 물론 토피카가 필요하긴 마찬가지다. 당신에게 들려주고 싶은 이야기가 있다. 다음은 『탈무드』의 한 대목이다.

한 랍비가 유명한 설교자인 친구에게 "여보게, 야곱! 자네는 설교 때마다 어떻게 그렇게 주제에 꼭 맞는 예를 찾아내나?" 하고 물었다. 그러자 그 설교자는 다음과 같은 예화를 하나 들어 친구에게 대답했다. "어떤 명사수가 있었다네. 그는 오랫동안 수련을 받고 사격 대회에서 여러 번 우승한 다음 휴식을 취하려고 고향에 돌아왔어. 그런데 어떤 집 앞마당에 있는 벽에 분필로 많은 원들이 그려져 있는데 모든 원의 한가운데 총탄 자국이 나 있었다네. 그는 깜짝 놀라 수소문한 끝에 사격수를 찾아냈어. 놀랍게도 그 사람은 맨발에 누더기를 걸친 소년이었다는 거야. 그래서 누구에게 사격술을 배웠는지 물었다네. 그러자 소년은 '아무에게도 배우지 않았어요. 저는 먼저 담벼락에다 총을 쏘고 난

다음 분필로 총구멍 주위에 원을 그렸어요' 하고 대답했다네. 사실은 나도 마찬가지야. 나는 평소에 재치 있는 비유나 사례를 모아놓았다가 거기에 알맞은 주제를 찾아 교훈한다네."

주제에 적합한 소재를 고르든, 소재에 맞는 주제를 고르든 토피카는 필요하다. 백발백중의 설득력을 가지려면 지금 당장 토피카를 만들어라!

다만 기억해야 할 것이 하나 있다. 오늘날 사람들은 연설에서, 토론에서, 무엇보다도 논설문에서 창의성을 요구한다. 서로 경쟁하기 때문이다. 이러한 상황은 상투적 표현이 오히려 중요시되던 고대나 중세와 크게 다른 점이다. 따라서 토피카를 만들되, 가능한 자신만의 독특한 토피카를 만드는 것이 더욱 좋다.

다음으로 해야 할 일은 내세우려는 주제와 적합한 예를 당신의 토피카 가운데에서 골라 서로 연결하는 것이다. 여기에도 몇 가지 요령이 있다.

··· 적절한 예를 선정하는 법

① **수용 가능성**(acceptability)

모든 예는 수용 가능해야 한다. 광고에서 아름다운 여성이 화장품을 선전하고, 날씬한 여성이 저칼로리 식품을, 멋진 남성이 양복을 선전하는 이유도 여기에 있다.

② **연관성**(relevance)

예와 주장 사이에 면밀한 연관성이 있어야 한다. 독일의 통일을 예로 들어 우리나라의 통일 방법을 제시하는 것은 둘 사이에 면밀한 연관성이 있기 때문이다.

③ **반론 가능성**(refutation)

반론의 여지가 적어야 한다. '페일리의 논증'도 당시에는 반론 가능성이 매우 적었기 때문에 유명해졌다.

앞에서 소개한 에픽테토스의 교훈이나 예수와 장자의 가르침은 이 세 가지 조건을 완벽하게 충족하고 있다. 그래서 뛰어난 설득력을 갖게 된 것이다.

현대논리학에서는 예증법이 유비 논증(analogical argument)으로 발전했다고 본다. 유비 논증이란 사물이나 사건의 유사성(analogy)을 근거로 들어 결론을 이끌어내는 논증이다. 예를 들면 화성과 지구의 환경이 유사하다는 걸 근거로 삼아 '지구에는 생물이 살고 있다. 그러므로 화성에도 생물이 살고 있을 것이다'라고 주장하는 것이 유비 논증이다.

유비 논증은 타당한 논증으로 인정되지 않는다. 그 결론이 개연적으로(probably) 또는 가능적으로(possibly)으로 봤을 때만 참이기 때문이다. 요컨대 지구에 생물이 살고 있다는 것은 지구와 환경이 여러모로 유사한 화성에도 생물이 살고 있을 가능성만 알려줄 뿐이다.

따라서 조심해야 할 것이 있다. 당연한 이야기지만 예증법이나 유비 논증을 통해 주장된 결론은 설사 그것이 매우 흥미롭다고 하더라도 필연적으로도 참(necessary true)은 아님을 잊어서는 안 된다. 그렇지 않으면 혼란을 낳을 수 있다. 앞서 예로 든 페일리의 논증만 봐도 그렇다.

페일리의 논증이 가진 문제점은 시계와 생명체가 매우 복잡하고 정교하다는 점에서는 유사할지라도 사실 논점은 전혀 다르다는 데에 있다. 시계는 진화하지 못하고 생명체는 진화한다. 무엇보다 이 논쟁의 핵심은 생명이 창조의 산물인가, 진화의 산물인가 하는 것이다. 그런데 시계와 생명체 모두 복잡하고 정교하다는 유사점 때문에 핵심 논점이 가려져 결론이 마치 필연적인 것처럼 보인다. 이런 눈속임을 조심하라. 특히 상대가 유비 논증으로 당신을 설득하려고 할 때 말이다.

더 현실적인 예를 들어보자. 신약을 개발하여 그 효과를 동물에게 먼저 실험해보는 임상 실험은 그 발상 자체가 일종의 유비 논증이다. 또한 협동심이나 이타심 같은 인간의 사회적 특성을 동물의 사회성에 빗대어 설명하는 19세기의 사회진화론, 20세기의 사회생물학 그리고 21세기에 새로운 관심을 끌고 있는 진화심리학 역시 그렇다. 이러한 실험이나 이론의 바탕에는 동물과 인간이 유사하거나 다를 바가 없다는 생각이 깔려 있다. 그러나 동물의 몸과 인체, 동물 집단과 인간 사회 그리고 동물의 심리와 인간의 심리는 단지 유사할 뿐 똑같지는 않다는 사실을 잊어서는 안 된다. 그 때문에 신약을 개발할 때는 동물실험을 마친 다음에 반드시 인체 실험을 거쳐야 하는 것이 아닌가. 그렇지 않으면 돌이킬 수 없는 부작용을 낳을 수 있다.

19세기에 동물 사회에 관한 이론인 진화론을 인간 사회에 그대로 적용하려 했던 사회진화론자들이 인종차별, 성차별, 빈부 격차 등을 정당화했던 것이 그 부작용을 말해주는 좋은 예다. 이것이 예증법과 유비 논증 안에 잠재된 위험성이다. 모든 수사학적 논증법이 그렇듯, 예증법은 그 쓰임에 따라 천사도 되기도, 마녀도 되기도 한다.

소크라테스가
광고를 만들었다면

철학자의 죽음 가운데 가장 유명하고도 극적인 것은 소크라테스의 죽음과 세네카의 죽음이다. 두 사람의 죽음에는 공통점이 있다. 무엇보다도 그들이 죽음 앞에서 초연했다는 것이다. 플라톤의 『크리톤』을 보면, 소크라테스는 감옥에서 죽음을 기다리면서도 동료들을 교훈하고 위로했다. 그러고는 이에 감동한 간수가 슬피 울며 건네준 독약을 의연하게 받아 마셨다. 1786년 봄, 프랑스의 화가 자크 루이 다비드(Jacques Louis David)는 이 놀랍고도 감격스러운 광경을 그림으로 그렸다. 13년 전 그는 똑같은 감동으로 〈세네카의 죽음〉이라는 작품도 그렸다.

뉴욕 메트로폴리탄 미술관에 걸려 있는 〈소크라테스의 죽음〉을 보면 당시의 정경이 눈앞에 생생하게 펼쳐진다. 감방 안에서는 슬픔에 겨워 어쩔 줄 모르는 그의 동료들이 소크라테스를 둘러싸고 있다. 정작 소크라테스는 태연자약하다. 막 목욕을 마친 듯 웃통을 벗고 왼쪽 어깨에 수건을 걸친 꼿꼿한 자세로 침대 위에 앉아 있다. 오른손은 간수가 슬피 울며 건네는 사약을 받으려는 듯 뻗은 모습이고, 왼손은 그가 기쁜 마음으로 돌아가려는 영원한 고향을 가리키고 있다.

그런데 소크라테스와 마주 앉아 그에게 뭔가를 이야기하고 있는 사람이 있다. 그의 죽마고우인 크리톤이다. 크리톤은 소크라테스를 해외로 도피시킬 모든 준비를 마치고 그를 데리러 온 참이었다. 소크라테스가 응하지 않자, 두 사람 사이에 상대를 설득하려는 치열한 논쟁이 벌어졌다. 크리톤은 먼저 소크라테스에게 부당한 죽음을 순순히 받아들이면 안 되는 이유를 조목조목 댔다. 그것은 적을 이롭게 하는 것이며, 동료들을 욕보이는 것이고, 자식들을 양육할 의무를 저버리는 것이기 때문에 결국 세상 사람들에게 수치스러운 일이나 다름없다고 했다. 그렇게 크리톤은 오랜 친구를 설득하려 애썼다.

하지만 소크라테스는 슬기로운 사람의 견해는 유익하지만 어리석은 자들의 견해는 해롭다고 대꾸했다. 따라서 세상 사람들의 말보다는 전문가의 의견을 들어야 한다는 것이다. 뒤이어 다음과 같이 물었다. "운동 연습을 하면서 장차 그것을 직업으로 삼으려는 사람이, 세상 모든 사람의 칭찬이나 비난을 무조건 받아들여야 하는가, 아니면 의사나 코치 같은 전문가들의 의견만을 존중해야 하는가?" 그러고 나서 "부모에게 횡포를 부리면 안 되는 것처럼 조국의 법에도 불복해서는 안 되네" 하고 설득했다. 결국 소크라테스가 이겼다.

여기서 잠깐 살펴보자. 소크라테스가 크리톤을 설득한 방법이 무엇이었는지를. 예증법이었다! 소크라테스는 대중의 말이 아니라 정의를 따라야 한다는 것을 주장할 때에는 운동선수가 의사나 코치 같은 전문가들의 의견만을 존중해야 한다는 것을 예로 들었다. 또 국가의 법에 순종해야 한다는 주장을 내세울 때는 자식이 부모에게 횡포를 부리면 안 된다는 예를 들었다.

이처럼 소크라테스는 적당한 사례를 들어 상대를 설득하는 방법을 즐겨 사용했다. 이것이 흔히 '산파술(maieutke)'이라고 부르는 소크라테스의 대화술이 지닌 설득력의 비결이다. 산파술을 한마디로 요약하면, 상식에 속하는 의견을 하나 골라잡은 다음 그 의견이 거짓이 될 수 있는 예를 찾아내 그 상식을 수정해가는 방법이다. 소크라테스는 그때그때 적절한 예를 찾아내 인용함으로써 상대를 굴복시켰다. 대부분의 성현들이 그랬듯, 소크라테스는 예증법의 달인이었다.

만일 소크라테스가 광고를 만들었다면 과연 어땠을까? 당시에도 광고라는 것이 있었다면 말이다. 플라톤의 대화편을 살펴보면, 소크라테스는 수사학에 대해 서로 다른 두 가지 태도를 취했다. 우선 『고르기아스』에서는 수사학이 단지 아첨하는 기술에 불과하다고 비난했다. 이유가 그럴듯하다. 예를 들어 체육은 자신의 신체 본연의 모습을 아름답게 하는 기술이지만 화장은 색을 덧칠해 자신의 것이 아닌 낯선 아름다움을 끌어들이는 아첨술에 불과한데, 오늘날 우리가 '미사여구법' 또는 '문예적 수사'라고 부르는 수사학이 바로 그렇다는 것이다.

하지만 그로부터 20여 년 후에 쓰인 『파이드로스』에서는 전혀 다른 이야기를 한다. 소크라테스는 파이드로스에게 수사학이 "영혼에 영향을 끼치는 기술"이라고 갑자기 치켜세운다. 그리고 진정한 수사학은 무엇인지에 대해 강의를 시작한다. 소크라테스의 이러한 이중적 태도는 당시의 수사학에 '미사여구로 감동시키기'와 '논증을 통한 확증하기'가 함께 있었다는 사실과 연관이 있다. 소크라테스는 수사학 가운데 미사여구법을 아첨술이라고 부르며 좋아하지 않았다. 논증이야말로 진정한 수사학이라며 좋아했던 것이다.

당신도 이제 답할 수 있다. 소크라테스가 광고를 만들었다면 어떤 모습이었을지. 그는 아첨술에 불과한 수사학은 사용하지 않았을 것이다. 그 대신 예증법을 따랐을 것이다. 아마 전지현처럼 머릿결이 좋은 여인을 골라 테살로니카에서 생산한 올리브유를 선전하지 않았을까? 아니면 젊은 시절의 브래드 피트처럼 몸이 좋은 청년을 내세워 윤곽이 잘 드러나는 옷감인 페블론(고대 그리스인들이 몸에 걸쳤던 베일처럼 하늘거리는 천)을 광고하지 않았을까? 어쩌면 언어 기호는 아예 생략하고 도상 기호만을 사용했을지도 모른다. 예증법의 힘을 과시하기 위해서 말이다. 오늘날에는 이런 방법이 전혀 새로운 것이 아니지만, 당시에는 매우 혁신적인 광고 전략이었을 것이다. 그 시절의 광고들은 온갖 미사여구로 가득한 호메로스식의 글들만 난무했을 테니 말이다.

설득의 논리학

논리학 길잡이

- **논증** : 추론의 언어적 표현.
- **추론** : 어떤 명제(p)를 근거로 다른 명제(q)를 이끌어내는 특수한 종류의 사고.
- **전제** : 추론의 출발점이자 결론의 근거가 되는 명제(p).
- **결론** : 추론의 도달점이자 전제가 지지하는 명제(q).
- **전제 지시어** : 전제임을 나타내는 전형적인 표현.

  ㈜ 왜냐하면, 그 근거는, 그 이유는

- **결론 지시어** : 결론임을 나타내는 전형적인 표현.

  ㈜ 그러므로, 따라서, 결과적으로

- **예증법** : 잘 알려진 예를 근거로 하여 자신의 주장을 내세우는 논증.
- **유비 논증** : 사물이나 사건의 유사성을 근거로 결론을 이끌어내는 논증.

이 책에 사용된 형식논리학 기호들	
명제 기호	p, q, r…
술어 기호	F, G, H, I…
단일 명사	a, b, c…
논리적 연결사	~ : 부정(아니다), ∩ : 연언(그리고), ∪ : 선언(또는), → : 함축(…면 …다), ↔ : 동치(…면, 그리고 오직 그때만 …다)
양화 기호	∀ : 보편 양화 기호(모든…), ∃ : 존재 양화 기호(어떤…)

2

셰익스피어 씨!
논리학 좀 아세요?

삼단논법의 세 가지 변형

셰익스피어는 흥분한 로마 시민의 마음을 돌려놓은
브루투스의 명연설을 대구법, 도치법, 문답법, 설의법 등
다양한 수사법을 사용해 재연해냈다.
만약 그때 셰익스피어가 수사법이 아닌
'아리스토텔레스의 사다리'를 사용했다면,
적어도 작품 안에서 브루투스는
비참한 최후를 맞이하지 않았을지 모른다.

로마는 화창한 봄날 그대로였다. 기원전 44년 3월 15일, 카이사르는 파르티아 원정을 앞두고 원로원으로 향하고 있었다. 그는 원래 이 날 원로원에 나가지 않으려고 했다. 간밤에 아내 칼푸르니아가 꾼 꿈이 불길했기 때문이다. 하지만 음모자 하나가 찾아와 "원로원에서 오늘 위대한 카이사르에게 왕관을 바치기로 결정했습니다. 만일 각하께서 안 가신다고 하면 그들이 변심할지 모릅니다"라고 했기 때문에 마음을 바꾸었다. 예나 지금이나 욕심은 불행이 자라나는 정원이다.

카이사르가 막 원로원 회의장으로 들어서려고 할 때, 원로원 의원들이 달려들어 칼로 그를 찔러댔다. 모두 14명이었고, 23곳에 상처를 입혔다. 그중에는 카이사르의 오랜 친구 마르쿠스 브루투스도 있었다. 셰익스피어의 비극 〈율리우스 카이사르〉를 보면, 카이사르는 브루투스가 마지막으로 칼을 꽂자 "브루투스, 그대마저! 그렇다면 끝이군" 하며 허무하게 쓰러졌다. 공교롭게도 전날 밤 카이사르는 마르쿠스 레피두스의 초대를 받아 함께 식사했는데, 어떤 죽음이 가장 좋겠느냐는 질문에 "갑작스러운 죽음"이라고 대답했다. 그는 그렇게 죽었다.

셰익스피어의
수사법

모두가 알다시피 〈율리우스 카이사르〉에 나타난 셰익스피어의 절묘한 수사법은 여기부터가 눈부시다. 카이사르의 암살 소식에 흥분하여 "이유를 말하라. 이유를 말해!" 하고 거칠게 항의하는 군중 앞에 브루투스가 섰다. 그는 다음과 같이 외쳤다. 조금 장황함에도 그의 말을 인용하는 것은 이만큼 뛰어난 수사법을 찾아보기가 쉽지 않기 때문이다.

로마인이여! 동포들이여! 친구들이여! 나의 이유를 들어주시오. 듣기 위해서 조용히 해주시오. 나의 명예를 생각하고 나를 믿어주시오. 믿기 위해서 나의 명예를 생각해주시오. 여러분이 현명하게 나를 판단해주시오. 현명하게 판단하기 위해 여러분의 지혜를 일깨워주시오. 만일 여러분 중에 카이사르의 친구가 있다면, 나는 그에게 이렇게 말하고 싶소. 카이사르에 대한 브루투스의 사랑도 그이의 것만 못하지 않다고. 왜 브루투스가 카이사르에게 반기를 들었느냐고 묻거든, 이것이 나의 대답이오. 내가 카이사르를 덜 사랑했기 때문이 아니라 로마를 더 사랑했기 때문이라고. 여러분은 카이사르가 죽고 만인이 자유롭게 사는 것보다 카이사르가 살고 만인이 노예처럼 죽임당하는 것을 원하시오? 카이사르가 나를 사랑한 만큼 나는 그를 위해 울고, 카이사르에게 행운이 따랐던 만큼 나는 그것을 기뻐하고, 카이사르가 용감했던 만큼 나는 그를 존경하오. 그러나 그가 야심을 품었던 까닭에 그를 죽인 것이오. 그의 사랑에는 눈물이 있고, 그의 행운에는 기쁨이 있고, 그의 용기에는 존경이 있고, 그의 야심에는 죽음이 있소. 여러분 중에 노예가 되길 원하는 비굴한 사람이 있소? 있으면 말하시오. 나는 그에게 잘못을 저질렀소. 여러분 중에 로마인이 되길 원하지 않는 야만적인 사람이 있소? 있으면 말하시오. 나는 그에게 잘못을 저질렀소. 여러분 중에 조국을 사랑하지 않는 비열한 사람이 있소? 있으면 말하시오. 나는 그에게 잘못을 저질렀소. 나는 이제 말을 멈추고 대답을 기다리겠소.

셰익스피어의 〈율리우스 카이사르〉는 수사법을 통한 설득이 얼마나 강력한지 보여주는 대표적인 고전이다. 카이사르를 암살한 다음 브루투스는 흥분한 로마 시민들의 마음을 이 연설 하나로 돌려놓았다. 셰익스피어는 대문호답게 이 짤막한 연설문 안에 이른바 열거법(enumeration), 대구법(parallelism), 도치법(inversion), 반복법(repetition), 문답법(catechism), 설의법(interrogation)이라고 부르는 다양한 문예적 수사법을 모두 사용했다. 아무나 흉내 낼 수 있는 솜씨가 아니다. 그 결과 곧바로 깜짝 놀랄 만한 설득력을 창조해냈다. 연설이 끝나자 사람들은 모두 "브루투스 만세, 만세, 만세!"라고 외쳤다.

자, 여기서 수사법을 효과적으로 익힐 수 있는 흥미로운 작업을 함께 해보자! 셰익스피어가 브루투스의 연설에 사용한 문예적 수사법 가운데 몇 가지를 골라서 오늘날의 광고문들에서 찾아보자는 것이다. 고대로부터 내려오는 문예적 수사법들은 지금도 문학, 연설, 강연, 설교 그리고 광고문에서 위력을 과시하고 있지만, 그 가운데 광고문은 연설, 강연, 설교문보다 훨씬 짧아 그 효력을 더욱 쉽고 분명하게 파악할 수 있기 때문이다.

먼저 브루투스가 "로마인이여! 동포들이여, 친구들이여!"라고 한 것은 열거법이다. 부분적으로는 각기 자격과 표현적 가치를 가지면서도 비슷한 어구 또는 내용적으로 연결되는 어구를 늘어놓아 전체적인 내용을 강조하는 수사법이다. 오늘날 광고에서는 "슈렉을 더 자연스럽게, 더 세밀하게, 더 생생하게!"(HP), "날씬하고, 똑똑하고, 미인인 데다 싱글입니다"(소니), "밝은 빛, 부드러운 빛"(필립스), "꿈, 사랑, 감동의 색동 날개"(아시아나항공), "길이여, 세상이여, 숨을 죽여라!"(현대자동차), "힘차게, 빠르게, 안전하게"(대우자동차) 등이 열거법을 사용한 예다.

이어지는 브루투스의 연설에서 "나의 이유를 들어주시오. 듣기 위해서 조용히 해주시오. 나의 명예를 생각하고 나를 믿어주시오. 믿기 위해서 나의 명예를 생각해주시오. 여러분은 현명하게 나를 판단해주시오. 현명하게 판단하기 위해 여러분의 지혜를 일깨워주시오"라는 대목은 대구법을 사용했다. 대구법이란 유사한 두 가지 문장 구조를 반복하는 기법이다. "나의 이유를 들어주시오. 듣기 위해서 조용히 해주시오"라는 문구와 "나를 믿어주시오. 믿기 위해서 나의 명예를 생각해주시오." 그리고 "현명하게 나를 판단해주시오. 현명하게 판단하기 위해 여러분의 지혜를 일깨워주시오"라는 문구가 동일한 구조를 가졌기 때문이다.

설득의 논리학

광고문에서는 "10년을 생각하면 기술이지만, 100년을 생각하면 철학입니다"(쌍용자동차), "차이는 인정한다. 차별은 도전한다"(KTF), "잠수하시겠습니까? 방수하시겠습니까?"(삼화페인트), "친구는 역시 옛 친구, 맥주는 역시 OB"(OB맥주), "손끝에는 정성을, 가슴에는 정열을"(러전모방), "김치 맛이 달라지면 김치냉장고도 달라져야 합니다"(LG전자), "아기를 위해 아빠는 담배를 끊었다. 아기를 위해 엄마는 에어컨을 바꿨다"(센추리), "세종대왕은 문맹 없는 나라를 만드셨습니다. 세진은 컴맹 없는 나라를 만들겠습니다"(세진컴퓨터) 등이 대구법을 사용한 예다.

그다음 "나는 그에게 이렇게 말하고 싶소. 카이사르에 대한 브루투스의 사랑도 그이의 것만 못하지 않다고"처럼 정상적인 언어 배열의 순서를 바꿔서 강조하는 수사법이 도치법이다. 광고에서는 "떠나라, 열심히 일한 당신!"(현대카드), "함께 즐겨요, 피자헛"(피자헛), "울어라, 암탉! 나와라, 여자 대통령!"(숙명여자대학교), "함께 가요, 희망으로"(삼성), "달려라, 당신의 발이 깊은 숨을 몰아쉴 때까지"(아디다스) 등과 같이 쓰였다.

또 "그의 사랑에는 눈물이 있고, 그의 행운에는 기쁨이 있고, 그의 용기에는 존경이 있고, 그의 야심에는 죽음이 있소"라는 대목에서는 반복법을 사용했다. 반복법은 같은 소리나 단어의 반복, 같은 구의 반복, 또는 같은 문장구조의 반복을 통해 의미를 강조하는 기법이다. 이때 브루투스가 한 말은 같은 문장구조를 반복한다는 점에서는 대구법과 같지만, "……에는 ……가 있고"와 같이 똑같은 문장구조를 반복하기 때문에 반복법이라고 한다.

광고로 보면 "세계를 가깝게, 미래를 가깝게"(데이콤), "세계가 인정하는 기술, 세계가 인정하는 품질"(삼성), "전통 100년, 도전 100년"(두산), "앞선 기술, 앞선 품질"(벽산), "평생 친구, 평생 은행"(신협), "누군가는 다른 길을 가야합니다. 누군가는 다른 꿈을 꿔야합니다"(명지대학교), "누가 깨끗한 시대를 말하는가! 누가 깨끗한 소주를 말하는가!(청색시대), "아침마다 힘을 주는 뉴스가 있습니다. 아침마다 힘을 주는 우유가 있습니다"(서울우유), "내 사랑만큼 큰 것이 있다. 내 꿈만큼 큰 것이 있다"(개벽TV), "겨울이 두려워지는 차가 있습니다. 겨울이 기다려지는 차가 있습니다"(쌍용자동차) 등 그 예가 숱하게 많다.

그다음에 "왜 브루투스가 카이사르에게 반기를 들었느냐고 묻거든, 이것이 나의 대답이오. 내가 카이사르를 덜 사랑했기 때문이 아니라 로마를 더 사랑했기 때문이라고"라는 대목처럼 질문을 던지고 그것에 답하며 강조하는 기법은 문답법이다. 광고에서는 "이럴 때 필요한 건 뭐? 스피드!"(엑스피드), "왜 엄마들은 자녀에게 라면 끓여주기를 미안하게 생각할까? 기름 때문입니다"(빙그레), "결혼이란? 서로를 올려주는 것"(스카이), "결혼이란? 반은 버리고 반은 채우는 것"(선우), "컬러 있는 남자가 좋다! 넌? 컬러 있는 여자가 좋다!"(삼성전자) 같은 광고문들이 이 기법을 사용했다.

"여러분은 카이사르가 죽고 만인이 자유롭게 사는 것보다 카이사르가 살고 만인이 노예처럼 죽임당하는 것을 원하시오?"라는 대목처럼 자기가 주장하려는 특정한 대답을 겨냥하여 질문하는 기법은 설의법이다. "관광 수입 세계 1위, 미국엔 디즈니랜드가 있습니다. 관광 수입 세계 2위, 프랑스엔 유로 디즈니가 있습니다. 우리에겐 무엇이 있습니까?"(롯데월드)나 "앞에서 이끄는 사람과 그 뒤를 따르는 사람, 당신은 누구입니까?"(현대자동차), "숨이 멎는다고 하면 지나친 말일까?"(메르세데스벤츠), "사랑을 기다리고만 있을 것인가?"(닥스), "컴퓨터를 제조하지 않는 기업이 컴퓨터의 역사를 변화시킬 수 있을까요?(인텔)", "세균을 키우는 에어컨을 사시겠습니까? 세균을 잡는 에어컨을 사시겠습니까?(센추리)" 같은 광고문이 설의법을 따랐다.

이렇듯 오늘날 사용되는 문예적 수사법이 줄잡아도 60가지가 넘는다. 예를 들자면 한도 끝도 없다. 그런데 놀라운 것은 역시 셰익스피어다. 브루투스의 연설이 증명하듯이 그는 문예적 수사법에 천재였지만, 거기에서 그치지 않았다. 한 걸음 더 나아갔다. 그것이 무엇일까? 브루투스의 연설에 이어 단상에 오른 안토니우스의 연설을 들어보면 알 수 있다.

나는 카이사르의 장례식에 조의를 표하러 왔습니다. 카이사르는 나의 친구였고, 진실했고 공정했습니다. 그런데 브루투스는 그를 야심가라고 했습니다. 그럼에도 브루투스는 인격이 높으신 분입니다. 카이사르는 많은 포로들을 로마로 데려왔습니다. 그 배상금은 모두 국고로 귀속되었습니다. 이것이 카이사르가 야심가다운 것입니까? 가난한 사람들이 굶주려 울면 카이사르도 함께 울었습니다. 야심이란 좀 더 냉혹

한 마음에서 생기는 겁니다. 그런데 브루투스는 그를 야심가라고 했습니다. 그럼에도 브루투스는 인격이 높으신 분입니다. 여러분은 루페르칼리아 축제 때 내가 세 차례나 카이사르에게 왕관을 바쳤는데도, 그가 전부 거절한 것을 보았습니다. 이것이 야심입니까? 그런데 브루투스는 그를 야심가라고 했습니다. 그럼에도 브루투스는 확실히 인격이 높으신 분입니다. 나는 브루투스의 말을 반박하려는 것이 아닙니다. 다만 내가 아는 것을 이야기할 따름입니다.

이것은 그날 안토니우스가 한 긴 연설 가운데 일부를 짧게 인용한 것이다. 그럼에도 우리의 이야기를 하는 데는 충분하다. 우선 문예적 수사법을 찾아보면, 안토니우스는 이 연설에서 브루투스가 사용한 열거법("카이사르는 나의 친구였고, 진실했고 공정했습니다")과 설의법("이것이 카이사르가 야심가다운 것입니까?") 외에도 그가 사용하지 않은 반어법을 매우 효과적으로 사용했다.

반어법은 전하려는 내용을 오히려 반대로 표현함으로써 더욱 강조하는 기법이다. 위의 연설에서는 안토니우스가 브루투스의 위선적 행위를 지적하고 곧바로 "그럼에도 브루투스는 인격이 높으신 분입니다"라고 말하는 것이 바로 반어법이다. 그럼으로써 브루투스의 위선을 훤히 드러나 보이게 만들었다. 광고에서는 "꼭 011이 아니어도 좋습니다(SK텔레콤)", "아직도 썸씽스페셜은 많은 분들께 드리지 못합니다(썸씽스페셜)", "너무 귀한 클럽을 선보이게 되어 대단히 죄송합니다(지아크골프)" 등이 여기에 해당한다.

셰익스피어의
어깨 위에 올라서기

반어법도 적절히 사용하면 탁월한 효과를 내는 문예적 수사다. 하지만 단순히 이것 때문에 셰익스피어가 한 걸음 더 나아갔다고 한 것이 아니다. 그가 내딛었던 작지만 큰 한 걸음은 그가 이 같은 문예적 수사들뿐 아니라 논증적 수사도 함께 사용했다는 데에 있다.

"카이사르는 많은 포로들을 로마로 데려왔습니다. 그 배상금은 모두 국고로 귀속되었습니다. 이것이 카이사르가 야심가다운 것입니까?"라는 대목을 보자. 이 말에는 우선, 카이사르가 야심가가 아니라는 특정한 대답을 겨냥하여 질문하는 설의법이 들어 있다. 하지만 그게 전부가 아니다. 그와 함께 고대의 논증적 수사의 상징인 예증법(paradeigma)을 따르고 있다.

안토니우스는 카이사르가 많은 포로들을 데려오고 배상금을 국고에 넣었다는 것을 예로 들어 그가 야심이 없는 사람이라는 것을 증명했다. 예증법이다! 이어지는 연설에서도 마찬가지다. 가난한 사람들이 굶주려 울면 카이사르도 같이 운 것 또한 그 증거다. 무엇보다도 세 차례나 왕관을 바쳤는데도 그때마다 거절한 것은 그가 야심이 없는 사람이라는 흔들리지 않는 증거다. 이렇듯 안토니우스는 그의 연설에 문예적 수사법뿐 아니라 예증법이라는 논증적 수사법도 함께 사용했다.

이제 곧 뒤에서 보게 되겠지만, 예증법은 아리스토텔레스도 찬사를 아끼지 않을 만큼 강한 대중적 설득력을 갖고 있다. 그래서 안토니우스의 연설은 누구도 거역할 수 없는 설득력을 갖게 되었다. 연설이 끝나자 불과 차 한 잔 마실 시간 전에 "브루투스 만세, 만세, 만세!"라고 외치던 로마 시민들의 태도가 삽시에 바뀌었다. "복수다. 찔러 죽여라! 반역자들은 한 놈도 살려두지 말자!"라고 앞다퉈 부르짖었다. 이것이 논증적 수사의 힘이다!

16세기 독일 카르투지오 수도회의 수사이자 인문학자인 그레고어 라이슈(Gregor Reisch)가 1503년에 출간한 『철학 헌장』에는 〈수사학 여인의 풍유〉라는 판화가 실려 있다. 그림의 한 가운데에 설득의 여신 페이토(peitho)를 연상케 하는 '수사학의 여인'이 아리스토텔레스, 세네카, 등 각 분야에서 뛰어난 학자들에 둘러싸여 낭만적인 자태로 앉아 있는데, 입에 꽃과 칼을 물고 있다. 그녀가 가진 두 가지 무기인데, 꽃은 문예적 수사를, 칼은 논증적 수사를 의미한다. 둘이 모이면 무적이지만, 그중에서도 후자가 더 강하다. 그래서 안토니우스가 브루투스를 이겼다.

셰익스피어에게 배우자. 그리고 그의 어깨 위에 올라서자. 아이작 뉴턴(Isaac Newton)은 이렇게 말했다. "내가 더 멀리 보았다면, 그것은 거인들의 어깨 위에 서 있기 때문이오." 하지만 어떻게? 걱정 마라! 당신을 위해 아리스토텔레스가 사다리를 준비해놓았다.

혹시 장르 소설을 읽어본 적이 있는가? 판타지 소설이나 무협지 같은 것 말이다. 그런 소설 속에는 이미 수백 또는 수천 년 전에 사라져버린 비밀스러운 기법에 대한 이야기가 자주 나온다. 비법이란 보통 오래될수록 더 신비롭고 효험이 있다. 대개는 주인공이 그 비법을 익혀 놀라운 내공을 쌓은 다음 적을 물리치게 된다.

이제 소개하려는 논증법들이 그렇다. 2300여 년 전, 아리스토텔레스가 정리해놓은 이 수사학적 논증법들은 형식논리학이 발달하면서 차츰 사라졌다. 하나같이 신통한 효험이 있는 비법들인데 쉽게 말하면 삼단논법(syllogism)의 세 가지 변형이다. 전제들 중 일부를 생략한 생략삼단논법과 전제마다 설명을 넣어 확장한 대증식 그리고 어떤 논증의 결론을 다시 전제로 삼아 다른 결론을 이끌어내는 연쇄삼단논법이다.

나는 당신이 이 논증법들을 통해 설득의 내공을 확실히 높일 수 있다고 믿는다. 그리고 언젠가는 셰익스피어의 어깨 위에 올라설 수도 있다고 생각한다. 그래서 이 세 가지 수사학적 논증 기법을 '아리스토텔레스의 사다리'라고 이름 지어 당신에게 소개한다.

진부한 것은 가라
: 생략삼단논법

우리가 아는 삼단논법은 형식적으로 보통 두 개의 전제와 한 개의 결론, 즉 세 가지 언어적 표현으로 이루어진다. 그런데 여기에서 전제의 일부(때로는 결론까지도)를 생략한 것을 생략삼단논법(enthymeme)이라고 한다. 아리스토텔레스는 이것을 '실천적 삼단논법'이라고도 불렀다. 우리의 일상 언어생활 속에서 '실제로 사용되는' 덜 엄격하지만 더 부드러운 삼단논법이라는 뜻이다. 그는 『수사학』에서 다음과 같이 설명했다.

가령 도리에우스(Dorieus)가 승리의 대가로 월계관을 받았다는 결론을 끌어내기 위해서는 "그는 올림피아에서 승리자였다"라는 말로 충분할 뿐이다. 여기에 '올림피아에서 승리자는 월계관을 받는다'라는 전제를 덧붙일 필요가 없다. 이런 사실은 모든 사람이 알고 있기 때문이다.

주목해야 할 것은 전제의 생략이 논증을 결코 약화하지 않는다는 것이다. 오히려 강화한다. 누구나 아는 진부한 내용을 다시 언급하는 데에서 오는 싫증을 덜어냄으로써 자연스러운 맛까지 살려낸다.

그래서 얀센주의 수도사이자 문법학자였던 피에르 니콜(Pierre Nicole)과 앙투안 아르노(Antoine Arnauld)가 1662년 펴낸 『포르루아얄의 논리학』에는 "이런 생략으로 인하여 논증은 강렬해지고 생기가 더해진다"라고 적혀 있다. 아리스토텔레스도 『수사학』에서 "물론 예를 들어 설명하는 방법이 더 설득력 있다. 그러나 사람들은 생략삼단논법에 더 환호를 보낸다"라며 생략삼단논법을 적극 옹호했다.

사람들이 생략삼단논법을 더 좋아한다는 것은 곧 그것이 일상의 언어생활 속에 이미 깊숙하게 침투해 있음을 의미한다. '휘발유 값이 오른다. 공급이 부족하기 때문이다' 혹은 '말을 잘 들었으니 아이스크림 사줄게' 같은 경우가 우리가 흔히 접할 수 있는 예다. 전자는

'공급이 부족하면 물건 값이 오른다. 휘발유 공급이 부족하다. 그러므로 휘발유 값이 오른다'라는 삼단논법에서 '공급이 부족하면 물건 값이 오른다'라는 전제를 생략한 것이다. 그리고 후자는 '말을 잘 들으면 상을 준다. 너는 말을 잘 들었다. 그러므로 아이스크림을 사준다'에서 '말을 잘 들으면 상을 준다'를 생략한 것이다.

　자연언어적 표현에는 일상 언어생활 외에도 이런 형식의 말들이 수없이 많다. 그중 몇 가지를 추려보면 이렇다. 이 기법이 우리의 비일상적 또는 전문적 언어생활 속에도 얼마나 폭넓게 침투해 있는지를 보여주기 위해 처음 두 개는 학문적 저술에서, 다른 하나는 시에서, 나머지 하나는 광고문에서 골랐다.

　아리스토텔레스의 『시학』에는 유명한 구절이 있다. "문학은 보편적인 것을 표현하지만 역사는 특별한 것만을 다룬다. ……그러므로 문학은 역사보다 더 철학적이고 진지한 행위다." 이는 '특수한 것을 다루는 것보다 보편적인 것을 다루는 것이 더 철학적이고 진지한 행위다. 문학은 보편적인 것을 다루지만 역사는 특수한 것만을 다룬다. 그러므로 문학은 역사보다 더 철학적이고 진지한 행위다'라는 삼단논법 가운데 첫 번째 전제를 생략한 삼단논법이다. 이처럼 아리스토텔레스도 생략삼단논법을 애용했다. 사람들의 환호 때문이었을 것이다.

　코페르니쿠스는 『천공의 혁명에 대하여』에서 "사실 그 행성들이 지구로부터 보이는 거리가 계속 달라지므로 지구가 그 궤도의 중심이 아니라는 것은 분명하다"라고 지구가 우주의 중심이라는 천동설을 반박했다. 이 역시 '행성들이 지구로부터 보이는 거리가 같으면 지구가 행성들의 궤도의 중심이다. 행성들이 지구로부터 보이는 거리가 계속 달라진다. 그러므로 지구가 행성들의 궤도의 중심이 아니다'라는 논증에서 첫 번째 전제를 생략한 삼단논법이다.

오래되었지만 매우 우아한 예로 로마의 시인 오비디우스(Ovidius)의 시구를 살펴보자. "너를 간직할 수 있었다. 따라서 너를 잃을 수도 있으리라(Servare potui, perdere an possim rogas)!" 이는 '간직할 수 있는 것은 잃을 수도 있다. 나는 너를 간직할 수 있었다. 그 때문에 나는 너를 잃을 수도 있다'라는 삼단논법 가운데 '간직할 수 있는 것은 잃을 수도 있다'라는 전제를 생략하고 시적으로 표현한 것이다.

그렇다면 오늘날에는 어떤가? 광고문들 중에 생략삼단논법을 사용한 것이 특히 많다. 짧은 문구 안에 논증을 담아야 하기 때문이다. 그래서 과감하게, 심지어는 결론마저도 생략한 경우가 있다. 예컨대 "A는 어머니 손맛으로 만들었습니다" 같은 광고문이 그렇다. 이것은 '어머니 손맛이 최고의 맛이다. A는 어머니 손맛으로 만들었다. 그러므로 A는 최고의 맛이다'에서 전제 하나와 결론까지 과감히 생략하고 만든 광고문이다.

프랑스의 언어학자인 장미셸 아당(Jean-Michel Adam)이 그의 동료와 함께 쓴 『광고 논증』에는 "나는 자연 그대로의 것을 좋아하고, 내 얼굴은 몽사봉(프랑스의 화장품 회사)을 좋아한다"라는 광고문이 생략삼단논법의 예로 소개되어 있다. 아당은 이 광고문이 '나는 자연 그대로의 것을 좋아한다. 몽사봉은 자연 그대로의 것이다. 그러므로 내

설득의 논리학

얼굴은 몽사봉을 좋아한다'라는 삼단논법에서 '몽사봉은 자연 그대
로의 것이다'라는 전제를 생략한 것이라고 말했다.

아마 당신은 지금 '그럼 어떤 전제를 생략할 수 있을까?' 하는 의
문을 갖게 되었을 것이다. 누구나 오비디우스의 시구나 멋진 광고문
같이 간결하면서도 설득력 있는 말과 글을 구사하고 싶어 하기 때문
이다. 그렇지 않은가? 생략할 수 있는 전제는 다음과 같다.

… 무엇을 생략해야 할까

아리스토텔레스가 『수사학』에 답을 남겨두었다. ① 확실한 증거
(tekmériaon)거나, ② 사실임 직한 것(eikota)이거나, ③ 증거가 될 만
한 지표(smion)인 전제로부터 출발하라고! 이 말인즉 이런 세 가지
경우가 아닌 전제를 생략하고 이것들에서부터 결론을 이끌어내야 한
다는 뜻이다.

확실한 단서란 '감각에 호소하는 것'으로서, '보편적인 사실'을 말
한다. 예컨대 한 여인이 아이를 낳았다는 것은 남자와의 성관계를 가
졌다는 것에 대한 확실한 증거다. 때문에 이것을 전제로 삼고 남자
와의 성관계를 가졌다는 것은 생략할 수 있다. 롤랑 바르트(Roland
Barthes)가 「옛날의 수사학」에서 든 예가 흥미롭다.

롤랑 바르트는 영화 〈007 시리즈〉 가운데 〈골드 핑거〉에 나오는
두 가지 죽음, 곧 '욕조 안의 감전사'와 '온몸을 금으로 칠해 생긴 질
식사'를 예로 들어 설명했다. 욕조 물속에 있는 사람에게 전기가 흐

르는 가전제품을 던져 넣으면 감전되어 죽는다는 것은 누구나 아는 '보편적 사실'이다. 때문에 감독은 이에 대한 설명은 생략할 수 있다. 하지만 온몸에 금칠을 하면 숨을 쉴 수가 없어서 결국 질식사한다는 것은 '드문 일'이기 때문에 이에 대한 설명은 생략할 수 없다. 실제로 영화에는 전자에 대한 설명은 없지만 후자를 설명하는 대사가 삽입되어 있다.

사실임 직한 것이란 '직감에 호소하는 것'으로서, '일반적인 것', '관습적으로 받아들이는 것'을 말한다. 예컨대 가택침입 없이 도난 사건이 일어났다면 집안사람이 범인이라는 것이 사실임 직하다. 따라서 이것을 전제로 삼고 가택침입 없이 도난 사건이 일어났다는 것은 생략할 수 있다. 한편 증거가 될 만한 지표란 보다 더 모호하고 확실하지 않은 단서지만 '그것을 통해 다른 것을 이해할 수 있는 것'이다. 예를 들어 '그는 열이 있다'라는 지표는 '그는 호흡이 빠르다'라는 것을 이해하게 해준다. 때문에 이것을 전제로 삼고 그는 호흡이 빠르다'라는 것은 생략할 수 있다.

그러나 사실임 직한 것과 증거가 될 만한 지표는 정도의 차이만 있을 뿐 둘 모두 확실하지 않은 단서다. 때문에 이런 전제로 출발하는 생략삼단논법은 논박이 가능하다는 것을 아리스토텔레스도 인정했다. 예를 들어 열이 없으면서도 빠른 호흡도 있을 수 있지 않은가! 때문에 '그는 호흡이 빠르다'라는 것을 생략하는 데에 문제가 있다는 것이다. 특히 쿠인틸리아누스는 이러한 생략삼단논법의 결론을 위해서는 더 많은 지표가 필요하다고 주장했다. 역시 롤랑 바르트가 든 예가 있다.

"아틀랑은 처녀가 아니다. 왜냐하면 밤에 소년들과 숲속을 쏘다녔기 때문이다"라는 논증은 생략삼단논법이 적용된 예다. 그러나 아틀랑이 밤에 청년들과 숲속을 쏘다니는 것만으로는 그녀가 처녀가 아니라는 결론의 근거로 충분하지 않다. 따라서 '육체관계를 가졌다'라는 지표가 더 필요하다는 것이 쿠인틸리아누스의 생각이다. 옳은 말이다! 그러나 내 생각은 한 발 더 나아간다. 아리스토텔레스의 원칙은 2300년 전에 만들어진 데다, 애초에 모호하고 혼란스럽다. 그래서 반드시 따를 이유가 없다.

뒤에서 보겠지만, 사실 어느 것을 생략해도 별 문제가 없다. 때문에 오늘날에는 그때그때 필요한 것을 남겨두고 불필요한 것을 생략하는 것이 옳은 답이다! 이 말은 대전제든, 소전제든, 심지어는 결론까지도 반드시 필요한 경우가 아니라면 생략할 수 있다는 것을 뜻한다. 학자들은 전통적인 삼단논법에서 대전제가 생략된 것을 1차 생략삼단논법이라고 하고, 소전제가 생략된 것을 2차 생략삼단논법이라고 하며, 결론을 생략한 것은 3차 생략삼단논법이라고 부른다.

사실인지 의심스럽다면 아리스토텔레스가 예로 든 도리에우스의 경우를 살펴보자. 아리스토텔레스는 '도리에우스가 승리의 대가로 월계관을 받았다'라는 결론을 내기 위해서 '그는 올림피아에서 승리자였다'라는 확실한 증거는 남겨두고, '올림피아에서 승리자는 월계관을 받는다'라는 말을 생략해야 한다고 했다. 이유인즉, 바로 이런 사실은 "모든 사람이 알고 있기 때문"이다.

자, 그럼 보자. 이러한 생략삼단논법을 따를 경우 '도리에우스가 승리의 대가로 월계관을 받았다. 올림피아에서 승리자였기 때문이다'라는 논증이 나온다. 대전제가 생략된 1차 생략삼단논법이다. 그렇지만 아리스토텔레스가 생략한 대전제를 남기고 다른 소전제인 '그는 올림피아에서 승리자였다'를 생략하면 어떻게 될까? '올림피아에서 승리자는 월계관을 받는다. 도리에우스가 승리의 대가로 월계관을 받았다'라는 게 된다. 어떤가? 이렇게 하면 2차 생략삼단논법이 된다. 이것 역시 생략삼단논법으로 아무 손색이 없다.

"너를 간직할 수 있었다. 따라서 너를 잃을 수도 있으리라"라는 오비디우스의 시구도 살펴보자. 이것은 앞에서 언급한 대로 '간직할 수 있는 것은 잃을 수도 있다'라는 대전제를 생략해 만든 1차 생략삼단논법이다. 그렇지만 반대로 생략된 대전제를 살려 '간직할 수 있는 것은 잃을 수도 있다. 따라서 너를 잃을 수도 있으리라'라고 소전제를 생략한 2차 생략삼단논법으로 만들어도 별 문제는 없지 않은가? 물론 시적 감흥은 좀 떨어지지만 말이다.

흥미로운 것은 장미셸 아당이 든 예다. "나는 자연 그대로의 것을 좋아하고, 내 얼굴은 몽사봉을 좋아한다"라는 광고문은 '나는 자연 그대로의 것을 좋아한다. 몽사봉은 자연 그대로의 것이다. 그러므로 내 얼굴은 몽사봉을 좋아한다'라는 삼단논법에서 '몽사봉은 자연 그대로의 것이다'라는 소전제를 생략해서 만들어졌다. 2차 생략삼단논법이다. 그런데 어떤가? 이보다는 대전제를 생략하고 소전제를 살려 "몽사봉은 자연 그대로의 것이다. 그러므로 내 얼굴은 몽사봉을 좋아한다"라고 하면 더 자연스럽지 않은가?

그렇다면 장미셸 아당의 광고문은 잘못된 것인가? 그건 아니다! 이 광고문은 정작 강조하려는 내용인 '몽사봉은 자연 그대로의 것이다'라는 전제를 생략함으로써 오히려 그것을 누구나 인정하는 당연한 사실, 곧 아리스토텔레스가 말하는 '확실한 증거'처럼 만들어 강조하는 효과를 내고 있다. 광고에서는 이런 전략까지도 사용된다.

이렇듯 수사적 논증은 오직 실용성만을 겨냥해 진화해왔다. 그래서 심지어는 앞에서 예로 든 "A는 어머니 손맛으로 만들었습니다"와 같이 전제만 언급되고 결론을 생략한 3차 생략삼단논법이 종종 사용되기도 한다. '진정한 기독교인은 허황되지 않다. 그런데 교회에 다니는 사람들 중에는 허황된 사람들이 있다'라는 논증이 하나의 예다. 문맥으로 보아 '교회에 다니는 사람들 중에는 진정한 기독교인이 아닌 사람이 있다'라는 게 이 생략삼단논법의 결론이다. 그러나 이같은 결론은 굳이 말하고 싶지 않기 때문에, 혹은 말하지 않는 것이 더 큰 울림을 주기 때문에 생략한 것이다.

정리하자면, 당신이 말이나 글로 자기주장을 자연스러우면서도 설득력 있게 표현하려면 진부하거나 불필요한 전제들을 생략한 생략삼단논법을 되도록 자주 사용하는 것이 좋다. 대다수의 매력적인 시구들과 상당수의 매혹적인 광고문들에서 이 기법이 발견되는 이유도 여기에 있다. 어느 전제를 생략할 것인가는 아리스토텔레스에서 롤랑 바르트에 이르는 많은 학자들이 내놓은 복잡하고 불완전한 이론들을 굳이 따를 것 없다. 새로운 원칙은 이것이다. "필요한 것만 남기고 불필요한 것을 모두 버려라!"

그렇다고 해서 아무거나 골라 반드시 필요한 것까지 버려서는 안된다. 예를 들면 서양에는 "좋은 술에는 나뭇가지가 필요 없다"라는 속담이 있다. 이것은 '좋은 술을 파는 술집에는 간판(또는 광고)이 필요 없다'라는 뜻으로 통한다. 서양에서는 술집 간판으로 나뭇가지를 다발로 묶어 내거는 것이 고대 로마 시대부터 내려오는 전통이기 때문이다. 그렇다면 이 속담은 '나뭇가지가 술집 간판이다. 좋은 술이 나뭇가지보다 더 좋은 술집 간판이다. 그러므로 좋은 술에는 나뭇가지가 필요 없다'라는 논증 가운데 결론만을 남겨 사용하는 경우라고 볼 수 있다.

동서양을 막론하고 속담에는 과감한 생략이 있기 마련이다. 그래서 그 의미는 모른 채, 용법만 알고 사용하는 경우가 흔하다. 이 속담의 경우도 마찬가지다. 근래에는 서양인들조차 술집 간판으로 나뭇가지를 다발로 묶어 내거는 전통을 잘 모른다. 때문에 이 속담이 제대로 통용되려면, 전제 가운데 적어도 하나, '나뭇가지가 술집 간판이다'든, '좋은 술이 나뭇가지보다 더 좋은 술집 간판이다'든 하나는 남겨두어야 한다. 그렇지 않겠는가? 시대나 상황 또는 목적에 따라 생략해야 할 부분과 남겨두어야 할 부분이 다르다는 뜻이다.

논증의 타당성을 중요시하는 현대논리학에서는 생략삼단논법을 논증으로 인정하지 않는다. 하지만 일상 언어뿐 아니라 광고나 논설문, 보고서, 프레젠테이션처럼 실용성을 중요시하는 분야에서는 생략삼단논법이 여전히 유용하게 사용되고 있다. 그런데 여기서 한 가지 분명히 짚고 가야 할 사실이 있다.

얼핏 생략삼단논법처럼 보이지만 따져보면 타당한 논증이 아니고 단순한 자기주장이나 오류인 경우가 종종 있다는 점이다. 심지어 일부러 이 같은 수법을 사용하는 사람들도 있다. 불순한 의도를 가진 선동가들이 대개 그러한데, 자칫하면 속아 넘어갈 수 있다. 그렇다면 상대가 사용한 생략삼단논법이 논증인지, 아니면 단순한 자기주장이나 오류인지를 알아내려면 어떻게 해야 할까? 다음과 같은 방법이 있다.

··· 생략삼단논법을 사용한 주장이 논증인지 아닌지 구별하는 법
① 숨겨진 전제를 찾는다.
② 숨겨진 전제가 생략 가능한지, 즉 보편타당한지를 살핀다.
③ 숨겨진 전제가 보편타당하면 논증으로, 그렇지 않으면 단순 주장
　 내지 오류로 취급한다.

예를 들어 '아테네는 마케도니아에게 멸망했다. 왜냐하면 적과 맞붙어 싸울 병사들을 갖지 못했기에'는 논증이다. 그러나 '아테네는 마케도니아에게 멸망했다. 왜냐하면 자유 기업의 정신을 갖지 못했기에'는 단순 주장이다. 전자에서 '적과 맞붙어 싸울 병사들이 없으면 나라가 망한다'라는 전제는 보편타당하기 때문에 생략할 수 있다. 하지만 후자에서 '자유 기업의 정신을 갖지 못하면 나라가 망한다'라는 전제는 보편타당하지 않기 때문에 생략하면 안 된다. 따라서 만일

상대가 후자와 같은 주장을 한다면 당신은 "자유 기업의 정신을 갖지 못한 국가는 멸망하는가?" 하고 반문함으로써 상대를 논박할 수 있다.

롤랑 바르트는 생략삼단논법에는 생략된 전제가 무엇인지를 찾아내는 "진행 과정의 매력, 곧 여행의 매력"이 있다고 말했다. 맞는 말이다! 당신도 평소에 우리가 흔히 사용하는 속담, 격언 또는 광고문 가운데 혹 생략삼단논법이 깔려 있는지, 그렇다면 생략된 전제가 무엇인지를 찾아내는 매력적인 여정을 틈틈이 즐겨보라. 당신도 모르는 사이에 논리적 사고력이 길러지는 효과는 물론이거니와, 매력 넘치는 표현력과 강한 설득력이 자라나는 보너스까지 따라올 것이다.

조목조목 증거를 대라
: 대증식

대증식(epicheirema)은 다음에 설명할 연쇄삼단논법과 함께 확장된 형태의 복합삼단논법(polysyllogism)이다. 이 논증법은 전제 하나하나마다 그것을 증명하는 증거를 붙임으로써 설득력을 강화하려는 목적으로 만들어졌다. 따라서 그 기본 구조는 [전제 1] - [전제 1 증거] - [전제 2] - [전제 2 증거] - [결론], 이렇게 다섯 부분으로 이루어진다.

로마 시대에 뛰어난 수사학자였던 키케로(Cicero)가 법정에서 행한 「밀로를 대신하여(Pro Milone)」라는 변론을 예로 들 수 있다. 이를 요약하여 정리하면 다음과 같다.

전제 1 : 자신을 죽을 함정에 빠뜨리는 자를 죽이는 것은 허용된다.
증거 1 : 자연법과 인간의 권리를 통한 증명.
전제 2 : 클로디우스는 밀로를 죽을 함정에 빠뜨렸다.
증거 2 : 증인들에 의한 제(諸) 사실 증명.
결 론 : 밀로에게 클로디우스를 죽이는 것이 허용된다.

대증법은 삼단논법의 틀을 갖추었기 때문에 형식적으로 타당하다. 또한 각 전제가 참임을 증명하는 증거가 첨부되어 있기 때문에 내용도 건전하다. 논증의 타당성(validity)과 건전성(soundness)에 대해서는 6장에서 다루기로 하자. 핵심은 형식뿐 아니라 내용도 옳다는 것이다. 그래서 지금도 판결문이나 외교 문서에서 모범적인 모델로 인정되어 자주 사용된다. 그뿐 아니라 기자들의 논설문과 학생들의 논설문에도 모범이 된다. 롤랑 바르트가 쓴 「옛날의 수사학」에는 다음과 같은 사례가 소개되어 있다.

1965년 3월 중국 학생들이 모스크바에 있는 미국 대사관 앞에서 시위를 했는데, 소련 경찰이 이들을 강제로 체포해 진압했다. 중국 정부가 이 진압에 항의하자, 소련 정부는 외교 문서를 통해 키케로의 변론에 견줄 만한 멋진 대증법으로 답변했다고 한다. 그 내용을 정리하면 다음과 같다.

전제 1 : 모든 국가에는 존중되어야 할 외교 규범이 존재한다.

증명 1 : 그 예로 중국에도 이러한 규범이 있다.

전제 2 : 모스크바에 있는 중국 학생들이 이 외교 규범을 위반했다.

증명 2 : 불법 폭력 시위를 증명할 만한 여러 가지 사례들을 제시.

결 론 : 시위 학생 체포에 대한 중국 정부의 항의는 받아들일 수 없다.

이처럼 상당수의 대중식에서는 증거가 예로 제시된다. 이런 경우 대중식은 삼단논법과 예증법을 결합한 형태의 논증이라 할 수 있다. 따라서 1장에서 보았듯이 설득력이 더욱 높아진다.

다른 예를 들어보자. 세계적인 컨설팅 회사인 매킨지의 프레젠테이션 기법을 소개하는 진 젤라즈니(Gene Zelazny)의 저서 『매킨지, 발표의 기술』에는 바람직한 프레젠테이션 모델들이 소개되어 있다. 그중 한 예에서 저자는 미국은 세계 경제를 주도하고 있다(A), 미국 산업의 수익성이 높다(B), 진입 장벽은 극복할 수 있다(C) 등을 근거로 'OO 은행은 미국 시장을 기회로 잡기 위한 노력을 계속해야 한다'라고 제안하는 프레젠테이션 모델을 다음과 같이 권했다.

결론 A : 미국은 세계 경제를 주도하고 있다.

근 거 : ① 세계 GNP 가운데 가장 큰 비중.

② 최대의 무역 규모.

③ 해외 투자가 증가할 것으로 예상.

결론 B : 미국 산업의 수익성이 높다.

근 거 : ④ 엄격한 비용 관리.

⑤ 확고한 경쟁력.

⑥ 기타.

결론 C : 진입 장벽은 극복할 수 있다.

근 거 : ⑦ 분할된 시장.

⑧ 외국 문물을 쉽게 수용하는 고객.

제 안 : 미국 시장에 진출하라.

이 프레젠테이션의 구조와 대증식을 비교해보라. 그러면 당신은 곧바로 이 프레젠테이션에서 젤라즈니가 '결론 A', '결론 B', '결론 C'라고 부른 것은 각각 대증식의 [전제 1], [전제 2], [전제 3]에 해당하고, 각각의 결론을 뒷받침하는 '근거'들은 대증식의 [증거]들에 해당하며, 마지막으로 '제안'은 [결론]에 해당한다는 것을 알게 될 것이다. 이렇듯 대증식은 오늘날 프레젠테이션에서도 사랑받고 있다.

어디 그뿐이랴! 논설문에서는 또 어떤가. 전문가들은 이상적인 논설문을 논지가 분명하고, 결론에 도달하게 하는 주장들의 논거가 확실한 글이라고 말한다. 논지가 분명하다는 것은 어떤 의미일까? 여러모로 설명할 수 있겠지만, 논리학적으로 보면 결론을 이끌어내는 과정이 논리적이라는 것을 말한다. 결론에 도달하게 하는 주장들의 논거가 확실하다는 것은 또 무엇인가? 결론에 도달하게 하는 주장들이란 논증의 전제들에 해당한다. 그렇다면 이 말은 각 전제들을 뒷받침하는 증거나 사례가 주어졌다는 것을 말한다.

그렇다면 대중식은 전문가들이 말하는 이상적인 논설문에 적합한 형식임이 분명하다. 게다가 주제나 논거들까지 창의적이면 무엇을 더 바라겠는가. 예를 들어 어떤 사람이 A라는 강을 막아 댐을 만들려는 개발 계획에 반대하는 내용을 논술한다고 해보자. 그러면 그는 대중식에 따라 다음과 같은 구조의 글로 반박할 수 있다.

전제 1 : A강 개발은 저수용 댐을 만들려는 목적을 달성하기 어렵다.
증명 1 : 지층이 석회암으로 구성되어 있어 저수 능력이 빈약하다.
　　　　 (외국의 사례를 첨부한 지질 전문가들의 연구 소개)
전제 2 : A강 개발로 인한 피해가 막대하다.
증명 2 : 효과 대비 과도한 개발비에 관한 자료, 자연 환경 파괴 사례
　　　　 등을 제시.
결　론 : A강 개발 계획은 철폐되어야 한다.

이것은 논설문의 뼈대가 되는 논증의 구조, 곧 개요일 뿐이다. 따라서 논설문이 되려면 내용을 채워 넣고, 서론도 붙여야 한다.

그런데 앞선 논증에는 '목적을 달성하기 어렵고 피해가 큰 개발 계획은 철폐되어야 한다'라는 전제가 생략되었다. '일반적 통념'에 속하기 때문이다. 흥미로운 것은 여기에서 생략된 전제를 서론의 개

요로 사용할 수 있다는 것이다. 그럼으로써 논설문은 완벽한 대증식 논증을 따르게 된다. 실제로 이런 형식으로 쓴 뛰어난 신문 사설이나 논설문을 자주 볼 수 있다. 기억해야 할 것은 당신도 대증식을 따라 쓰면 '어렵지 않게' 그런 글을 쓸 수 있다는 사실이다!

꼬리에 꼬리를 물어라
: 연쇄삼단논법

'아리스토텔레스의 연쇄식(Aristotelian sorites)'이라고도 불리는 연쇄 삼단논법(sorites)은 둘 이상의 삼단논법을 모아 하나의 연결체로 만 듦으로써 자신의 주장을 더욱 강조하는 논증법이다. 방법은 앞에 전 개한 삼단논법의 결론을 다음에 오는 삼단논법의 전제로 사용하여 연결하는 것이다. 연쇄삼단논법에는 고클레니우스 연쇄식(Goclenian sorites)이라는 것도 있지만 방법은 동일하다.

따라서 연쇄삼단논법의 기본 구조는 [전제 1] - [전제 2] - [결론 1] - [전제 3] - [결론 2]와 같은 식으로 이루어진다. 이때 [결론 1]이 [결론 2]의 전제 가운데 하나로 사용된다. 간단한 예를 들어보자.

"자석의 코일에 전기저항이 없으면 에너지가 열로 소모되는 일이 없 다. 초전도자석의 코일에는 전기저항이 전혀 없기 때문에 에너지가 열 로 소모되는 일이 없다. 이것은 에너지를 적게 들이고도 강력한 자장을 유지할 수 있다는 것을 말한다. 따라서 초전도자석의 코일은 에너지를 적게 들이고도 강력한 자장을 유지할 수 있다." 이 문장은 아래와 같은 연쇄삼단논법에 의해 구성된다.

전제 1 : 자석의 코일에 전기저항이 없으면 에너지가 열로 소모되는 일이 없다.

전제 2 : 초전도자석의 코일에는 전기저항이 전혀 없다.

결론 1 : 그 때문에 초전도자석의 코일에는 에너지가 열로 소모되는 일이 전혀 없다.

전제 3 : 에너지가 열로 소모되는 일이 없다는 것은 에너지를 적게 들이고도 강력한 자장을 유지할 수 있다는 것을 말한다.

결론 2 : 따라서 초전도자석의 코일은 에너지를 적게 들이고도 강력한 자장을 유지할 수 있다.

이처럼 연쇄삼단논법은 전체 문장을 하나의 논리적 연결체로 만들어준다. 따라서 틈을 타 반박할 논리적 허점을 허락하지 않는다. 논문이나 학술 서적이 대부분 연쇄삼단논법으로 구성되는 이유도 여기에 있다. 그래서 이에 대해서는 예를 들 필요조차 없다. 주변에서 쉽게 찾아볼 수 있다. 신문 사설이나 논설문도 예외가 아니다.

어디 그뿐인가. 광고를 한번 보자. 번화한 거리에 날씬한 여성이 몸매를 뽐내며 걸어가는 장면이 나오고, 여러 남성이 그 여성을 그윽한 눈길로 바라보는 장면이 이어진다. 그다음에 그녀가 저칼로리 음료를 마시는 장면을 보여준다. 이런 식의 광고를 자주 보았을 것이다. 이와 반대로 초콜릿이나 피자 같은 고칼로리 음식을 먹는 광고도 종종 있지만 논리는 같다. 왜냐하면 여기에는 이렇게 날씬한 여성도 고칼로리 음식을 먹는다는 주장이 숨어 있기 때문이다. 어쨌든 이런 종류의 광고는 모두 다음과 같은 연쇄삼단논법으로 제작된 것이다.

전제 1 : 당신은 남성이 좋아하는 여성이 되고 싶다.
전제 2 : 남성이 좋아하는 여성은 날씬한 몸매를 가졌다.
결론 1 : 따라서 당신은 날씬한 몸매를 갖고 싶어 한다.
전제 3 : 날씬한 몸매의 여성은 A 음료를 마신다.
결론 2 : 그러므로 당신도 A 음료를 마셔라.

놀라운 것은 일상 생활언어에서는 두 가지 이상의 논증 기법을 함께 사용하는 경우도 적지 않다는 것이다. 우리의 자연언어란 실로 실용적이다. 예를 들어보자. "자식을 지나치게 가르치면 안 된다. 동료에게 질투를 사기 때문이다"라는 고대 로마의 격언이 있다. 이 격언을 자세히 살펴보면 연쇄삼단논법과 생략삼단논법이 함께 사용되었음을 알 수 있다. 먼저 아래와 같은 연쇄삼단논증이 만들어졌다.

전제 1 : 동료에게 질투를 사면 안 된다.
전제 2 : 동료보다 뛰어나면 동료에게 질투를 산다.
결론 1 : 그러므로 동료보다 뛰어나면 안 된다.

전제 3 : 자식을 지나치게 가르치면 동료보다 뛰어나게 된다.

결론 2 : 따라서 자식을 지나치게 가르치면 안 된다.

여기에서 [전제 2], [결론 1], [전제 3]을 생략하고, [전제 1]과 [결론 2]만으로 구성된 생략삼단논증이 "자식을 지나치게 가르치면 안 된다. 동료에게 질투를 사기 때문이다"라는 격언이 된 것이다. 꼼꼼히 따져보면 상당수의 격언이나 표어 그리고 광고문이 바로 이런 방식으로 만들어졌다.

장미셸 아당이 『광고 논증』에서 예로 든 광고가 그렇다. 여성 모델이 화장품을 선전하는 이 광고에는 "둘시아네는 피부가 부드러워요. 그러나 나는 싫어요"라는 광고문이 나온다. 이것은 우선 아래와 같은 연쇄삼단논법으로 구성되었다.

전제 1 : 남자들은 피부가 부드러운 여자를 좋아한다.

전제 2 : 둘시아네는 피부가 부드럽다.

결론 1 : 그러므로 남자들은 둘시아네를 좋아한다.

전제 3 : 나는 (같은 여자이므로) 남자들이 좋아하는 여자를 싫어한다.

결론 2 : 따라서 나는 둘시아네를 싫어한다.

그다음 이 연쇄삼단논증에서 [전제 1], [결론 1], [전제 3]을 생략하고, [전제 2]와 [결론 2]만으로 구성하여 만든 생략삼단논증이 바로 앞서 인용한 광고문이다.

84 ∴   설득의 논리학

이런 식으로 만들어진 광고와 광고문들은 신문이나 잡지, TV에서 자주 만날 수 있다. 모두 짧으면서 강한 설득력을 가진 멋진 말들이다. 다만 독자나 시청자들이 그 안에 숨겨진 논증 기법들을 알아채지 못할 뿐이다. 그러나 만일 당신이 표어나 광고문을 쓰려고 한다면, 위에서 제시한 차례대로 따라 해보라. 상상 외로 멋진 표어나 광고문이 나올 것이다.

아리스토텔레스의 사다리를 딛고

셰익스피어는 아직도 낡지 않았다. 그의 작품들은 지금도 세계 곳곳에서 출판되어 읽히고, 연극 무대에 오르며, 영화로 상영되고, 오페라나 뮤지컬, 발레, 아동극으로 각색되어 관객을 불러 모으고 있다. 그래서 말인데, 만일 셰익스피어가 지금 세상에 태어난다면 그는 무엇을 하고 있을까? 그의 재능을 고려한다면 여전히 훌륭한 극작가이자 시인이 될 것은 매우 분명하다.

하지만 세상이 다양해졌다. 그런 만큼 셰익스피어 같은 재주꾼은 할 일이 무척 많을 것 같다. 어쩌면 그는 영화감독이나 게임 시나리오 작가가 될지도 모른다. 지금도 셰익스피어는 할리우드가 가장 사랑하는 작가다. 영화화된 그의 작품들은 셀 수 없이 많다. 특히 〈로미오와 줄리엣〉은 할리우드에서 두 번째로 많이 리메이크된 영화라는 말도 있다. 세어보지는 않았지만 그럴듯하다.

사람들은 작품 속에서 자신의 모습과 전망을 보게 될 때 감명받는다. 그런데 셰익스피어만큼 인간의 다양한 본성과 운명을 정확히 간파하고, 그에 대한 미묘한 대안과 새로운 전망을 폭넓게 제시한 작가는 없었다. 그의 작품들은 언제든 우리를 거울 앞에 불러 세운다.

그러나 이것이 그의 작품들이 사랑받는 유일한 이유는 아니다. 잊지 말아야 할 것이 있다. 앞에서 본 것처럼 그가 놀랄 만큼 다양한 수사법들을 흉내 낼 수 없을 정도로 능숙하게 구사했다는 사실이다. 셰익스피어의 대사들은 정말 멋지다. 그래서 사람들의 기억에서 사라지지 않는 그 '무엇이' 되는 것이다. 서구에서는 그의 작품들 가운데 나오는 대사들이 성경 구절 다음으로 자주 인용되어 노래 가사나 광고문으로 쓰인다고 한다.

"사느냐 죽느냐 그것이 문제로다", "될 대로 되라지", "세상은 무대다", "공연히 야단법석", "뜻대로 하세요", "거친 운명의 돌팔매", "덴마크가 수상하군", "고통의 바다", "양심은 우리를 겁쟁이로 만든다" 등 이루 헤아릴 수 없다. 그는 어쩌면 탁월한 광고 카피라이터가 되었을지도 모르겠다.

그의 놀라운 능력은 모두 어디에서 나왔을까? 아마 다들 궁금해하겠지만 아무도 모른다. 셰익스피어는 높은 유명세에 비해 매우 신비로운 인물이다. 그가 어디에서 무슨 교육을 받았는지조차 알려진 바가 없다. 그럼에도 불구하고 작품들을 보면 셰익스피어는 유럽 전체의 문화와 역사, 학문에 대해 모르는 것이 거의 없다. 그래서인지 말

많은 사람들은 당시 영국에서 가장 박학다식했던 프랜시스 베이컨이 셰익스피어라는 이름으로 작품들을 쓰지 않았을까, 하고도 생각한다. 가능성이 없진 않지만 모를 일이다. 짐작할 수 있는 사실은 아무튼 그가 책을 엄청나게 많이 읽었으리라는 점이다.

그렇다면 셰익스피어는 아리스토텔레스의 『형이상학』이나 『오르가논』도 읽었을까? 왜 하필 그것이 궁금하냐고? 아마 논리학자라면 누구나 〈햄릿〉에 나오는 이 유명한 구절을 볼 때마다 당연히 그런 의문이 들 것이다.

사느냐 죽느냐 그것이 문제로다.
거친 운명의 돌팔매와 화살의
고통을 겪는 게 더 고귀한 일일까?
아니면 고통의 바다에 항거해 무기를 들고
그것들에 반대해 끝장을 내버릴까.

이 글에서 "사느냐 죽느냐"라고 번역되는 "To be or not to be"라는 원문은 아리스토텔레스가 『형이상학』과 『오르가논』에서 확정한 모순율(law of contradiction)을 그대로 표현해놓은 것이다. 하지만 이에 대해서도 역시 정확히 알기 어렵다.

알 수 있는 것은 단 하나뿐이다. 셰익스피어가 누구든, 또 어디에서 무슨 공부를 했든, 『형이상학』과 『오르가논』을 읽었든, 『수사학』은 분명히 읽었다는 것이다. 〈율리우스 카이사르〉에서도 보았듯이,

수많은 수사법과 수사학적 논증법들로 꾸며진 그의 작품들을 보면 분명 그렇다. 그리고 바로 그것이 오늘날에도 셰익스피어를 셰익스피어답게 만드는 '그 무엇'이다.

당신도 '아리스토텔레스의 사다리'를 한 계단씩 딛고 올라가보라. 그러면 언젠가는 셰익스피어의 어깨 위에 올라설 수 있을지도 모른다. 물론 문학에서야 어렵겠지만, 적어도 당신이 하는 광고, 프레젠테이션, 강연, 토론, 논술 등에서는 가능하지 않을까. 당신에게 믿음을 주기 위해 예를 하나 들어보겠다.

셰익스피어의 희곡 〈베니스의 상인〉에 보면, 지난 수백 년 동안 사람들을 감탄케 한 유명한 재판 장면이 나온다. 유대인 구두쇠 샤일록은 기한 내에 빚을 갚지 못할 경우 가슴살을 1파운드 떼어가겠다는 차용 증서를 받고 안토니오에게 돈을 꾸어준다. 그런데 안토니오가 기한을 넘기자 차용 증서를 내세워 그에게 그동안 당한 분풀이를 하려고 한다. 그러나 판사로 변장한 포셔가 증서에는 '살 1파운드'라고만 쓰여 있을 뿐 피는 한 방울도 준다는 말이 없다는 것을 내세워, 피를 흘리지 말고 살을 떼라고 샤일록을 몰아붙인다. 결국 샤일록은 재판에서 패하고 모든 재산을 잃는다.

하지만 만일 샤일록이 '아리스토텔레스의 사다리'를 이용했다면 어떤 일이 일어났을까? 샤일록은 분명 다음과 같이 자신을 변호했을 것이다.

살 1파운드를 뗀다는 조건에는 피도 흘린다는 것이 이미 '생략된 전제'로 들어 있지요. 그것을 생략한 이유는 '확실한 지표'이기 때문입니다. 아리스토텔레스 이후 어느 논증에서나 확실한 지표는 생략할 수 있다는 것을 판사님도 부인하지는 못하시겠지요? 물론 그러시지는 않겠지만 혹시라도 판사님께서 그것이 확실한 지표가 아니라고 주장하신다면, 저는 판사님 스스로 피를 흘리지 않고 살을 떼어보시라고 할 수밖에 없군요. 만일 그렇게 하실 수 있으면, 저도 그렇게 할 것입니다.

그다음 이야기는 전혀 다르게 전개되었을 것이다. 어떤가? '아리스토텔레스의 사다리'와 함께라면 셰익스피어의 어깨 위에 올라설 수 있지 않겠는가.

당장 컴퓨터를 켜고 생략삼단논법을 사용한 광고문을 만들어보자. 아니면 대증법을 사용한 프레젠테이션을 구상해보거나, 연쇄삼단논법을 사용한 논설문을 써보자. 논리학이란 본래 뭔가를 하는 데에 사용하는 '도구(organon)'다!

- **생략삼단논법** : 삼단논법 가운데 전제의 일부나 결론을 생략하여 주장을 더욱 자연스럽고 강하게 한 논증.
- **대증식** : 삼단논법의 전제 하나하나마다 그것을 증명하는 증거를 붙임으로써 설득력을 강화한 논증.
- **연쇄삼단논법** : 둘 이상의 삼단논법을 모아 하나의 연결체로 만듦으로써 자신의 주장을 더욱 강화하는 논증. 이때 앞에 오는 삼단논법의 결론이 뒤에 오는 삼단논법의 전제로 쓰인다.

- **수사학적 논증**

설득을 목적으로 하는 자연언어 논증. 아리스토텔레스 이전에는 모든 논증이 수사학적 논증이었다. 그러나 아리스토텔레스가 삼단논법을 개발하면서 논증에 '타당성의 검증'이라는 새로운 임무가 주어졌다. 이때부터 논증은 설득을 목적으로 하는 기술인 동시에 논리적 타당성을 따지는 기술이 되었다. 그러다 20세기 초에 고틀로프 프레게, 버트런드 러셀 등이 연역법의 형식화에 성공하여 형식 논증이 논리학의 주류로 자리 잡았다. 그 결과 논증의 목적이 타당성 검증으로 굳어져서 공학과 가까워졌다. 그리고 설득을 목적으로 하는 수사학적 논증은 논리학에서 제외되었다. 그럼에도 수사학적 논증은 오늘날에도 과학 탐구, 프레젠테이션, 연설, 설교, 토론, 광고, 논술 등에 여전히 유용하게 쓰인다. 수사학적 논증에는 예증법, 유비 논증, 생략삼단논법, 대증식, 연쇄삼단논법, 귀납법, 가추법 등이 있다.

3

아리스토텔레스가
논설문을 쓴다면

배열법과 yes-but 논법

올해 출제된 모 대학 논술 시험 문제 앞에 선 아리스토텔레스,

그는 어떤 방법으로 이 문제를 풀어나갈까?

생략삼단논법, 대증식, 연쇄삼단논법……?

아마도 그는 가장 먼저 '아리스토텔레스의 배열법'이라는

자신만의 논술 비법을 꺼내 들지 않았을까.

서울 한복판에 갑자기 아리스토텔레스가 나타났다고 하자. 르네상스 시대의 거장 산치오 라파엘로(Sanzio Raffaello)가 그린 〈아테네 학당〉에서 본 모습 그대로 근엄한 얼굴에 수염을 기르고 건장한 체구에 갈색 옷을 걸치고 그 위에 기다란 청색 천을 휘감은 채 어슬렁거리며 나타나 논리학을 가르치려 하는 것이다. 아마 그는 지나가는 사람을 붙들고 말할 것이다. 나는 아리스토텔레스라는 사람인데, 최초의 논리학 저서인 『오르가논』을 쓴 나에게 논리학을 한번 배워보지 않겠느냐고. 무척 흥미롭고 아주 유용할 것이라고.

하지만 장담하건대 아무리 애써도 그는 제자를 구하지 못할 것이다. 오늘날 철학도 마찬가지지만 사실 논리학이란 사람들이 가장 듣고 싶어 하는 과목 10위에는 꼭 빠지고, 가장 듣기 싫어하는 과목 10위에는 반드시 들어가기 때문이다. 사람들은 그를 한번 흘낏 쳐다본 다음, 영어나 중국어를 배우려고 서둘러 발길을 옮길 것이다. "논리학이란 어렵고 따분하기만 할 뿐 아무 쓸모없는 것이야!" 하고 투덜거릴지도 모른다. 당신 같으면 어떻게 하겠는가? 아마 비슷하지 않을까.

그러나 나라면 다르다. 나는 그에게 성큼 다가갈 것이다. 오해는 말라. 나 역시 그에게 논리학 강의를 들으려는 것은 결코 아니다. 대신 그에게 올해 출제된 모 대학 논술 시험 문제를 불쑥 내보이며 한번 풀어보라고 할 것이다. 아! 어쩌면 내가 너무 무례하다고 생각할지 모른다. 아무리 그래도 '아리스토텔레스'인데 어찌 감히 그럴 수 있느냐고 말이다. 하지만 전혀 그렇지 않다. 내 생각에는 그가 매우 흥미로워할 것이다.

도대체 논설문이란 무엇인가? 설득을 목적으로 하여 '논리적 근거〔論據〕'를 대어 쓴 주장이다. 그렇다면 논설문은 그 자체가 일종의 논증이다. 논증을 뜻하는 'argumentum'이라는 단어의 본래 뜻이 '논리적 근거'인 것과 무관하지 않다. 그런데도 오늘날 사람들이 논설문을 일종의 논증이라고 생각하지 않는 것은 현대논리학과 함께 논증이라는 말의 의미가 매우 좁아진 데에 그 원인이 있다.

아리스토텔레스 시대의 논증은 수사학에도 속했고 논리학에도 속했다. 논증이 '설득의 기술'인 동시에 '타당성을 검증하는 기술'이기도 했다는 말이다. 아리스토텔레스도 논증을 그의 논리학 저서인 『오르가논』에서뿐만 아니라 『수사학』에서도 중요하게 다루었다. 그 안에서는 형식 논증과 우리가 '수사학적 논증'이라고 부르는 자연언어 논증이 함께 다뤄졌다. 한마디로 당시 논증은 양다리를 걸치고 있었는데 훨씬 쓸모가 있었다.

논증이 설득을 목적으로 하는 기술에서 완전히 떠나 논리적 타당성만을 따지는 기술이 된 것은 그리 오래된 일이 아니다. 18세기에 라이프니츠가 씨앗을 심었고, 19세기에 드모르간, 불 그리고 퍼스에 의해 싹텄으며, 20세기 초반에 프레게, 러셀, 화이트헤드 등에 의해 꽃피운 수리논리학(mathematical logic)이 논리학의 주류로 자리 잡으면서 일어난 일이기 때문이다. 이 새로운 논리학은 수학처럼 엄밀하지만 돌처럼 딱딱하다.

그래서 논리학의 쓸모는 점차 공학으로 옮겨갔고, 말하기와 글쓰기 같은 우리 일상생활에서는 점점 멀어져갔다. 이것이 오늘날 사람들이 논리학을 따분하고 쓸모없는 학문으로 생각하게 된 동기다. 사실 알고 보면 온갖 정보가 범람하는 요즘처럼 논리적으로 읽고, 말하고, 쓰는 일이 필요했던 적이 일찍이 없었는데도 말이다.

토론, 논술뿐만 아니라 연설, 설교, 광고 등의 분야에서 요구되는 논리적 말하기와 글쓰기를 위해서는 좀 '덜 엄격하고 덜 딱딱한' 논리학이 필요하다. 설득력이 목적인 '수사학적 논증'이 다시 요구된다는 말이다. 이미 앞서 보았듯이, 아리스토텔레스야말로 이에 관한 다양한 기술들을 정리한 장본인이다. 그러니 그가 어찌 논설문 쓰기를 꺼려하겠는가. 아리스토텔레스는 약 2300년 전 자신이 개발한 기법들이 오늘날에도 유용하게 쓰일 수 있다는 것을 곧바로 깨닫고 오히려 기뻐할 것이다.

그렇다면 생각해보자. 아리스토텔레스가 쓴 논설문은 어떤 모습일까? 온갖 미사여구로 잘 꾸며진 글일까? 분명 그렇지 않을 것이다. 수사학의 주요 기법인 미사여구법은 그의 스승의 스승인 소크라테스에 의해 이미 신랄하게 비난받았다. 그리고 그 전통을 플라톤이 고스란히 물려받았다. 아리스토텔레스도 마찬가지다. 그는 사람들을 설득하는 힘이 논증에서 나온다는 것을 알고 있었다. 아리스토텔레스의 수사학은 미사여구를 사용하는 '감성의 수사학'이라기보다 논증을 사용하는 '이성의 수사학'이다.

그럼에도 아리스토텔레스는 위대한 두 스승보다는 미사여구법을 포함한 여러 가지 수사학적 기법에 훨씬 관대했다. 그가 세 권이나 되는 분량의 『수사학』 책을 썼다는 것이 그 증거다. 『수사학』에는 고대로부터 내려오는 다양한 수사학적 기법뿐 아니라 『오르가논』에 실려 있는 논증 기법들도 정리되어 있다.

그래서 만일 아리스토텔레스가 오늘날 서울에 갑자기 나타나서 논설문을 쓴다 해도 그것은 두말할 것 없이 훌륭하리라고 장담할 수 있다. 프레젠테이션, 토론, 연설이나 광고 제작에 참가한다 해도 마찬가지다. 물론 그로서는 감히 상상도 못할 환경문제나 유전공학 문제 같은 시사적인 배경지식은 별도로 주어야겠지만 말이다.

흥미로운 일이 어디 그뿐이겠는가. 1장에서 우리는 소크라테스가 광고를 제작한다면 예증법을 쓰리라는 것을 어렵지 않게 짐작할 수 있었다. 그런데 아리스토텔레스가 광고를 만든다면 무슨 기법을 쓸지는 전혀 예상할 수 없다. 2장에서 본 것처럼 그는 훌륭하고 다양한 수사학적 논증법들을 알고 있기 때문이다.

아리스토텔레스는 논설문을 어떻게 쓸까? 내가 무척이나 궁금해 하는 것처럼, 이제 당신의 마음도 서서히 움직일 것이다. 게다가 『수사학』에 실린 흥미로운 수사학적 배열법을 보고 나면 정말로 마음이 바뀔 것이다. 특히 논술이나 토론에 관심이 있다면 말이다. 그리고

설득의 논리학

그의 강의를 듣고 싶어서 팔목을 힘껏 붙잡게 될 것이다. 그가 자신의 인기 없음에 실망하여 막 떠나려는 순간에 말이다.

논증과의
숨바꼭질

논리학에서 사용하는 형식언어는 인위적으로 설계한 언어다. 이와 달리 자연언어는 자연적으로 생겨나 스스로 진화해왔다. 따라서 그 둘 사이에는 건널 수 없는 얼음의 계곡이 놓여 있다. 그 간격은 무엇보다도 논증의 외형적 형태에서 잘 나타난다.

1장에서 보았듯이 논증은 적어도 둘 이상의 언어적 표현으로 이루어지며, 그 사이에 '왜냐하면'이나 '그러므로' 같은 전제나 결론을 표시해주는 지시어든 '→'와 같은 기호든 어떤 '논리적 연결사'가 있어야 한다. 형식언어 논증은 예컨대 '$(p \rightarrow q \cap p) \rightarrow q$'처럼 언제나 규칙을 정확히 따른다. 그런데 우리의 일상 언어생활에서 나타나는 자연언어 논증은 전혀 그렇지가 않다. 그 이유는 사람들이 논증을 나름대로 자연스럽게 변형하며 사용해왔기 때문이다. 예를 들어보자.

누구나 "산책이나 갑시다. 우린 기분 전환이 필요해요"라고 말하지, "기분 전환에는 산책이 좋습니다. 우린 기분 전환이 필요해요. 그러니 산책이나 갑시다"라고 논증의 형태로 말하지 않는다. 또 "아니 땐 굴뚝에 연기 날까"라고 말하지, "불을 때면 굴뚝에서 연기가 난다. 그런데 불을 땠다. 그래서 연기가 난다"라고 역시 논증의 형태로 말하지 않는다. 비록 그것이 내용 안에는 엄연히 논증의 성격을 갖고 있음에도 말이다.

그래서 논증은 점차 자연언어 속으로 꼭꼭 숨어버렸다. 그 결과 듣는 사람은 상대의 주장이 논증의 성격을 갖고 있는지 아닌지를 알아채기가 쉽지 않다. 물론 말하는 사람까지도 자신이 하는 말에 논증이 들어 있는지를 모르고 사용하기 십상이다. 단지 '관습에 따라' 사용할 뿐이다. "산책이나 갑시다. 우린 기분 전환이 필요해요"와 같은 표현이 우리의 일상 언어생활에 얼마나 많은지를 생각해보라! 2장에서 설명한 "휘발유 값이 오른다. 공급이 부족하기 때문이다"라거나 "말을 잘 들었으니 아이스크림 사줄게"와 같은 수많은 생략삼단논법 예문들도 사실상 이 경우에 속한다.

일상의 언어에서뿐만 아니다. 학문적으로 쓰인 글에서도 사정은 마찬가지다. 예를 들면 다음과 같다.

데이비드 흄(David Hume)이 쓴 『인간 오성론』에는 이런 구절이 나온다. "도덕이란 행동과 감정에 영향을 미치는 것이므로 도덕이 이성에서 도출될 수 없다는 귀결이 나온다. 우리가 이미 증명한 바와 같이 이성 혼자서는 그런 능력이 없는 것이다." 이 말에는 내용상 '도덕이란 행동과 감정에 영향을 미친다. 이성만으로는 행동과 감정에 영향을 미칠 능력이 없다. 그러므로 도덕은 이성에서 도출될 수 없다'라는 추론이 들어 있다. 따라서 논증이다.

하지만 논리적 연결사로 드러나 있지 않은 데다 결론이 전제들 사이에 끼어 있는 등 형식을 따르지 않고 자연스레 표현되어 있기 때문에 독자들은 이것이 논증이라는 것을 알아보기가 쉽지 않다. 심지어 흄 자신도 알고 있었는지 의심스럽다.

이처럼 자연언어란 논리적으로 명료하게 다루기에 결코 만만찮은 상대다. 6장에서 보겠지만, 오죽하면 비트겐슈타인 같은 천재도 이 일에 실패했겠는가. 그러니 당신도 절대 방심하지 말라! 자연언어 논증과의 숨바꼭질은 이미 시작되었다. 만일 당신이 '논리적으로' 생각하기, 말하기, 글쓰기 등에 관심이 있다면 말이다. 더구나 논술이나 토론을 해야 한다면 말할 것도 없다. 다행인 것은 당신의 고민을 덜어줄 방법들이 개발되었다는 것이다.

우선 글 가운데 숨어 있는 자연언어 논증을 찾아내는 방법부터 알아보자. 다른 사람들이 써놓은 글의 논리적 구조를 따져보는 일은 우선 그 글의 주제와 개요를 파악하는 데에 가장 좋은 방법이다. 그뿐만 아니라 논리적으로 사고하기나 말하기, 궁극적으로는 논리적 글쓰기에 좋은 훈련이 된다. 요즈음 논술 시험에 제시문을 요약하라거나 주제를 파악하라는 문제가 출제되는 것도 이런 이유 때문이다.

세계적인 컨설팅 회사 매킨지의 첫 여성 컨설턴트 바버라 민토(Babara Minto)도 그녀의 성공적인 저서 『논리의 기술』의 워크북이라 할 수 있는 『논리적 글쓰기』에서 글쓰기를 훈련하기에 앞서 이미 쓰인 글의 논리적 구조를 파악하는 훈련을 한다. 민토는 예를 들어 베르너 하이젠베르크(Werner Heisenberg)의 『물리학을 넘어서』에서 뽑은 한 문단과 빈칸으로 된 연역 추론 형식을 준다. 그리고 제시문의 논리적 구조를 파악하여 다음과 같이 도식화해 정리한다.

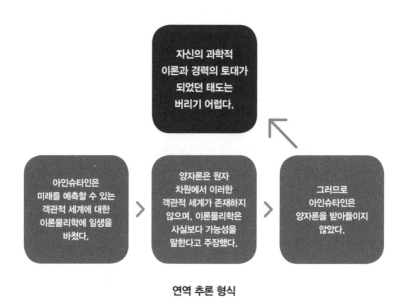

연역 추론 형식

하단의 박스에서 전개된 연역 추론을 근거로 상단의 새로운 결론을 얻어내는 구조다. 썩 괜찮아 보이지 않는가? 그뿐만이 아니다. 민토는 귀납 추론이 들어 있는 문장들도 마찬가지의 방식으로 훈련한다. 물론 이때 빈칸으로 주어지는 추론 형식의 구조는 연역 추론 형식의 구조와는 다르다. 예를 들면 다음과 같다.

설득의 논리학

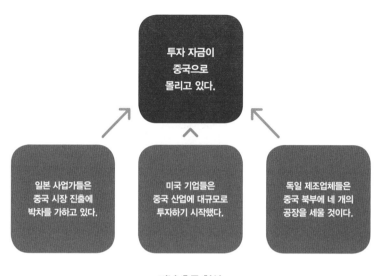

귀납 추론 형식

민토는 이 두 가지 논리적 기본 형식을 이용하여 글을 분석하게
도 하고 글을 쓰게도 하는데, 이것이 이른바 '민토 피라미드 원칙(The
Minto Pyramid Principle)'이다. 경영 컨설팅 분야에서 세계적으로 인
정받아 각종 실무에 사용되는 이 방법은 의외로 단순하다.

우선 앞서 설명한 '연역 추론 형식'과 '귀납 추론 형식' 두 가지를
기본 단위로 하여 하위 그룹 메시지들을 정리한다. 이것을 '수평적
관계 부여하기'라고 한다. 그러고 나면 여기에서 나온 결론들이 자동
으로 상위 그룹을 구성하게 되는데, 이것이 '수직적 관계 부여하기'
다. 그다음에 상위 그룹의 메시지들을 다시 연역 추론 형식이나 귀납
추론 형식으로 정리하여 그 결론으로 다시 그 위의 상위 그룹을 구
성한다. 이런 작업을 최종 결론에 이르기까지 계속 반복한다. 그러면

다음과 같은 피라미드가 얻어진다.

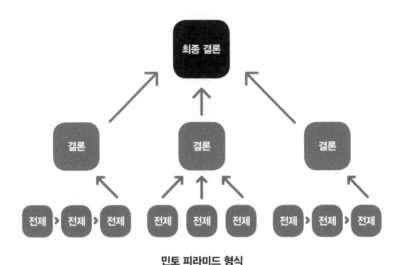

민토 피라미드 형식

바버라 민토는
못하는 것

민토 피라미드는 이론상 무한대로 확장해나갈 수 있다. 그럼에도 연역 추론 형식과 귀납 추론 형식, 두 종류의 기본 단위를 마치 벽돌처럼 쌓아가는 방식이기 때문에 단순하다는 장점을 갖고 있다. 보고서나 프레젠테이션처럼 간단명료한 글의 구조를 파악하거나 거꾸로 구성하는 데 도움이 된다.

그러나 이 방법은 일반적인 글의 구조를 파악하는 데는 지나치게

설득의 논리학

단순하고 딱딱한 도구다. 민토 피라미드 원칙은 오직 '연역 추론 형식'과 '귀납 추론 형식'으로 다룰 수 있는 글에만 적용할 수 있다. 그런데 일반적인 글은 설사 그것이 논리적이라 하더라도 논증만으로 구성된 경우란 매우 드물다. 글에는 논증 외에도 다른 중요한 요소들이 많이 포함되어 있다.

논설문에서 제시된 글처럼 인문학적인 내용을 담은 글이 특히 그렇다. 그래서 이런 글의 구조를 파악하는 데는 민토 피라미드 원칙은 적합하지 않다. 좀 더 세밀하고 유연한 도구가 필요하다. 논증 형식에 들어가지는 않지만 글에서 중요한 역할을 하는 요소들의 구조도 함께 표기할 수 있는 장치들이 필요하다는 것이다. 너무 성긴 그물로는 원하는 물고기를 잡을 수 없다.

물론 글의 모든 구성 요소를 전부 도식화할 필요는 없다. 그러면 너무 복잡해져서 논리적 구조가 잘 드러나지 않아 도식화의 목적에서 벗어나게 된다. 따라서 글의 전체 구조에서 벗어나는 부수적인 요소들은 과감하게 제외하는 것 역시 필요하다. 너무 촘촘한 그물로도 원하는 물고기를 잡을 수 없기는 마찬가지다. 결국 너무 단순하지도, 너무 복잡하지도 않은 새로운 도구가 필요하다. 비슷비슷한 방법들이 있지만 다음과 같은 네 가지 방법을 추천한다.

- 전제와 결론 또는 논거와 주장은 위에서 아래로 향하는 화살표로 연결한다. 예를 들어 "❶ 나에게도 똑같은 것을 요구하라. ❷ 왜냐하면 친구란 모든 것을 공유해야 하니까"(플라톤, 『파이드로스』)나 "❶ 원수

가 배고파하면 먹을 것을 주어라. ❷ 목말라하면 마실 것을 주어라.
❸ 그렇게 하면 그의 머리에 숯불을 쌓아놓는 셈이 되리라"(「로마
서」, 12:20)라는 글은 아래와 같이 표기된다.

- 연역 논증의 전제들은 '+' 기호로 연결하고 귀납 논증의 전제들은
'，' 기호로 연결한다. 예를 들어 '❶ 모든 포유동물은 심장을 갖고 있
다. ❷ 고래는 포유동물이다. ❸ 그러므로 고래는 심장을 갖고 있다'
라는 연역 논증과 '❶ 말은 심장을 갖고 있다. ❷ 소는 심장을 갖고
있다. ❸ 개는 심장을 갖고 있다. ❹ 사람은 심장을 갖고 있다. ❺ 그
러므로 모든 포유동물은 심장을 갖고 있다'라는 귀납 논증은 다음
과 같이 표기된다.

- 원인과 결과나 시간의 경과를 나타내는 문장들 사이는 '→'로 연결하
고, 서로 대등한 관계를 갖는 문장 사이에는 '－' 로 표시한다. 예를
들어 '❶ 학교를 졸업하고 ❷ 취직을 했다'와 '❶ 철수는 노래한다.
❷ 그리고 영희는 춤춘다'라는 논증은 다음과 같이 도식화할 수 있다.

$$\mathbf{0} \rightarrow \mathbf{2} \qquad\qquad \mathbf{0} - \mathbf{2}$$

- 서로 긴밀하게 연관된 것들은 괄호로 묶고, 생략된 전제는 괄호 안을 비워 ( )로 표시한다. '즉', '다시 말해'와 같은 지시사가 끌고 나오는 반복문은 '='로 표기한다.

이 네 가지 기본 원칙을 사용하면 복잡한 문장도 간단하게 도식화할 수 있다. 다음의 글을 기본 원칙에 따라 도식화해보자.

❶ 모든 국가는 일종의 공동체다. ❷ 그리고 모든 공동체는 어떤 좋은 것을 이루기 위해 성립된 것이다. ❸ 왜냐하면 인간이란 언제나 자신이 좋다고 생각하는 것을 얻으려고 행동하기 때문이다. ❹ 그런데 모든 공동체가 어떤 좋은 것을 목표로 한다면, ❺ 최고의 공동체이며 다른 모든 것을 포괄하는 공동체, ❻ 곧 국가라는 정치 공동체는 다른 어떤 공동체보다 더 좋은 것, 가장 좋은 것을 목표로 한다고 할 수 있다.

— 아리스토텔레스, 『정치학』

$$\mathbf{3}$$
$$\downarrow$$
$$\mathbf{0} + (\mathbf{2} = \mathbf{4})$$
$$\downarrow$$
$$(\mathbf{5} = \mathbf{6})$$

❶ 현명한 군주가 절대 권력을 갖고 다스릴 때, 신하들은 모두 비행을 삼간다. ❷ 그렇게 되면 신하들이 감히 군주를 속이려 하지 않는데, ❸ 그것은 그들이 군주를 사랑하기 때문이 아니라 군주의 권력을 두려워하기 때문이다. ❹ 민중도 기꺼이 봉사할 것인데, ❺ 그것도 군주를 사랑하기 때문이 아니라 군주의 권력을 두려워하기 때문이다. ❻ 그러므로 높은 지위에 있는 사람은 민중을 다스릴 수 있으며, 절대 권력을 가진 현명한 군주는 모든 신하를 제어할 수 있다.

—『관자』

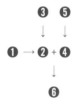

도식을 보면 글의 구조가 한눈에 들어온다. 당연히 결론과 개요가 쉽게 파악된다. 이 도식에서는 위의 단계가 전제이고, 아래 단계가 결론이다. 맨 아래가 최종 결론이다. 하위 그룹이 전제이고 상위 그룹이 결론이어서 맨 위가 최종 결론인 민토 피라미드와는 정반대다. 일종의 '역피라미드'라고 할 수 있다.

아리스토텔레스의 『수사학』은 본래 웅변을 위한 책이다. 그 안에는 뛰어난 수사학적 기법들이 들어 있지만, 앞에 소개한 논리적 구조를 파악하는 방법은 없다. 당시는 글의 시대가 아니라 말의 시대였다. 아리스토텔레스는 글의 논리적 구조를 분석하는 것보다는 모방(imitatio)과 실습(exercitium)을 강조했다. 당시 사람들은 모범이 되는 연설문들을 모방하고 실습하는 가운데 자연스럽게 글의 논리적 구조를 익힐 수 있었을 것이다.

아리스토텔레스는 이렇게 썼다

고대의 수사학은 넓게 보면 주제 설정법(inventio), 배열법(dispositio), 미사여구법(elocutio), 연기법(actio), 기억술(memoria)의 다섯 가지 기술을 포함한다. 앞의 세 가지가 특히 중요하며, 아리스토텔레스가 『수사학』에서 주로 다룬 내용이다. 하지만 모두 연설할 때에 반드시 필요한 기술들이다. 그중에서도 논리적 글쓰기를 위해서 놓칠 수 없는 것이 하나 있다. 『수사학』 3권 13~19장에 소개된 배열법이다.

논설문의 기본 배열법은 [서론] – [본론] – [결론]이다. 그러나 이것은 너무 단순하여 막상 논설문을 쓰려고 할 때 큰 도움이 되지 않는다. 분량이 많은 논설문을 써야 할 때 더욱 그렇다. 좀 더 구체적이고 세분된 배열법이 필요하다. 아리스토텔레스는 『수사학』에서 [머리말] – [진술부] – [논증부] – [맺음말]의 4단계로 구성된 배열법을 권했다. 그리고 각각 자세한 설명을 붙였다.

아리스토텔레스가 고안한 배열법의 기본 원칙은 [머리말]과 [맺음말]에서는 '감동시키기(animos impellere)'에 주력하고, [진술부]와 [논증부]에서는 '설득하기(rem docere)'에 중점을 두는 것이다. 여기에 수사학과 논리학에 양다리를 걸친 수사학적 논증의 특징이 잘 나타난다. 주목할 점은 단락마다 오늘날 전문가들이 내세우는 논설문을 쓰는 요령들이 모두 들어 있다는 것이다. 우선 [서론]부터 보자.

아리스토텔레스는 **머리말**(exorde)에서 '유혹하기(captatio benevolentiae)'를 다른 무엇보다 강조한다. 이것은 오늘날 논술 전문가들이 격언처럼 따르는 '서두에서 관심을 촉발해라!' 혹은 '논설문의 성패는 서두 부분의 세 문장에 있다'라는 말과 일치한다. 그런데 아리스토텔레스는 유혹이 짧아야 한다는 것도 함께 강조했다. 옳은 말이다. 유혹은 짧을수록 강렬하다. 질질 끄는 유혹에는 폭발력이 없다. 미국의 소설가 어니스트 헤밍웨이(Ernest Hemingway)가 "첫 문장은 짧고 힘 있게!"라고 충고한 것도 함께 기억하자. 짧으면서도 매혹적인 머리말을 시작하는 몇 가지 요령이 있다.

··· 서론을 시작하는 요령

① **격언, 속담, 고사성어 또는 예화로 시작하는 방법**

"'열 길 물속은 알아도 한 길 사람 속은 모른다'라는 속담이 있다. 그런데 요즈음 정국을 살펴보면 이 말이 실감이 난다" 또는 "『삼국지』에 보면 '계륵(鷄肋)'이라는 말이 나온다. 먹을 수도 버릴 수도 없을 때 하는 말이다. 요즈음 자유무역협정(FTA)이 바로 이 말을 떠올리게 한다"는 각각 속담과 고사성어로 시작한 예다.

"루이스 캐럴의 동화 『이상한 나라의 앨리스』의 속편인 『거울 나라의 앨리스』에는 붉은 여왕이라는 체스 말이 나온다. 붉은 여왕은 앨리스에게 '제자리에 있고 싶으면 죽어라 하고 뛰어야 한다'라고 말한다. 여기에서 생물학의 '붉은 여왕 효과(red queen effect)'라는 용어가 나왔다. 생물만의 문제가 아니다. 요즈음은 기업이나 국가도 마찬가지다"라는 사설도 예화로 시작했다.

물론 이런 방법들을 쓰기 위해서는 1장에서 소개한 '토피카'를 준비해두어야 한다.

② 관심 화제로 시작하는 방법

"북한의 식량난이 극에 달했다고 한다. 하지만 그것이 어디 북한만의 문제던가." 이는 세계 식량 위기에 대한 사설의 머리말이다. "최근 프랑스 파리 외곽 도시에서 발생하여 200개 도시로 번진 인종 소요 사태는 다민족 국가가 해결해야 할 문제가 무엇인지를 보여준다." 이는 점차 다민족 국가가 되어가는 우리나라의 문제점을 다룬 논설문의 머리말이다. 모두 최근 관심을 모으는 화제로 시작했다.

③ 개념 정의로 시작하는 방법

난해하거나 새로운 논제는 '유전자 가위(CRISPR/Cas9)란……'이나 '문화 전쟁이란……' 또는 '지능형 기계(intelligent machine)란……'과 같이 단도직입적으로 관련된 주요 개념을 정의하면서 시작하는 방법이다. 특히 짧은 분량의 논설문에 유용하다.

④ 질문으로 시작하는 방법

"분단된 땅에선 자유도 없다던가?"라는 국가보안법 피해에 관한 사설처럼 논제에 연관된 질문으로 시작할 수도 있다. 사람들은 보통 대화체의 글에서 친근감을 느끼는데, 질문은 대화와 같은 효과를 낳는다.

다음은 **진술부**(narratio)다. 진술은 논제(propositio)나 논제와 관련된 사실에 대한 이야기다. 진술부는 논증을 준비하는 단계인 셈이다. 예를 들어 "소크라테스는 젊은이들을 타락시키고 새로운 미신을 주입한다고 고발됐다"와 같이 논란이 되는 문제〔論題〕를 언급하는 것이다. 여기에서 아리스토텔레스가 강조한 것은 미사여구를 빼고 사실적으로 언급해야 하며, 다음에 오는 논증부와 연결성이 강해야 한다는 것이다. 오늘날 논술에서는 이러한 논제 제시를 보통 서론에 포함시키는데, 이 부분과 본론의 연관성이 강조되기는 마찬가지다.

논증부(confirmatio)에서는 논제에 대한 자신의 견해, 곧 주제를 내세우고 적절한 논거를 제시함으로써 그것을 증명한다. 앞의 예로 설명하자면, 소크라테스가 당한 고발이 부당(또는 합당)하다는 자기의 주장〔主題〕을 내세우고 그 근거들을 제시하는 것이다. 여기에서 중요한 것은 논증의 설득력을 높이는 것이다.

두 가지 방법이 있다. 하나는 형식에 관한 문제로, 해결책은 논증법을 따르는 것이다. 여러 가지 논증법에 대해서는 1장과 2장에서 이미 설명했다. 예증법과 생략삼단논법, 대중식, 연쇄삼단논법 등이 그것이다. 다른 하나는 내용에 관한 문제인데, 해결책은 설득력이 높은 논거들을 제시하는 방법이다. 이때 특히 1장에서 소개한 소재 모음집인 토피카가 필요하다. 다음과 같은 것들이 주로 쓰인다.

… 설득력이 높은 논거들

① 역사적 사실, 객관적 사실

자유무역협정(FTA)을 찬성하는 글에는 19세기 중엽 조선이 일본보다 불과 20년 늦게 문호를 개방하여 결국에는 그들의 식민지가 되었던 역사적 사실을 예로 들면 논거가 된다. 또 "한류 열풍이 거세다"라는 주장에는 우리나라의 가요, 드라마, 웹툰, 영화, 음식 그리고 한글 등이 전 세계 시장에서 각광받고 있다는 객관적 사실 제시가 논거가 된다.

② 정설로 인정된 학설

동물에게도 의사소통 능력이 있다는 이론은 검증된 학설이다. 따라서 필요에 따라 논거로 사용할 수 있다. 그러나 같은 학설이라도 조심해야 할 것이 있다. 예컨대 인간은 유전자의 '꼴사나운 로봇'에 불과하다는 유전자 결정론은 논란의 여지가 있는 학설이다. 따라서 이런 학설을 근거로 들어 어떤 주장을 하면 설득력이 오히려 떨어질 수 있다.

③ 통계 자료

각종 통계 자료는 숫자로 표시되어 이해가 쉽고 객관적이며 구체적이어서 좋은 논거가 된다. "한국인의 평균 수명이 길어졌다. 1920년엔 불과 34세였는데 2018년에는 82세를 넘어섰다"라거나 "한국인 초혼 연령이 자꾸 늦어진다. 통계청은 '2018년 혼인 통계'에서 한국인 초혼 연령이 남자는 33.2세, 여자는 30.4세로 10년 전보다 각각 1.8세와 2.1세 늦어졌다고 밝혔다"라는 식으로 통계 자료가 뒷받침하는 주장은 설득력이 크다.

맺음말(peroratio)에서는 재론하기와 요약하기를 강조한다. 처음과 끝이 이어진다는 수미상응(首尾相應)이라는 점에서, 이 역시 오늘날 논술에서 권장되는 지침과 크게 다르지 않다. 그러나 주의해야 할 것이 있다. 앞에서 이미 언급한 내용을 그대로 반복해서는 안 된다는 것이다. 재론과 요약은 반복이 아니다! 예컨대 주제를 대변하는 속담이나 격언을 인용하는 것같이 다른 표현 방법으로 다시 한번 강조하고 마무리하는 게 방법이다. 마무리 단계에서는 앞에서 이미 언급한 내용에 대한 방향 제시, 전망하기, 여운 남기기에 충실해야지, 새로운 문제를 꺼내면 안 된다! 그러면 글이 완결되지 않는다. 마무리에서 '감동시키기'에 신경을 쓰라는 건 아리스토텔레스의 충고다.

yes-but 논법

아리스토텔레스의 『수사학』에 소개된 4단 배열법은 세월에 따라 다양한 형식으로 발전했다. 그중 눈에 띄는 것이 있다. 논증부 안에 **반**

론부(refutatio)를 두는 것이다. 쿠인틸리아누스의 배열법이 그런 유형이다. 다시 말해 [머리말] – [진술부] – [반론부] – [논증부] – [맺음말]의 5단 배열이다. 물론 [반론부]와 [논증부]의 위치는 서로 바뀔 수도 있다.

반론부란 글의 주제인 자기의 주장과는 대립되는 주장을 소개하는 단락이다. 얼핏 반론부가 논증을 약화해 논지가 흔들릴 위험이 있어 보이지만 그렇지 않다. 반론부를 두는 배열법은 자기의 주장에 대립하는 타인의 주장을 감안하고서라도 자기의 주장이 더 타당하다는 것을 내세우기 위해 개발되었다. 대표적인 것이 '물론 B라는 주장이 있다. 그럼에도 A다' 같은 형식이다. 이때 주장 A와 주장 B는 서로 대립하며, 주장 A가 자기가 내세우려는 내용, 곧 글의 주제다. 도식화하면 아래와 같다.

[반론부] : 주제(자신의 주장)에 대립하는 다른 주장을 제기.

> 예　물론 ……라는 견해가 있다(있을 수 있다).
>
> 　흔히(일부에서는, 어떤 사람들은) ……라고 주장한다.

[논증부] : 주제의 제시와 강조.

> 예　그러나 ……이다(……임이 분명하다).
>
> 　그렇지만(그럼에도) ……해야 한다.

[서론] – [본론] – [결론] 같은 3단 형식이나 [머리말] – [진술부] – [논증부] – [맺음말] 같은 아리스토텔레스식 4단 배열법은 모

두 자기의 주장만을 일방적으로 내세우는 공통점을 갖고 있다. 따라서 그것이 아무리 뛰어난 논증 형식과 논거들로 구성된다고 하더라도 '자신의 견해만을 고려한 주관적 주장'이라는 한계에서 벗어날 수 없다.

그러나 반론부를 두면 '반대 의견까지 고려한 객관적 주장'이라는 인상을 주어 글의 공정성이 보장되면서도 자신의 주장이 더욱 강하게 나타난다. 따라서 그만큼 더 설득력 있는 글이 된다. 실제로 신문 사설이나 논설문을 자세히 살펴보면 이 같은 구조를 따르는 글이 의외로 많다. 당장 신문을 펼쳐보라! 사설 셋 중 하나는 이런 형식을 따르고 있다.

아리스토텔레스는 자신의 배열법에 반론부를 별도로 두지는 않았지만, 그것의 중요성과 필요성은 정확히 알고 있었다. 그는 『오르가논』의 5권 『토피카』에서 이렇게 말했다.

때로는 스스로 자기 자신에게 반론을 들이대야 한다. 왜냐하면 사람들은 어느 한편에 치우치지 않고 공정하게 논의를 진행한다고 생각하는 사람에게는 의심을 품지 않기 때문이다. 또 "이러이러한 견해가 일반적으로 그렇다고 받아들여지고 언급된다"라는 말을 덧붙이는 것도 유용하다. (……) 하지만 그렇게 하는 것이 전반적으로는 당신에게 유리하다고 할지라도 너무 진지해서는 안 된다. 그러면 사람들이 오히려 반대하기 때문이다.

『수사학』에도 같은 말이 나온다. 이 글들에서 아리스토텔레스는 반론이나 일반적 견해를 언급하는 것은 좋지만, 지나치면 논지가 흐려져 무슨 말을 하려는지 모르게 된다고 강조했다. 반론부가 있는 글을 쓸 때는 기억하기 바란다. 반론이나 일반적 견해가 가진 긍정적인 면을 일단 가볍게 인정하되, 곧바로 그것이 가진 좀 더 큰 부정적인 면이나 결정적인 단점을 지적하면서 당신의 주장을 내세워야 한다.

토론에서도 이 방법은 유용하게 쓰인다. 이른바 'yes-but 화법'이다. 토론을 할 때 상대의 주장을 먼저 부정한 다음 그 이유를 조목조목 밝히는 'no-because 화법'은 좋은 화법이 아니다. 우선 상대의 감정을 상하게 하는 데다 다른 사람의 의견은 전혀 고려하지 않고 자기의 주장만을 내세우는 독선적이고 비합리적인 사람이라는 인상을 주기 때문이다. 이와 달리 'yes-but 화법'은 상대의 주장을 충분히 이해하고 어느 정도 동조하지만, 그래도 자기의 주장이 옳다는 것을 보여주기 때문에 민주적이고 합리적인 사람이라는 인상을 준다.

이처럼 논설문에서뿐 아니라 토론에서도 유용하게 쓰이는 '반론부를 두는 논증법'을 'yes-but 논법'이라 이름 짓자! 그리고 논설문이나 토론에서는 물론이거니와 일상의 언어생활에서도 자주 사용하자. 그럼으로써 당신은 민주적이고 합리적이면서도 설득력이 강한 사람으로 한 걸음 더 다가설 수 있다.

정리해보자. 논설문의 일반적 배열법인 [서론] - [본론] - [결론] 형식에 'yes-but 논법'을 대입해보면 [서론] - [반론부] - [논증부] - [결론]의 4단계가 된다. [본론]이 [반론부]와 [논증부]로 나뉜

셈이다. 그리고 아리스토텔레스의 배열법에 대입해보면 [머리말] – [진술부] – [반론부] – [논증부] – [맺음말]로 5단계가 된다. 5단 배열법을 추천한다. 특히 분량이 많은 논설문을 쓸 때 좋다. 도식화하면 이렇다.

[머리말] : 유혹하기.

[진술부] : 논제 제기하기.

[반론부] : 반론 제기하기.

    例 물론 ……라는 견해가 있다(있을 수 있다).

      흔히(일부에서는, 어떤 사람들은) ……라고 주장한다.

[논증부] : 주제 제시하고 논거 대기.

    例 그러나 ……이다(……임이 분명하다).

      그렇지만(그럼에도) ……해야 한다.

[맺음말] : 주제 강조하고 마무리하기(방향 제시, 전망하기, 여운 남기기).

논설문에 실제로 'yes–but 논법'을 사용하려면 준비해야 할 것이 많아진다. 자기의 주장을 위한 논거뿐만 아니라 대립하는 주장의 논거까지도 알아야 하기 때문이다. 양쪽의 논거들을 충분히 모은 다음에, 대립하는 주장의 논거는 약하게, 자기주장의 논거는 강하게 내세우는 것이 요령이다. 또한 반론부를 이끄는 '물론', '흔히', '일각에서는'이나 논증부를 이끄는 '그러나', '그럼에도' 같은 지시어를 생략할 수도 있다.

만일 대립하는 주장이 없을 때는 어떻게 하느냐는 의문이 들 수도 있다. 걱정 말라! 대부분의 건전한 주장에는 대립하는 다른 건전한 주장이 있기 마련이다. 적어도 민주주의 사회에서는 그렇다. 게다가 논술이나 토론에 주어지는 논제에는 언제나 대립하는 주장이 있다. 그래야 비로소 논란이 시작되기 때문이다.

구체적인 예를 하나 들고 이번 장은 마치기로 하자. 통일에 대한 두 가지 상반된 주장을 각각 다음과 같이 구성할 수 있다. 이때 주목해야 할 것은 급진론의 [반론부]가 점진론의 [논증부]로 가고, 급진론의 [논증부]가 점진론의 [반론부]로 가는데, 그 분량과 강도가 변한다는 점이다.

… 예 1 : 급진론

[머리말] : 아이들이 부르는 노래에 '우리의 소원은 통일'이라는 노랫말이 있다…….

[진술부] : 남북 분단의 아픔은 이런 감정 문제에만 한정된 것이 아니다. 그것은 냉엄한 현실 문제이기도 하다…….

[반론부] : 물론 통일이 급진적으로 이루어질 경우 발생할 수 있는 후유증도 적지는 않을 것이다. 우선 경제적 부담이 클 것이다. 사회문제들도 예상된다…….

[논증부] : 〈주제 제시〉

그럼에도 통일은 가능한 앞당겨야 한다. "매도 먼저 맞는 놈이 낫다"라고 하지 않는가! 예상되는 모든 부작용은 우리 민족이 언젠가 한 번은 겪어야만 할 것들이다…….

〈논거 제시〉

통일이 앞당겨져야만 남북 쌍방이 모두 국방비를 비롯한 경쟁적 체제 유지비를 대폭 줄이고 경제 발전을 도모하여 민족 번영의 길로 나아갈 수 있다. 국제 경쟁력을 잃어가는 남한의 노동 집약 산업체들도 북한의 노동력을 이용하여 다시 활력을 찾을 수 있을 것이다. 대내적으로도 내수 시장이 크게 확대되어 경제가 활성화될 것이다……. 그뿐이겠는가. 더 근본적이고 중요한 이유가 있다. 시간이 흐를수록 점점 더 깊어져가는 남북간의 사회적, 문화적 이질감을 하루라도 빨리 해소해야만 한다.

[맺는말] : 독일 통일을 기획하고 이끌었던 볼프강 쇼이블레는 다음과 같이 말했다. "통일 비용이 많이 든다고 하지만 분단의 고통에 비하면 적다." 우리 모두 가슴에 새겨야 할 말이다.

··· 예 2 : 점진론

[머리말] : "급할수록 돌아가라"라는 옛말이 있다…….

[진술부] : 사실 우리나라는 지구상 유일한 민족 분단국가다. 그 때문에 통일을 하루 빨리 앞당겨야 한다는 주장이 거세지고 있다. 그렇다고 통일이 무조건 서두를 일이던가…….

[반론부] : 물론 통일이 지연되면 우리는 앞으로도 많은 고통을 견뎌야만 한다. 국방비를 비롯한 체제 유지비를 계속 부담해야 한

다. 또 남북간의 사회적, 문화적 이질감도 커질 것이다…….

[논증부] : 〈주제 제시〉

그럼에도 통일을 조급히 서둘러서는 안 된다. 통일이 급진적으로 이루어질 경우 발생할 수 있는 심각한 후유증을 고려해보면 그렇다.

〈논거 제시〉

우리보다 먼저 통일한 독일을 보면 알 수 있다. 우선 경제적 타격이 감당할 수 없을 정도로 클 것이다. 통일 이전의 서독 경제는 현 남한 경제와는 비교할 수 없이 큰 규모와 안정된 구조를 갖고 있었다. 하지만 통일 후 한동안 휘청거렸다. 이에 비해 우리 경제는 규모가 빈약할 뿐 아니라, 몇 개의 재벌 기업에 의지하고 있어 안정성 또한 허약하다…….

그뿐만 아니다. 수십 년간 통제경제 체제에서 생활해오던 북한 주민들은 갑작스러운 경제적 자유를 감당할 수 없을 것이 분명하다. 따라서 실업자가 증가함은 물론 사회 불만이 팽배하여 범죄가 늘어날 것이다. 이등 국민으로 전락한 심리적 자괴감도 클 것이다. 이런 현상은 이미 동독뿐 아니라 1990년대에 자유화한 구소련이나 동유럽 국가들에서 심각한 사회문제가 되고 있다…….

[맺음말] : 독일 통일을 지휘했던 쇼이블레도 "통일 후 경제 격차를 줄이는 것도 어렵지만, 동·서독인의 정신적, 심리적 이질감을 극복하는 일은 더 난감하다고"라고 고백했다. 통일은 조급히

서두를 일이 아니다. 경제적, 사회적, 문화적 격차를 줄여가
며 차분히 준비하고 진행해나가야 한다.

만일 아리스토텔레스나 쿠인틸리아누스가 같은 주제로 논설문을
썼다면 어땠을까? 이렇게 썼을까? 모를 일이다. 그러나 앞의 논설문
들이 그들의 이론을 충실히 따르고 있다는 것은 알 수 있다. 그럼 우
리도 따라 해보자!

● **논설문의 기본 배열법** : [서론]-[본론]-[결론].

● **아리스토텔레스의 배열법**

[머리말]-[진술부]-[논증부]-[맺음말], 4단계로 구성되었다. 아리스토텔레스는 [머리말]과 [맺음말]에서는 '감동시키기'에 주력하고, [진술부]와 [논증부]에서는 '설득하기'에 중점을 둔다.

● **[반론부]를 둔 5단 배열법**

아리스토텔레스는 이외에 [반론부]를 둘 것을 권유했다. 반론부를 두면 반대 의견 까지 고려했다는 인상을 주어 글의 공정성이 보장되면서도 자신의 주장이 더욱 강 화된다. [반론부]를 둘 경우, 반론은 가볍게 언급하고 자신의 주장을 강하게 내세 워야 한다. 그렇지 않으면 논지가 흐려져 무슨 말을 하려는지 모르게 된다.

[머리말] : 유혹하기.

[진술부] : 논제 제기하기.

[반론부] : 반론 제기하기.

       ㉠ 물론 ……라는 견해가 있다(있을 수 있다).

[논증부] : 주제 제시하고 논거 대기.

       ㉠ 그러나 ……이다(……임이 분명하다).

[맺음말] : 주제 강조하고 마무리하기(방향 제시, 전망하기, 여운 남기기).

3. 아리스토텔레스가 논설문을 쓴다면 ∴ 121

• yes-but 논법

논증에 반론부를 두어 설득력을 높이는 기법이다. 이 논법은 논설문을 작성하거나 토론할 때 매우 유용하다. 상대의 주장을 충분히 이해하면서도 자신의 주장이 옳다는 것을 보여주기 때문에 상대의 거부감이 덜할 뿐 아니라 민주적이고 합리적인 인상을 주어 설득력을 높여준다.

4

베이컨을
좋아하세요?

귀납법과 과학의 수사학

다윈은 훌륭한 과학자였으나
과학을 위해 목숨을 걸 만한 순교자는 아니었다.
기독교 교리에 정면으로 도전하는 진화론을 내놓았을 당시
그는 진화론이 수많은 실증적 자료에 의해
불가피하게 도달한 결론임을 강조하는 것이
자신에게 유리하다는 사실을 알았다.

"6시에 플레이엘 홀에서 좋은 음악회가 있어요. 브람스를 좋아하세요? 어제 일은 미안했어요." 이 글은 감각적인 문체로 독자들의 시선을 끌어 모았던 프랑수아즈 사강(Françoise Sagan)이 쓴 소설 『브람스를 좋아하세요?』의 한 구절이다. 4장의 제목은 여기에서 따왔다. 하지만 왜? 더구나 브람스도 아니고 베이컨이라니? 누굴 말하는가? 설마 돼지고기를 소금에 절여 훈제한 베이컨일 리는 없고. 우선 "왜?"라는 질문부터 대답해보자. 감각적이기 때문이다. 그렇다. 이번 장은 감각과 관련이 있다. 귀납법이 감각적 경험에서 시작하기 때문이다. 그럼 베이컨은?

당신도 알다시피 프랜시스 베이컨(Francis Bacon)이라는 이름을 가진 사람들 가운데 널리 알려진 인물이 둘 있다. 한 사람은 20세기 표현주의를 대표하는 화가고, 다른 한 사람은 16세기를 대표하는 철학자다. 두 사람 모두 영국인이고, 한 사람이 다른 한 사람의 먼 조상이다. 우리가 지금부터 하려는 이야기와 연관된 사람은 물론 철학자 베이컨이다. 흥미로운 것은 조상의 논리학과 후손의 회화 사이에 '묘한' 공통점이 있다는 사실이다. 그 이야기는 잠시 뒤로 미루자. 그전에 미리 나누어야 할 이야기들이 있다.

철학자 프랜시스 베이컨은 당시 누구도 따라가지 못할 박식함으로 영국 경험론(empiricism)의 기반을 닦았다. "운문에는 셰익스피어, 산문에는 베이컨"이라는 말이 있을 만큼 뛰어난 문체로 훌륭한 작품들도 남겼다. 하지만 그는 대부분의 시간과 열정을 학문보다는 정치에 쏟아부었다. 웬일인지 그것이 자신의 운명이라고 여겼다. 그리고 스스로를 "어떤 일보다 학문에 적합하지만 운명 때문에 천재의 경향과는 어긋나는 활동적 생활을 하게 된 인간"이라고 평가했다. 정말 그랬다면 본인에겐 불행한 일이었을 것이다.

물론 대가 없는 열정은 없는 법이다. 그는 23세에 하원 의원이 되었고, 46세에는 법무 차관, 53세에는 법무 대신 그리고 58세에는 대법관이 되었다. 그러나 말년에는 뇌물을 받은 혐의로 비록 단 하루였지만 런던탑에 갇혔다. 풀려난 다음에는 곧바로 정계에서 은퇴했다. 그렇게 좀 더 일찍 정치를 단념하고 학문과 문학에 전념하지 못한 것을 크게 후회하며 마지막 5년 동안 학문에 몰두했다.

논리학의 관점에서 볼 때, 그의 학문적 업적 가운데 눈길이 가는 것은 물론 귀납법(induction)이다. 그가 이 논증 방식을 크게 발달시켰기 때문이다. 그래서 학자에 따라서는 오히려 베이컨의 귀납법을 귀납 논리(inductive logic)라고 하지 않고 귀납적 방법론(methodology of induction)이라 부르며, 논리학에서 떼어내어 학적 방법론으로 구분한다. 고전적 의미의 귀납 논리에서 크게 벗어난다는 뜻이다.

하지만 굳이 그렇게 구분하지 않는다면(내 생각에는 그것이 나은데), 지금부터 설명하려는 베이컨의 귀납법은 아리스토텔레스의 『오르가

논』에서부터 시작되었다. 그가 『토피카』, 『분석론 전서』, 『분석론 후서』 등에서 '에파고게(epag g)'라고 부른 논증법이 곧 귀납법이다. 아리스토텔레스에게 에파고게는 결론이 전제들로부터 '필연적으로(necessary)' 이끌려 나오는 삼단논법을 제외한 다양한 종류의 변증법적 논증을 의미했다. 예를 들어보자.

아리스토텔레스는 『토피카』에서 다음과 같은 예를 들었다. "숙련된 선원은 배를 가장 잘 조종한다. 숙련된 기수는 말을 가장 잘 탄다. 그러므로 숙련된 사람은 자기의 전문적인 일을 가장 잘한다." 이런 귀납 논증을 오늘날에는 '불완전 귀납(incomplete induction)'이라고 부른다. 한편 『분석론 전서』에서는 이렇게 예를 들었다. "사람, 말, 노새는 오래 산다. 사람, 말, 노새는 담즙이 없는 동물이다. 그러므로 담즙이 없는 동물은 오래 산다." 이런 귀납 논증은 '열거적 귀납(enumerative induction)'이라고 부른다.

이 밖에도 1장에서 설명한 예증법이나 유비 논증, 5장에서 살펴볼 가추법(abduction) 역시 넓은 의미에서 귀납법에 포함된다. 어쨌든 이들 변증법적 논증의 특성은 결론이 전제로부터 '개연적(probably)' 또는 '가능적(possibly)'으로 나온다는 것이다. 그럴 법할 뿐이라는 말이다. 그래서 논리학자들은 귀납법을 '진리 확장적 논증법'이라고 부른다. 연역법을 '진리 보존적 논증법'이라고 부르는 것과 대조된다. '진리 확장적'이라는 말이 얼핏 어렵게 들릴 수도 있다. 하지만 그렇지 않다. 앞의 예에서 보자. 첫 번째 경우는 '숙련된 선원'과 '숙련된 기수' 단 두 사례에서 발견된 속성을 모든 숙련된 사람들로 확장시켜 결론지었다. 두 번째 경우도 사람, 말, 노새 단 세 가지 사례에서 발견된 특성을 모든 담즙이 없는 동물로 확장시켜 결론을 냈다. 따라서 이런 결론들은 전제가 '참'이면 '참'일 수도 있지만 '거짓'이 될 수도 있다.

정리하자면, 귀납법이란 전제로부터 결론이 개연적 또는 가능적으로 나오는 논증법이다.

코끼리를
탐구하는 법

귀납법을 옹호하는 사람들의 생각은 물론 다르다. 대표적인 학자로 존 스튜어트 밀(John Stuart Mill)이 있다. 그는 저서 『논리학 체계』에서 "자연의 제일성(uniformity of nature)"이라는 말로 귀납법의 타당성을 주장했다. 즉 해가 언제나 동쪽에서 떠오르는 것처럼, 물체가 항상 위에서 밑으로 떨어지는 것처럼 자연현상은 '한결같다(uniform)'는 것이다. 그 때문에 몇 번의 경험만으로 결론도 얼마든지 '필연적 참(necessary true)'이 된다.

하지만 그의 절친한 친구의 아들이자 한때 제자이기도 했던 버트런드 러셀(Bertrand Russell)은 『철학의 문제들』에서 밀의 주장을 풍자적인 이야기를 통해 반박했다. 매일 아침저녁으로 먹이를 주는 양계장의 칠면조들은 주인의 발소리만 들어도 곧 먹이를 먹을 수 있을 거라고 기대하게 된다. 하지만 주인은 언제 갑자기 칠면조를 잡아 손님 식탁에 올릴지 모른다. 한마디로 세상일은 한결같지 않다는 뜻이다.

논리학자들은 오랫동안 이 문제를 해결해보려고 노력해왔다. 이른바 귀납의 정당화(justification)라고 하는 이 문제의 핵심은 어떻게 하면 귀납법으로 얻은 결론도 필연적 참으로 만들 수 있느냐는 것이다. 여러 가지 제안이 있었다. 그 가운데 눈에 띄는 것은 수학적 확률 이론에 따른 정당화다.

찰스 샌더스 퍼스(Charles Sanders Peirce)나, 한스 라이헨바흐(Hans Reichenbach), 루돌프 카르나프(Rudolf Carnap)는 이런 시도를 한 대표적 인물들이다. 특히 카르나프는 귀납법에 확률 이론을 도입하면 귀납법을 타당한 논증으로 만들 수 있는 것은 물론이거니와, 연역법처럼 형식화할 수도 있다고 굳게 믿었다. 이들은 참을성을 갖고 각자 다양하고 복잡한 체계들을 개발했다. 그 체계들을 자세히 설명하는 것은 당신도 원하지 않을 것이다. 그러니 아주 단순한 예를 들어 이들 주장의 요점만 밝힌다.

'표본 제품 가운데 몇몇이 불량품이다. 그러므로 본 제품 전체에는 불량품이 많이 있다'는 귀납 논증이다. 그러나 타당한 추론으로 보기에는 부적합하다. 여기에 확률 개념을 도입하여 '표본 제품 가운데 1.7%

가 불량품이다. 그러므로 본 제품 전체 가운데 1.7%가 불량품이다'라고 하면 타당한 추론으로 인정할 수 있다.

그러나 이런 전략은 표본이 얼마나 정확하게 전체를 대표할 수 있느냐 하는 문제에 부딪히게 된다. 다른 전략에는 또 다른 문제가 있다. 그래서 확률에 의한 귀납법의 정당화는 결국 성공하지 못했다.

베이컨도 귀납법이 지닌 문제들을 잘 알고 있었다. 그런데도 그는 귀납법이 자연을 해석하고 지배할 수 있는 '새로운 도구'라고 굳게 믿었다. 귀납법에 대해 설명한 그의 저서 이름인 『신기관』, 라틴어로 'Novum Organum'은 그런 뜻에서 만들어졌다. 이 제목은 아리스토텔레스의 논리학 저서 『오르가논』을 겨냥한 것이다. 요컨대 『오르가논』에 없는 새로운 방법이 들어 있다는 뜻이다. 당신도 분명 알고 있을 진부한 우화 하나가 귀납법에 대한 베이컨의 이러한 견해를 잘 설명해줄 것이다.

옛날 동방에 한 장님 마을이 있었다. 하루는 왕이 코끼리를 타고 그 마을을 지나가게 되었다. 코끼리는 마을 사람들에게 매우 신기한 동물이었다. 그래서 마을 사람들은 세 명의 대표를 뽑아 신기한 동물을 만져보게 해달라고 왕에게 간청했다. 왕이 허락하자, 그들은 각각 코끼리를 만져보았다.

그들이 마을로 다시 돌아오니 사람들이 몰려들었다. 모두 그 엄청난 동물이 어떻게 생겼는지 알고 싶었기 때문이다. 첫 번째 장님이 말했

설득의 논리학

다. "그 동물은 몸이 넓고 납작해서 마치 날아다니는 양탄자 같았습니다." 그는 코끼리의 귀만 만져본 것이다. 그러자 두 번째 장님이 말했다. "아니오. 그 동물은 길고 부드럽고 힘이 있었습니다. 보아뱀 같았지요." 그는 코만 만져본 것이다. 그러자 세 번째 장님이 말했다. "그것도 아니지요. 그 동물은 원통 모양으로, 겉이 꺼칠꺼칠한 것이 꼭 커다란 나무줄기 같았습니다." 그는 다리만 만져본 것이다.

그러자 마을 사람들은 다시 세 사람을 뽑아 이번에는 각자가 어느 한 부분이 아니라 전체를 만져보고 오도록 주문했다. 하지만 그들이 다시 왕에게 갔을 때는, 왕과 그 신비한 동물이 이미 떠나버리고 없었다.

아이들의 동화책에 자주 등장하는 이 이야기는 자기가 한 작은 경험을 진리처럼 말하지 말라는 수피교(이슬람교의 신비주의 사조로, 서아시아에서 11~13세기에 번성했다) 전통의 교훈을 담고 있다. 하지만 논리학적으로 보면 이 우화는 몇몇 사례를 근거로 하여 보편적인 결론을 이끌어내는 귀납법에 대한 경고라고 할 수 있다.

그런데 만일 베이컨이 이 우화를 들었다면 뭐라고 했을까? 베이컨은 분명 아리스토텔레스의 귀납법은 먼저 왕에게 간 장님들의 방법이지만, 자신이 개발한 새로운 귀납법은 나중에 간 장님들의 방법이라고 주장했을 것이다. 코끼리 전체를 파악할 수 있는 치밀한 계획과 방법이 그의 귀납법에 들어 있다는 말이다. 과연 그럴까?

장님의 눈을
뜨게 하는 비결

베이컨의 새로운 귀납법은 '자세히 나누면' 세 단계로 구성된다. 첫
번째는 실험이나 관찰을 통해 '자료를 준비하는 일'이다. 그리고 두
번째는 그 자료들을 정리하여 '사례표를 만드는 일'이다. 세 번째는
그 사례표를 근거로 삼아 '귀납 추론을 하는 일'이다. 『신기관』 2권에
보면, 베이컨은 열(熱)을 예로 들어 스스로 '참된 귀납법'이라고 부른
이 방법을 자세히 설명한다. 대강 다음과 같이 진행된다.

우선 열이 있는 것들의 자료 목록을 만든다. 베이컨은 이것을 '본질
과 현존의 표'라고 불렀다. 여기에는 햇빛, 번개, 뜨거운 공기, 부싯돌
에서 생기는 불꽃, 동물의 몸, 열이 나는 진한 황산, 심지어 타는 듯한
맛이 나는 방향(芳香) 식물에 이르기까지 모든 가능한 '긍정적 사례'
를 철저하게 모은다.

그다음에는 각각의 긍정적 사례에 대응하는 '부정적 사례'들의 목록
을 만든다. 베이컨은 이것을 '일탈과 부재의 표'라고 불렀다. 여기에
는 햇빛에 대응하는 부정적 사례로 달빛, 뜨거운 공기에 대응하는 부
정적 사례로 차가운 공기 등 모든 긍정적 사례에 대응하는 부정적 사
례들을 역시 가능한 꼼꼼히 관찰하여 수집한다.

마지막으로, 열이 서로 다른 정도로 있는 사례들을 모아 '열의 정도
표'를 만든다. 예를 들어 '동물의 몸은 움직이면 열이 올라가고 가만

설득의 논리학

히 있으면 내려가며, 또 신체 부위마다 각각 다르다', '햇빛을 수직으로 받는 지역이 비스듬히 받는 지역보다 더 열이 높다' 등이 기록된다. 이렇게 존재표, 부재표, 정도표를 만들고 나서야, 귀납적 추론이 비로소 시작된다. 첫째로 '긍정적 사례'를 근거로 하여 열이 있을 때의 성질들을 추려내고, 둘째로 '부정적 사례'를 근거로 하여 열이 없을 때의 성질들을 요약하고, 셋째로 열이 증가하고 감소하는 것에 따라 변화하는 성질들을 살펴보아 열의 근본적 성질을 찾아낸다.

그다음, 그 성질들 가운데에서 합당하지 않은 것을 하나씩 '제외 또는 배제'하는 '열의 성질에 관한 배제표'를 만든다. 예를 들어 끓는 물은 열이 있는데도 빛나지 않기 때문에 열의 성질 중에서 '밝게 빛나는 성질'을 제외하는 식이다.

이러한 귀납적 추론 과정이 적절히 이루어진 후 베이컨이 얻은 결론은 다음과 같았다. "열이라는 것은 억제된 상태에서 저항하는 분자들 사이의 팽창 운동이다. 이 팽창 운동은 모든 방향으로 일어나긴 하지만 특히 위쪽 방향으로 일어난다. 또한 분자 사이의 저항은 결코 완만하지 않고 급속하며 격렬하다."

베이컨이 얻어낸 이 결론은 놀랍게도 19세기의 물리학자 제임스 맥스웰(James Maxwell)이나 루트비히 볼츠만(Ludwig Boltzmann) 등이 만들어낸 현대적 열 개념과 거의 일치한다. 한 장님이 결국 왕의 코끼리를 정확하게 파악해냈다는 뜻이다. 자연의 법칙 앞에 모든 탐구자는 장님이 아니던가! 그렇다면 장님의 눈을 뜨게 한 비결은 어디에 있을까?

이에 대한 설득력 있는 대답을 미네소타대학교의 앨런 그로스 (Alan Gross) 교수가 쓴『과학의 수사학』에서 찾을 수 있다. 그로스는 이 책에서 베이컨이 개발한 귀납법의 우수성을 강조하며, 그 진행 과정이 과학 실험 보고서의 모범적 길잡이가 된다고 주장한다. 그는 과학자들이 쓰는 실험 보고서의 본질을 실험 과정을 귀납적 방법에 따라 합리화하는 일이라고 본다. 그런데 대부분의 실험 보고서들이 전통적으로 고정된 형식을 따르는 과정에서 실험 결과의 여러 개별 특성과 정밀성을 생략하거나 변형하는 잘못을 저지른다는 것이다.

그래서 실험 보고서의 형식이 이보다 훨씬 더 세밀하고 명확하게 '전형화(typification)'되어야 하는데, 그 모범적인 논거 배열 형식이 베이컨의 귀납법이라고 했다. 내 귀에는 이 주장이 마치 아리스토텔레스의 귀납법에 대한 베이컨의 불만처럼 들린다. 어쨌든 그의 말인즉 베이컨의 귀납법에 나타난 방식과 절차가 오늘날 과학자들이 쓰는 실험 보고서에 적합하다는 것이다.

이어서 그로스는 1662년에 로버트 보일(Robert Boyle)이 쓴 '보일의 법칙'에 관한 실험 보고서와 300년이 지난 1961년에 마셜 니런버그(Marshall Nirenberg)와 하인리히 마테이(Heinrich Matthaei)가 발표한 유전 암호의 본성에 관한 분자생물학 논문이 베이컨의 귀납법을 그대로 따른 모범적인 예라고 소개했다.

그럼 살펴보자. 베이컨의 귀납법 가운데 무엇이 실험 보고서의 모범적 형식이 될 수 있는지를. 먼저 눈에 띄는 것이 철저한 실험과 관찰을 통한 충분한 자료 수집이다. 베이컨은 이렇게 말했다. "우리는 먼저 전면적이고 완전하고 정확한 자연에 대한 지식과 실험 지식을 준비해야 한다. 자연의 활동과 속성은 있는 그대로 발견되어야 하지, 결코 상상하거나 날조되어서는 안 되기 때문이다."

앞서 열에 관한 탐구에서 보듯, 베이컨의 귀납법은 몇몇 사례만을 간추려 일반화하는 아리스토텔레스의 귀납법과는 처음부터 다르다. 베이컨은 긍정적 사례를 모은 '존재표'뿐 아니라 부정적 사례들을 모은 '부재표' 그리고 각종 변화를 측정한 '정도표'까지 작성하며 대상을 철저하게 탐구했다. 그럼으로써 결론의 신뢰도를 높이는 것이다. 그로스의 생각에는 베이컨의 이러한 태도가 오늘날 과학자들이—마치 아리스토텔레스의 귀납법처럼—몇몇 실험 결과를 가지고 표준화 내지 평균화하여 실험 보고서를 쓰는 것에 경종이 된다는 것이다.

그뿐만이 아니다. 더 중요한 것이 있다. 베이컨의 귀납법을 실행하는 과정에서 꼭 필요한 '제외와 배제'라는 절차다. 앞의 예에서 보면 열의 성질 중에는 대부분 '밝게 빛나는 성질'이 있지만, 끓는 물은 열이 있는데도 빛나지 않기 때문에 제외했다. 이런 과정은 아리스토텔레스의 귀납법에서는 발견할 수 없는 새로운 절차다. 베이컨도 "열 배제표 안에 참된 귀납의 기초가 들어 있다"라며 '배제표'의 구실을 강조했는데, 두 귀납법의 차이를 도식화하면 다음과 같다.

아리스토텔레스의 귀납법 중 일반적인 형식인 열거적 귀납법은 "A1은 B다. A2는 B다. A3는 B다. ……그러므로 모든 A는 B다"라는 식으로 표기된다. 그런데 '제외와 배제'라는 절차를 도입한 베이컨의 귀납법은 "A1은 (a, b)다. A2는 (c, d, e)다. A3는 (f, g, h)다. A4는 (-b, -d, -h)다. 그러므로는 A는 (a, c, e, f, g)다"라는 게 된다.

그로스는 앞의 책에서 보일의 실험 보고서와 니런버그 마테이의 논문이 이러한 베이컨의 방식을 착실히 따르고 있음을 여러 자료를 통해 보여준다. 다음 5장에 나오는, 미네소타대학교 과학철학센터 소장인 로널드 기어리(Ronald Giere)가 '가설연역법'을 손쉽게 실행하기 위해 고안한 '6단계 프로그램'에도 바로 이 제외와 배제라는 절차가 '부정적 증거'라는 이름으로 들어 있음을 볼 수 있다.

또 있다. 베이컨은 귀납법으로 얻은 결론을 최종 지식으로 여기지 말라고 했다. 실험과 관찰 그리고 귀납으로 얻은 결론은 하나의 가설(hypothesis)이나 가정(supposition) 또는 '중간 수준의 공리(intermediate axiom)'라고 생각해야 한다는 것이다. 그리고 시간이 지나 그 가설이 일반화되면 그것을 바탕으로 하여 또 다른 가설이 만들어진다. 이런 식으로, "진정한 지성의 사다리에 연속으로 가로 막대가 놓이며 진보가 성취된다"라는 것이 베이컨의 주장이다. 그로스는 보일도 결코 보일의 법칙을 실제라고 선언하지 않았으며, 니런버그와 마테이도 마찬가지로 베이컨의 관점을 따른다고 했다.

흔히 '베이컨의 귀납주의'라고 부르는 이 새로운 탐구 방식은 존 스튜어트 밀의 『논리학 체계』에서 더욱 세분화되었다. 일치법, 차이법, 일치차이병용법, 잔여법, 공변법 등으로 말이다. 하지만 그로스는 지나치게 세분화된 밀의 방식보다 베이컨의 방식이 실험 보고서에 더 적합하다고 했다. 그러니 만일 당신이 언젠가 실험 보고서를 쓰게 된다면 존재표, 부재표, 정도표 그리고 배제표에 이르는 베이컨의 방식을 참고하거나 꼼꼼히 따라 해보길 바란다. '탐구의 방법' 또는 '실험 보고서의 절차'로서 좋은 안내자가 될 것이다.

하지만 설사 실험 보고서를 쓸 일이 전혀 없다고 해도 베이컨의 방법은 당신의 일상생활에 도움이 된다. '문제 해결의 방법'으로 말이다. 예를 들어보자.

어느 날 별안간·당신의 멋진 자동차가 시동이 걸리지 않는다고 해보자. 당신은 우선 보닛을 열고 차 내부를 이리저리 살피며 관찰할 것이다. 경우에 따라서는 스파크 플러그를 새것으로 갈아볼 것이다. 그런데도 시동이 걸리지 않으면 스파크 플러그의 점화 불량은 고장 원인에서 제외한다. 다음에는 시동을 거는 열쇠의 접촉이나 연료 펌프를 살펴볼 수 있다. 아무 이상이 없다. 그런데도 작동하지 않으면 이들도 고장 원인에서 제외한다. 당신은 이런 식으로 고장 원인들 가운데 부적당한 것을 찾아내 하나하나 제거해나갈 것이다. 당신이 아끼는 오디오가 고장 나도 마찬가지다.

이것이 바로 베이컨이 사용한 '제외와 배제'라는 절차가 아니겠는가. 이처럼 아주 간단한 문제에는 당신도 모르는 사이에 이미 베이컨의 방법을 써먹고 있다. 만일 주택 구입이나 대학 입학 지원처럼 다양한 변수들이 작용하는 좀 더 복잡한 문제를 풀어야 한다면(이런 문제들도 종종 우리 삶에 다가온다) 베이컨의 귀납 절차를 차례로 꼼꼼하게 실행해보기 바란다. 분명 도움이 될 것이다.

과학에도
설득의 기술이 필요하다

과학에도 수사학이 필요하다는 것을 인정하는 사람들이 많아지고 있다. 과거에는 법정 토론이나 정치 토론 같은 사회적 실재(social reality)에 관한 주장만이 설득의 산물이라고 여겨졌다. 반면 오늘날에는 유전공학이나 천체물리학 같은 과학적 실재(scientific reality)에 관한 주장도 설득의 산물이라고 보는 시선이 늘어났다. 초끈 이론이나 평행 우주론을 생각해보라!

이런 경향은 과학이 '자연의 원초적 사실(the brute facts of nature)'에 대한 진술이라는 것을 부인하는 데서 나온 것이 '결코' 아니다. 단지 그 진술이 원초적 사실 '그 자체'에 대한 진술일 수는 없다는 것에서 나왔다. 과학자들은 대상이나 사실 그 자체를 파악할 수 있는 것이 아니다(칸트식으로 표현하자면 '물자체'는 영원히 알 수 없다). 단지 실험과 관찰을 통해 주어진 자료들을 선별하고 구성하며 추측하여 판단하는 작업을 이어갈 수밖에 없다.

그 때문에 그로스는 과학자들이 하는 작업을 '실험 과정의 귀납적

합리화'라고 불렀다. 주목해야 할 것은 이 작업들을 어떻게 하느냐에 따라 결과가 완전히 달라진다는 점이다. 예를 들어 고대로부터 과학자들은 빛을 끊임없이 탐구했다. 그렇지만 아리스토텔레스는 빛을 매질 속의 변화로 파악했고, 데카르트는 압력, 뉴턴은 입자, 영은 파동 그리고 파인먼은 질량 없는 입자로 결론지었다. 빛이라는 동일한 과학적 실재를 가지고 '실험 과정의 귀납적 합리화'를 어떻게 하느냐에 따라 전혀 다른 결과가 나온 것이다.

여기에서 파생하는 다른 문제가 있다. 어떤 주장이 올바른 과학 이론인지 아닌지를 누가 어떻게 판정하느냐 하는 문제다. 과학 이론은 적어도 한 번은 이 같은 법정에 서게 되는데, 이 문제는 토머스 쿤(Thomas Kuhn)이 말하는 패러다임(paradigm)과 연관된다. 패러다임이란 당시 과학 사회가 받아들여 그것에 따라 새로운 이론을 판단하는 과학적 기반을 말한다. 쿤에 따르면, 당시 과학 사회가 인정하는 패러다임에 맞는 이론은 받아들여지고 맞지 않는 이론은 제거된다. 과학 사회가 법정이고 패러다임이 법률인 셈이다.

예를 들어 뉴턴이 그의 책『광학』에서 주장한 빛에 대한 이론은 평생 동안 변하지 않았다. 그러나 처음에는 거부되었고 나중에는 받아들여졌다. 처음에는 아리스토텔레스의 역학 패러다임에 따라 판정받았고, 나중에는 뉴턴 자신의 역학 패러다임으로 판정받았기 때문이다.

두 가지다. '원초적 사실' 그 자체에 대한 진술이 불가능하다는 것과 과학 이론이 패러다임의 산물이라는 것. 과학자들이 처한 이 두 가지 상황 때문에 원하는 일은 아니지만 마침내 도달하는 결론이 있다. 과학에서도 '원초적 사실' 그 자체가 의미를 갖는 것이 아니라, 그것에 대한 진술이 의미를 지닌다는 것이다. 따라서 과학자들은 원초적 사실이 무엇이냐가 아니라, 그에 대한 자신의 진술이 참이라는 것을 그가 속한 과학 사회를 상대로 설득시켜야만 한다. 이 점에서는 과학자도 법정에 선 변호사와 다를 바가 없다. 그래서 설득의 기술이 필요한 것이다.

좀 더 세부적으로 살펴보자. 귀납법이 주요한 과학적 탐구 방법이고 과학에도 설득의 기술이 요구된다면, 귀납법과 설득의 기술 사이에 어떤 연관이 있지 않겠는가? 그렇다. 논리학적으로 보면 과학의 탐구 방법이 귀납적이기 때문에 과학에 설득의 기술이 필요한 것이다. 그래서 우리의 이야기는 이제부터 과학 수사학 전반이 아니라 바로 이 점, 곧 귀납법과 설득의 기술에 초점이 맞춰진다.

만일 과학이 수학이나 논리학처럼 연역법에 의존하는 학문이라면 설득의 기술은 불필요하거나 덜 필요할지 모른다. 전제로부터 결론이 '필연적으로' 도출되기 때문이다. "모든 포유동물은 새끼에게 젖을 먹인다. 고래는 포유동물이다. 그러므로 고래는 새끼에게 젖을 먹인다"라는 주장에 무슨 설득이 필요하겠는가. 여기에는 오직 실험과 관찰을 통한 검증만 필요할 뿐이다. 연역법은 가장 강력한 설득의 도구다.

실제로 연역적 방법을 사용하는 과학이 없는 것도 아니다. 뉴턴의 걸작 『프린키피아』의 방법론은 연역 체계의 표본인 유클리드적 논거 배열 형식을 따랐다. 아인슈타인이 유명한 공식을 이끌어낸 논문 「물체의 관성은 그 에너지 함량에 의존하는가」도 마찬가지다. 그렇기 때문에 이들 글에서는 결론이 반드시 도출되며 어떤 설득의 기술도 보이지 않는다. 뉴턴은 "나는 가설을 만들지 않는다"라고 오히려 호언했고, 아인슈타인은 "이 이론을 성공적으로 검증하는 것도 불가능하지 않다"라는 말만 유일한 근거로 덧붙였을 뿐이다. 그 정도로도 충분하다. 그것을 증명하는 일은 실험과학자들의 몫이다.

그러나 앞서 설명한 것같이 귀납법으로 얻은 결론은 설사 전제가 참이라 하더라도 개연적으로만 참이다. 경우에 따라 참이 아닐 수도 있다는 의미다. 이를 '확증의 정도(degree of confirmation)'가 낮다고도 표현한다. 대부분의 과학자들은 실험과 관찰을 통해 귀납적으로 얻은, 곧 확증의 정도가 낮은 결론으로 동료 과학자들의 동의를 얻어내야 한다. 이것이 과학에서도 수사학이 요구되는 논리학적 이유다. 그렇다면 어떻게 해야 하는가?

결론부터 말하자면, 귀납법의 특성에 합당한 표현 방법을 사용해야 한다. 그것은 무엇보다도 귀납법으로 얻은 결론이 가설이라는 데에 초점이 맞춰져 있다.

… 귀납의 강도와 표현의 강도를 맞춰라

논리학에서는 귀납법으로 얻은 결론이 가진 확증의 정도를 '귀납적 강도(inductive strength)'라고 부른다. 그리고 결론이 참일 개연성 또는 가능성이 높을 때 '귀납적 강도가 높다'라고 한다. 물론 귀납의 강도가 높을수록 설득력 있는(cogent) 논증이 된다.

따라서 귀납법을 사용하는 경우에는 언제나 귀납의 강도를 높여야 한다. 귀납적 강도는 ① 조사된 사례가 많을수록, ② 반대 사례가 적을수록, ③ 일반화할 수 있을수록 높다.

여기서 일반화란 논증의 결론이 일반적으로 널리 인정되는 것을 말한다. 가령 결론이 자연과학 법칙처럼 이미 검증된 일반적 법칙들에서 도출될 수 있는 경우다. 쿤의 용어로 표현하자면, 패러다임에 적합한 것을 말한다.

예를 들어 '사과는 위에서 아래로 떨어진다. 돌멩이도 위에서 아래로 떨어진다. 책도 위에서 아래로 떨어진다. ……그러므로 모든 물체는 위에서 아래로 떨어진다'라는 귀납 논증에서, 결론인 '모든 물체는 위에서 아래로 떨어진다'는 뉴턴의 만유인력 법칙에서 연역될 수 있다. 따라서 조사된 사례의 수와 관계없이 귀납적 강도가 가장 높다. 여기에서 귀납법과 그 표현에 관한 수사학의 관계를 다음과 같이 정리할 수 있다.

귀납으로 얻은 결론은 귀납적 강도에 따라 표현의 강도를 조절해야 한다. 예를 들어보자. 자기 주변의 몇몇 젊은이가 이기적으로 행동하는 것을 보고 "신세대 젊은이들은 모두 이기적이다"라고 단정하여 표현하는 것은 설득력을 오히려 떨어뜨린다. 그보다는 "신세대 젊은이들은 이기적인 경향이 있다"라는 표현이 더 강한 설득력을 지닌다. 귀납적 결론에 적합한 일반적 어법은 '……한 경향이 있다', '……처럼 보인다', '나는 ……라고 간주한다', '나는 ……라고 제안한다' 등처럼 개연성을 인정하는 표현들이다. 이 점에서는 실험 보고서나 논설문이나 별반 차이가 없다.

물론 이러한 표현은 주로 실험 보고서의 도입부에 사용된다. 실험 보고서의 일반적인 논거 배열은 형식상 [도입] – [방법과 재료] – [결과] – [논의]의 순서로 진행된다. 하지만 그 내용에서는 실험에서 나타난 우연성이 자연 과정의 필연성으로 나아간다는 점을 보여주어야 한다. 그래야 실험이 과학자가 아니라 자연의 법칙에 의존하는 것처럼 비친다.

따라서 [도입]이 아니라 [결과]에서는 '만일 ……하면 ……하다(if – then)'라는 형태로 좀 더 조심스럽지만 구체적이고 단정적인 표현이 등장한다. 예컨대 '만일 주장 P가 어떤 조건 C를 충족한다면, 다음과 같이 주장된다'라는 식이다. 같은 종류로 '헴펠·오펜하임 도식'은 'A_1, A_2, A_3, ……, A_m과 D_1, D_2, D_3, ……, D_n으로부터 T가 도출된다'이다. 철학자이자 신수사학자 스티븐 툴민(Stephen Toulmin)의 도식은 조금 더 복잡하다. '자료 D_1, D_2, D_3, ……, D_n과 원리 P_1, P_2, P_3, ……, P_n으로부터 예외 E가 적용되지 않는다면, 주장 T가 S만큼 확실하게 도출된다'라는 형태다.

그로스가 『과학의 수사학』에서 든 예가 있다. 1953년에 DNA의 구조를 밝혀낸 제임스 왓슨(James Watson)과 프랜시스 크릭(Francis

Crick)의 저명한 논문 「DNA의 구조」에는 당시 과학자들을 설득하기 위한 여러 가지 장치가 들어 있다. 그로스는 그 가운데 서두의 두 문장을 뽑아 그 안에 나타난 수사학적 표현 방법을 소개했는데, 다음과 같다.

- "DNA의 염기 구조를 제안하고자 한다. 이 구조는 생물학적으로 상당히 흥미롭고 진기한 특성을 지닌다."
- "우리가 가정했던 특정한 짝짓기가 곧바로 유전물질에 대한 복제 메커니즘의 존재 가능성을 암시한다는 것을 우리는 알아차렸다."

그로스는 이 문장들에 나타난 수사학 기법인 대조법(contrast)에 주목한다. 우선 첫 문장을 보면, '제안'이라는 짐짓 소심한 표현과 '상당히' 또는 '진기한' 같은 과감한 표현이 대조를 이루어 좀 더 강렬한 설득 효과를 냈다는 것이다. 두 번째 문장에서 '가정', '존재 가능성', '암시'와 같은 소심한 어휘를 사용한 것도 역시 그렇다. 수사학적인 관점이다.

하지만 논리학적으로 보면 더 중요한 사실이 드러난다. 왓슨과 크릭이 귀납적 강도와 표현의 강도를 조절했다는 점이다. '……제안하고자 한다', '우리가 가정했던……', '……암시한다는 것을……'과 같은 표현들이 그렇다. 그들의 발표는 이후 생물학 연구의 성격을 통째로 바꾸는 결과를 가져왔다. 하지만 발표 당시에는 아직 인정받지 못한 가설일 뿐이었다. 따라서 젊은 두 과학자들이 자신들의 논문에

'매우 적합한' 표현의 강도를 찾았다는 것을 평가할 만하다.

바로 이러한 점에서 뛰어난 또 하나의 과학자가 찰스 다윈(Charles Darwin)이다. 워싱턴대학교의 존 앵거스 캠벨(John Angus Campbell) 교수는 다윈의 『종의 기원』이 처음부터 끝까지 '철저히 수사학적'이라는 것을 강조했다. 대부분의 학자들이 이에 공감한다. 다윈은 훌륭한 과학자였으나 과학을 위해 목숨을 걸 만한 순교자는 아니었다. 다행히 그에게는 놀라운 수사학적 능력이 있었다. 그 덕에 진화론이라는 기독교 교리에 정면으로 대립하는 이론을 주장하는 데 성공할 수 있었다.

캠벨에 따르면, 다윈은 본래 '이론을 만들지 않고는 어떤 관찰도 없다'라는 신념을 갖고 있었다. 하지만 진화론이 자신의 이론에서 나온 것이 아니라, 수많은 사례들을 통한 실증적 자료에 의해 불가피하게 도달한 결론임을 강조하는 것이 유리하다는 사실을 잘 알고 있었다. 그래서 그는 당시 과학 사회가 떠받들던 '베이컨의 귀납주의'를 철저하게 이용했다. 그뿐 아니라, 서두에서부터 독자들에게 감성적으로 호소하면서 판단의 책임을 떠넘겼다. 예를 들면 다음과 같은 구절이 그렇다.

지금 내 건강 상태가 썩 좋은 편이 아니다. 또한 이 논문은 불완전할 수밖에 없다. 나는 여기에서 언급한 내용에 관한 참고 문헌과 근거의 일부를 밝히지 못했다. 그저 내가 언급한 내용이 정확하다는 것을 독자들이 믿어주기를 바랄 뿐이다.

이런 고도의 설득법을 통해 다윈은 성공했다. 『종의 기원』을 읽으며 여러 수사학적 기법을 찾아보는 일은 당신에게 넘기겠다. 다만 한 가지 덧붙이고 싶은 말이 있다.

아리스타르코스(Aristarchos)가 지구는 태양의 주위를 돈다고 했을 때 아무도 믿지 않았고, 그레고어 멘델(Gregor Mendel)이 유전법칙을 발견했을 때는 그의 동료들마저 설득하지 못했다. 이런 불행한 예가 다윈처럼 성공한 경우보다 훨씬 많다. 그렇다면 당신이 설사 자연과학을 전공하거나 또는 전공하려 한다 해도 소홀히 하지 말아야 할 일이 무엇인지 자연히 드러난다. 설득의 기술을 익혀라!

베이컨의 귀납법과
베이컨의 회화

혹시 베이컨의 그림을 본 적이 있는가? 만일 있다면 좋아하는가? 물론 화가 프랜시스 베이컨 말이다. 나는 보았다. 그런데 그의 그림을 좋아하는 사람은 아직 보지 못했다. 하지만 그는 이미 위대한 화가다. 15세 때 어머니의 속옷을 몰래 입어보다가 아버지에게 쫓겨난 이후, 그는 유럽 각지를 떠돌며 밑바닥 생활을 하면서 독학으로 그림을 공부했다. 그럼에도 1957년 파리 리브 드루아트 갤러리에서 연전시회 이후 세계의 주목을 받았다.

베이컨은 주로 초상화를 그렸다. 그의 그림은 현대인의 분노, 공포, 위기를 독창적으로 형상화했다는 평을 받는다. 하지만 어긋나게 하기, 중심 잃게 하기, 비틀기, 겹치기, 지우기 같은 기법을 통해 기괴하게 표현된 그의 인물들은 감성적으로든, 이성적으로든 가까이하기에 결코 쉬운 대상이 아니다.

그런데 1981년에 프랑스의 철학자 질 들뢰즈(Gilles Deleuze)가 이 기괴한 인물들에 대해 『감각의 논리』라는 한 권의 책을 썼다. 이 책에서 들뢰즈는 이미 "20세기 최고의 초상화가"라고 불리는 베이컨을 '구상화가'가 아니라 '형상화가'로 부각했다. 들뢰즈는 역시 포스트모더니즘 철학자인 장 프랑수아 리오타르(Jean François Lyotard)의 개념을 빌려 '구상적인(figuratif)' 것과 '형상적인(figural)' 것을 구분했다. 구상적인 것은 대상을 재현하는 것이며 설명하는 것이고 서술하는 것이다. 형상적인 것은 대상의 순수한 본질을 환기하는 것이며 드러내는 것이다. 베이컨이 극단의 혐오감을 갖고 피하고자 노력했던 것들이 구상적인 것이다.

베이컨의 생각에는 현대 회화란 '재현할 모델'도 없고, '재현해야 할 스토리'도 없다. 이유는 두 가지다. 하나는 사진 때문이고, 다른 하나는 무신론 때문이다. 다음은 영국의 미술 비평가이자 큐레이터인 데이비드 실베스터(David Sylvester)와 나눈 대담에서 베이컨이 한 말이다.

한편으로는 사진이 삽화와 문서의 기능을 담당하기 때문에 현대 회화는 과거 회화에 주어졌던 이 기능을 더는 충족할 필요가 없다. 다음으로 과거 회화는 아직도 구상에 회화적 의미를 부여했던 몇몇 '종교적인 가능성들'에 의해 조건이 지어졌지만, 현대 회화는 무신론적이다.

여기서 베이컨이 말한 '종교적인 가능성들'이란 무엇인가. 예컨대 엘 그레코(El Greco)의 〈오르가스 백작의 장례식〉에서 볼 수 있듯 그림 하단에는 장례식을 치르는 실제 인물들을 그리고, 상단에는 예수와 마리아, 이들에 의해 받아들여지는 백작의 혼을 그리는 식으로 종교적 이미지를 표현하는 것을 말한다. 그러나 무신론의 시대인 현대에는 회화가 그런 일을 맡을 필요가 없는 데다, 사진이 기록의 기능을 담당하기 때문에 회화가 더는 구상적일 필요가 없다는 것이다.

들뢰즈의 표현으로는, "아무튼 현대 회화는 종교적 감정을 포기해버렸고, 사진에 의해 포위됐기 때문에" 구상적일 수 없다. 그렇다면 현대 화가들에게 남은 길은 무엇일까? 들뢰즈는 이렇게 대답했다.

회화가 구상적인 것을 피하기 위해서는 두 가지 방법이 있다. 하나는 추상을 통해 순수한 형태를 지향하는 것이고, 다른 하나는 추출 혹은 고립을 통해 순수한 형상으로 향하는 것이다.

베이컨은 두 번째 길을 택했다. 그는 형상을 찾기 위해 마치 폴 세잔(Paul Cézanne)이 그랬듯이 구상에서 '판에 박힌 것'들을 잡아 뜯어냈다. 물론 수법은 달랐다. 세잔은 원근법을 깨뜨리고 원통, 구, 원추 같은 기하학적 형체를 살리는 수법을 사용해 추상화로 향하는 문을 열었다. 베이컨은 인물을 그의 배경에서 추출해내고 어긋나게 하기, 중심 잃게 하기, 비틀기, 겹치기, 지우기 등의 수법을 사용해 형상화의 길을 닦았다. 이런 작업들을 통해 그들은 각각 대상 속에 숨어 있는 순수한 본질을 드러내려고 노력했다. 그 결과 베이컨의 초상화에는 '얼굴' 대신 일그러진 어떤 '머리'가 하나 등장한다. 들뢰즈는 이렇게 설명했다.

초상화가인 베이컨은 '머리의 화가'이지 '얼굴의 화가'가 아니다. 이 둘 사이에는 커다란 차이가 있다. 왜냐하면 얼굴은 머리를 덮고 있는 구조화된 공간적 구성이지만, 머리는 신체의 뾰족한 끝에 종속되어 있다. (……) 따라서 베이컨이 초상화가로서 추구하는 것은 매우 특이하다. 얼굴을 해체하여 그 밑에 숨겨진 머리가 솟아나게 하거나 다시 찾는 것이다.

『채털리 부인의 사랑』을 쓴 데이비드 허버트 로렌스(David Herbert Lawrence)에 따르면, 세잔은 "40년간의 악착같은 투쟁 끝에 마침내 어떤 사과 하나를 알 수 있었고, 한두 개의 꽃병을 완전히 알 수 있었다." 들뢰즈에 따르면, 베이컨은 세잔보다도 더 치열한 전쟁 끝에 '몇몇의 머리들'과 '한두 개의 공중 삼면화' 그리고 '남자의 넓은 등 하나'를 얻어냈다.

그럼, 이제 밝혀보자. 화가 베이컨의 회화 기법과 그의 먼 조상인 철학자 베이컨의 귀납법이 가진 공통점을. 대답은 의외로 간단하다.

두 사람 모두 밖으로 드러난 '현상'이 아니라 그것의 본질인 '형상'을 추구했다는 것이다. 형상이란 본래 무엇이던가? 아리스토텔레스가 말한 '에이도스(eidos)'가 아니던가.

에이도스란 '어떤 것이 그것으로서 있게 하는 그 어떤 것'이다. 사과가 사과로 있게 하는 그 어떤 것이 사과의 형상이고, 꽃병을 꽃병으로 있게 하는 그 어떤 것이 꽃병의 형상이며, 한 인물을 그 인물로 있게 하는 그 어떤 것이 곧 그 인물의 형상이다. 화가 베이컨이 그의 화폭에 담았던 것이 바로 이 형상이다. 베이컨은 그것을 "이미지의 깊이 있는 닮음"이라고도 표현했다.

그런데 철학자 베이컨이 탐구하려던 것도 바로 그것이 아니던가. 『신기관』에서 베이컨은 자신의 귀납법이 자연의 '현상'이 아니라 '형상'의 탐구임을 분명히 했다. 위에서 예로 든 열의 성질을 탐구하는 귀납법도 "형상의 탐구는 다음과 같이 진행된다"라는 말로 시작한다. 즉, 열에 대한 탐구는 다양한 열 현상의 이면에 있는 형상을 찾아내는 연구라는 것이다. 그러나 그것을 형이상학적이 아니라 과학적으로 밝혀내는 방법이 귀납법이라고 그는 밝혔다.

사실 귀납법은 원래 드러난 사실을 밝히는 논증법이 아니다. 그것은 오히려 연역법이 하는 일이다. '모든 포유동물은 심장을 갖고 있다. 말은 포유동물이다. 그러므로 말은 심장을 갖고 있다'라는 연역 논증을 보라. 드러난 사실을 재현하거나 설명 또는 확인하고 있다. 리오타르가 말하는 '구상적인 것'을 밝힌다.

베이컨이 연역법을 싫어한 이유도 바로 여기에 있다. 그는 "연역

설득의 논리학

논리학이 하는 일은 원리나 핵심 공리를 발견하는 것이 아니라, 원리나 핵심 공리와 일치한다고 생각되는 명제들을 발견하는 것이다. ……그렇게 믿으라고, 충성하라고 판에 박힌 대답만 되풀이한다"라고 불만을 터뜨렸다. 화가 베이컨이 구상화나 사진을 '판에 박힌 것'이라고 싫어한 이유와 같다.

하지만 귀납법은 드러난 사실이 아니라 오히려 그것들을 지배하는 기본 법칙이나 보편 원리 또는 직접적 원인을 밝히려는 논증법이다. '말은 심장을 갖고 있다. 소는 심장을 갖고 있다. 개는 심장을 갖고 있다. 사람은 심장을 갖고 있다. 그러므로 모든 포유동물은 심장을 갖고 있다'라는 논증을 보자. 개별 사실들에서 전체를 아우르는 보편 원리를 추론해내지 않는가.

이것이 아리스토텔레스가 『토피카』에서 귀납을 "개별에서 보편으로의 이행"이라고 했고, 『분석론 후서』에서 "그것에 의해 우리가 보편을 아는 귀납"이라고 표현한 이유다. 이때 아리스토텔레스가 말하는 '보편'이 곧 '형상'이다. 한마디로 귀납법은 '형상의 논리학'이다. 같은 말을 사람들은 귀납법은 '과학 탐구의 방법론'이라고 할 뿐이다. 조상 베이컨의 귀납법과 후손 베이컨의 회화가 가진 더 많은 유사성을 밝히는 일은 이 글의 목적에서 벗어난다. 이쯤에서 마무리한다. 또한 구상화와 연역법, 추상화와 가추법이 가질 수도 있는 유사성에 대한 많은 생각도 당신에게 맡긴다.

하지만 흥미롭지 않은가. 17세기의 철학자 조상과 20세기의 화가 후손이 자연 속에 감추어진 형상들을 밝혀내기 위해 나름의 방법으로 애썼다는 것이, 그리고 이성의 학문인 논리학과 감각 예술인 회화가 이런 방식으로 만날 수 있다는 것이 말이다. 들뢰즈도 분명 이런 의미에서 그의 책 제목을 '감각의 논리'라고 지었을 것이다. 어디 그뿐인가. 사강의 『브람스를 좋아하세요?』 역시 그렇듯이, 자신의 경험을 통해 삶 속에 감추어진 진실을 형상화하는 소설 기법도 다분히 귀납적이라는 것이 내게는 마냥 흥미롭다. 그래서 묻겠는데, "혹시…… 베이컨을 좋아하세요?"

- **귀납법** : 전제로부터 결론이 개연적 또는 가능적으로 나오는 논증법.

- **귀납적 강도** : 전제가 참일 때 결론이 참일 가능성의 정도. 귀납적 강도가 높을수록 설득력도 높다.
  - 귀납적 강도는 '조사된 사례가 많을수록', '반대 사례가 적을수록', '일반화할 수 있을수록' 높다.
  - 베이컨의 귀납법은 존재표, 부재표, 정도표를 통해 수집한 사례를 풍성하게 만들고, 배제표를 통해 반대 사례를 제거하여 귀납의 강도를 높였다.

- **귀납의 수사학**

귀납적 결론의 표현은 귀납적 강도와 표현의 강도가 비례해야 한다. 예를 들어 몇몇 이기적인 젊은이들을 보고 "젊은 사람들은 모두 이기적이다"라고 단정하기보다 "젊은 사람들은 이기적인 경향이 있다"라는 식으로 개연성을 인정하는 것이 더 강한 설득력을 지닌다.

- **과학 수사학**

과학 지식을 표현하는 방법론. 그 목적은 과학의 미적 차원을 부각하려는 것이 아니다. 오히려 과학 공동체에 어떤 이론이 옳다는 것을 설득시키는 것이 목적이다. 따라서 과학 수사학은 과학의 주요 탐구 방법인 귀납법과 관계가 있다. 귀납으로 얻은 결론은 귀납적 강도에 따라 표현의 강도를 조절해야 한다. 귀납적 결론에 적합한 일반적 어법은 '⋯⋯한 경향이 있다', '⋯⋯라고 제안한다' 등처럼 개연성을 인정하는 표현들이다. 논문이나 실험 보고서에서는 '만일 ⋯⋯하면 ⋯⋯하다(if—then)'라는 형태로 좀 더 조심스럽지만 구체적이고 단정적인 표현이 사용된다. 신수사학자 툴민의 도식은 이렇다. 자료 D_1, D_2, D_3, ⋯⋯, D_n과 원리 P_1, P_2, P_3, ⋯⋯, P_n으로부터 예외 E가 적용되지 않는다면, 주장 T가 S만큼 확실하게 도출된다.

LOGIC OF PERSUASION

5

셜록 홈스의
추리 비법

가추법과 가설연역법

홈스는 폭력이 아니라 논리와 과학적 방법으로
연이어 승리하는 영웅이다.
독자들은 홈스의 명쾌하고도 합리적인 설명을 들을 때마다
인간 이성의 놀라운 힘을 체험할 수 있다.
그리고 자신도 그렇게 할 수 있다는 자신감을 갖게 된다.
이것이 바로 그가 누리는 인기의 비결이다.

홈스는 느긋하게 안락의자에 몸을 묻으며 담배 연기로 굵고 푸른 동그라미를 연속해서 만들어 보였다. 그가 말했다.

"예를 들면 나는 관찰을 통해 오늘 아침 자네가 위그모어가에 있는 우체국에 다녀왔다는 사실을 알았네. 그리고 연역 추론을 통해 자네가 전보를 쳤다는 것을 알게 됐지."

"어떻게 알았지? 둘 다 맞았네. 하지만 도대체 어떻게 그것을 알아냈는지 모르겠군……."

나는 말했다. 홈스는 내가 놀라는 것을 보고 쿡쿡 웃으며 말했다.

"그건 아주 간단하지. 정말 우스울 정도로 간단해서 설명하는 게 불필요하다고 느낄 정도라네. 하지만 그건 관찰과 연역 추론의 경계를 명확하게 가르는 데 도움이 될 수 있겠어. 나는 자네의 발등에 황토가 묻어 있는 걸 관찰을 통해 알았네. 그런데 위그모어가 우체국 건너편에는 도로 공사를 하느라 길을 파헤쳐놓아서 흙이 드러나 있지. 그 흙을 밟지 않고 우체국에 들어가기는 어려워. 그리고 그 유난히 붉은 황토는 내가 알기로는 이 근방에서 거기 말고는 없네. 여기까지가 내가 관찰한 것일세. 나머지는 연역해낸 것이지."

"내가 전보를 쳤다는 사실은 어떻게 연역했지?"

"나는 자네가 편지를 쓰지 않았다는 것을 알고 있었네. 오늘 아침 내 내 여기 앉아 있었거든. 또 지금 자네 책상에는 우표와 두툼한 엽서 뭉치가 놓여 있네. 그러면 우체국에 가서 전보 치는 것 말고는 무엇을 할 수 있을까? 불가능한 것들을 모두 지워버렸을 때 남는 것 하나가 진실임이 틀림없네."

알다시피 이것은 영국의 추리 작가 아서 코넌 도일(Arthur Conan Doyle)이 쓴 『네 사람의 서명』 가운데 일부다. 1887년에서 1927년 사이에 나온 총 60편에 달하는 모험담의 주인공인 셜록 홈스는 지금도 세계적으로 사랑받는 탐정이다. 특히 영국에서는 전설적인 인물이다.

많은 사람들이 그를 실존 인물로 생각해서 편지를 보냈고, 실제로 그와 결혼하려고 나선 여자들도 있었다. 심지어 그가 산다고 알려진 베이커가에 그의 동상을 세우자는 움직임도 있었다고 한다. 홈스를 칭송하고 연구하는 수많은 단체들이 생겨나 백과사전적 작업을 했고, 그의 전기도 썼다. "그렇게 많은 사람들이 그렇게 적은 것에 대하며 그렇게 많이 쓴 적은 전혀, 전혀 없다"라는 말까지 있다.

그 놀라운 인기는 도대체 어디에서 나왔을까? 영문학을 통틀어 영국의 일반인들에게 홈스만큼 알려진 인물은 셰익스피어 작품의 주인공 로미오와 샤일록 그리고 대니얼 디포의 로빈슨 크루소뿐이라고 한다. 사람마다 여러 가지 이유를 댈 수 있겠다. 하지만 공통된 것은 한 가지다. 앞에 인용한 글에서도 잘 나타난 그의 탁월한 추리 솜

씨 때문이다.

홈스는 폭력이 아니라 논리와 과학적 방법으로 연이어 승리하는 영웅이다. 이 점에서 홈스는 영국인이 사랑하는 또 다른 영웅인 〈007 시리즈〉의 본드와 다르다. 독자들은 홈스의 명쾌하고도 합리적인 설명을 들을 때마다 인간 이성의 놀라운 힘을 체험할 수 있다. 그리고 자신도 그렇게 할 수 있다는 자신감을 갖게 된다. 이것이 그가 누리는 인기의 비결이다.

작가이기 전에 의사였던 도일은 자신의 은사인 에든버러 왕립 병원의 조지프 벨(Joseph Bell) 교수를 모델로 하여 셜록 홈스라는 인물을 만들었다 한다. 도일이 스승의 놀라운 추리 능력에 대해 직접 남긴 다음과 같은 글이 있다.

가끔 틀린 적이 있긴 해도 대부분 그 결과는 놀라웠다. 가장 훌륭한 경우는 그가 어떤 민간인 환자를 두고 한 추론이다.

"자, 당신은 군에 복무해왔군요."

"예, 선생님."

"스코틀랜드 고지 연대 출신이지요?"

"예, 선생님."

"하사관이었지요?"

"예, 선생님."

"바베이도스에 주둔했었지요?"

"예, 선생님."

그는 이렇게 설명했습니다.

"여러분, 이 사람은 예의가 바르긴 하지만 모자를 벗지 않았습니다. 군대에서는 모자를 벗지 않지요. 만약 이 사람이 제대한 지 오래되었다면 민간인의 예절을 배웠을 겁니다. 이 사람에게는 권위 의식이 있고, 스코틀랜드 사람이 분명합니다. 바베이도스에 주둔했다고 한 이유는 그가 상피병을 호소하는데, 이 병은 영국이 아닌 서인도제도에서만 발병하기 때문입니다."

어떤가. 이런 인물이 소설 속이 아니라 영국에 실제로 존재했다니 놀랍지 않은가! 그런데 논리학자 중에 이와 아주 흡사한 인물이 거의 같은 시기에 미국에도 있었다. 하버드대학교의 저명한 수학 교수의 아들로 태어나 실용주의를 창시한 철학자이자 논리학자이며 기호학자인 찰스 샌더스 퍼스(Charles Sanders Peirce)가 바로 그렇다.

미국의 기호학자인 토머스 시벅(Thomas Sebeok)의 에세이 『자네는 내 방법을 알고 있네』에 따르면, 퍼스가 벨 교수나 홈스를 능가하는 추리 솜씨를 실제로 뽐낸 흥미로운 모험담이 당시의 증거물들과 함께 기록으로 전해온다. 간단히 요약하면 이렇다.

1879년 6월 20일 금요일, 퍼스는 보스턴에서 뉴욕으로 가는 정기 증기선 브리스틀호에 탔다. 그런데 뉴욕항에 내렸을 때 그는 외투와 해양연구소에서 일한 공로로 미국 정부에서 받은 고급 시계를 배에 놓고 온 것을 알았다. 급히 배로 돌아가 찾아보았지만 이미 누군가가 가

져간 뒤였다. 그래서 그는 선원들을 불러 한 줄로 세운 다음, 태연한 척하며 차례로 이야기를 나누었다. 그리고 즉시 혐의자를 찾았다. 퍼스가 어떤 방법으로 혐의자를 찾았는지는 언급이 없다. 하지만 이 글을 읽는 동안 당신은 짐작할 수 있을 것이다.

그런데 혐의자는 범행을 인정하지 않았다. 퍼스는 곧바로 핑커턴이라는 유명한 탐정 사무소로 가서 랭즈라는 탐정에게 혐의자를 지적하며 사건을 의뢰했다. 그러나 랭즈는 퍼스의 추리를 믿지 않았다. 화가 난 퍼스는 랭즈를 데리고 혐의자의 집 앞으로 가서 12분 안에 잃어버린 물건들을 찾아오겠다고 말하고, 혼자 집 안으로 들어갔다. 그 후 정확히 11분 45초 만에 퍼스가 나왔는데, 그는 정말로 잃어버린 시계와 외투를 갖고 있었다.

영국의 베이컨, 프랑스의 데카르트, 독일의 라이프니츠와 견줄 만한 천재였던 퍼스는 이들 가운데 가장 불운한 삶을 살았다. 살아서는 어느 곳에서도 교수가 되지 못할 정도로 인정받지 못했고, 죽어서는 "초라하지 않을 정도로 장례식을 치를 돈도 없었다." 그가 죽은 후 1931년부터 1958년까지 출간된 『찰스 샌더스 퍼스 논문집』의 방대한 원고 뭉치를 그의 부인은 단돈 500달러에 하버드대학교 출판부에 팔지 않을 수 없었다고 한다.

퍼스는 '형이상학 클럽(Metaphysical Club)'을 주도하며 윌리엄 제임스와 존 듀이를 고무하여 그들과 함께 실용주의 철학의 문을 열었다. 퍼스에게서 많은 지적 영감을 받은 제임스는 은혜를 잊지 않고 그에게 하버드대학교 철학과 교수직을 마련해주려고 애썼다. 하지만 퍼스의 사생활이 문제가 되어 번번이 실패했다.

퍼스는 라틴어에도 능통하여 중세의 뛰어난 신학자이자 논리학자였던 윌리엄 오컴과 던스 스코투스에도 정통했다. 하버드대학교에서는 화학을 전공했지만 천재들이 대부분 그렇듯, 그는 이것저것 가리지 않고 받아들이는 정신의 소유자였다. 퍼스의 논문집에는 철학, 수학, 논리학, 기호학, 귀납법과 과학적 방법론, 언어, 지식학 등에 관한 독창적인 연구들이 들어 있다.

그런데 그중 특히 지금 우리의 흥미를 끄는 것이 있다. 홈스에 버금가는 그의 추리 능력이 어디에서 왔는지를 알 수 있는 대목이기도 하다. 이른바 그가 가추법(abduction), 귀추법(retroduction), 가정(hypothesis), 추정(presumption) 등으로 경우에 따라 다르게 불렀던 추론법이 바로 그것이다.

이 콩들은
이 주머니에서 나왔다

1868년에 쓴 논문 「네 가지 무능의 몇 가지 결과들」에서 퍼스는 데카르트를 비판하면서 인간의 정신 행동에는 연역법뿐만 아니라 귀납법과 가추법이 적용됨을 주장했다. 그리고 1919년 매사추세츠 공과대학교의 생물학 강사 프레더릭 애덤스 우즈(Frederick Adams

설득의 논리학

Woods)에게 쓴 편지에서는 이 세 가지 추론법 가운데 오직 가추법만이 '기대할 수 있는 풍성함(esperable uberty)'을 갖고 있다고 역설하며 과학 탐구의 방법으로 추천했다. 가추법만이 '새로운 지식을 생산해낼 수 있는 유일한 논증 방식'이라는 뜻이다. 과연 그런가? 퍼스가 직접 든 유명한 '콩 주머니 예'를 보자.

··· 연역법

법칙 : 이 주머니에서 나온 콩들은 모두 하얗다.

사례 : 이 콩들은 이 주머니에서 나왔다.

결과 : 이 콩들은 하얗다.

··· 귀납법

법칙 : 이 콩들은 이 주머니에서 나왔다.

사례 : 이 콩들은 하얗다.

결과 : 이 주머니에서 나오는 콩들은 모두 하얗다.

··· 가추법

법칙 : 이 주머니에서 나온 콩들은 모두 하얗다.

사례 : 이 콩들은 하얗다.

결과 : 이 콩들은 이 주머니에서 나왔다.

이 예들을 보면, 우선 퍼스가 왜 가추법이 새로운 지식을 생산할 수 있다고 했는지를 알 수 있다. 퍼스의 가추법이 이끌어낸 결론은 분명 전제에서 필연적으로(necessarily) 나오는 것이 아니다. 콩들이 하얗다는 사실만으로 그 콩들이 이 주머니에서 나왔다고 할 수는 없다는 것이다. 다른 주머니에서 나온 콩이라 해도 하얄 수 있지 않은가. 따라서 콩들이 하얗다고 해서 이 주머니에서 나왔다는 결론은 단지 '개연적으로(probably) 참'이다. 당신도 알다시피, 논리학자들은 이런 경우에 '진리 확장적'이라는 용어를 사용한다.

그렇지만 4장에서 보았듯이 귀납법도 진리 확장적이지 않았던가. 따라서 그 결론이 개연적이라고 했다. 그렇다면 오직 가추법으로만 새로운 지식을 얻을 수 있다는 퍼스의 말은 무슨 뜻인가? 귀납법이 만들어낸 새로운 지식과 어떻게 다르다는 말인가?

퍼스가 제시한 귀납법의 예를 보자. 우선 눈에 띄는 것이 있다. 우리가 아는 일반적인 귀납법 형태와 약간 다르다. 귀납법의 일반적인 형태, 곧 우리가 '열거적 귀납법(enumerative induction)'이라고 부르는 형식이라면, 우선 전제가 '이 주머니에서 나온 콩 1도 하얗다. 이 주머니에서 나온 콩 2도 하얗다. 이 주머니에서 나온 콩 3도 하얗다……'라는 게 되어야 한다. 그런데 그렇지 않다. 물론 이것은 문제가 되지 않는다. 내용적으로는 같기 때문이다.

여기서 주목해야 할 점은 '이 주머니에서 나오는 콩들은 모두 하얗다'라는 결론에서 확장된 내용이 무엇이냐 하는 것이다. 간단하다. 지금까지 나온 콩들은 하얗지만 앞으로는 어떨지 모르는데, 앞으로 나올 콩들까지 하얗다고 확장해서 결론지었다. 요컨대 전제에 들어

설득의 논리학

있는 내용을 '양적으로' 확장해서 결론을 지은 것이다. 이것이 귀납법의 특징이다.

그런데 가추법은 다르다. 가추법에서 결론은 전제에 들어 있는 내용이 아니다. 퍼스의 예에서 '이 콩들은 이 주머니에서 나왔다'라는 결론은 '이 주머니에서 나온 콩들은 모두 하얗다. 이 콩들은 하얗다'라는 전제의 내용을 '양적으로' 확장한 것이 아니다. 새롭게 추측해낸 것이다. 한마디로 '질적으로' 확장한 지식이다.

이 차이를 퍼스는 귀납법은 "사유의 습관적(habitual) 요소"를 생산해내고, 가추법은 "사유의 감각적(sensuous) 요소"를 생산해낸다고 표현했다. 좀 더 쉽게 정리하면 이렇다.

연역법은 **필연적으로 일어날 사실**을 알려주고, 귀납법은 **개연적으로 일어날 사실**을 알려준다. 그런데 가추법은 **이미 일어났지만 아직 모르는 사실**을 알려준다. 그래서 홈스는 가추법을 '거꾸로 추론해나가기(resoning backward)'라고 불렀고, 퍼스는 '귀환법(retroduction)'이라고 한 것이다. 예를 들어 모든 사람이 죽고 A가 사람이면, 'A는 필연적으로 죽는다'라는 것을 연역법은 알려준다. 그리고 귀납법은 A, B, C, D……가 죽고 그들이 사람이면, '아마 모든 사람은 죽는다'라는 것을 알려준다. 그러나 가추법은 다르다. 사람은 모두 죽는데 A가 무엇인지 모르지만 어쨌든 죽었다면 'A는 아마 사람일 것이다'라는 것을 알려준다. 이렇듯 가추법은 이미 일어난 일을 밝힌다.

이것이 가추법이 가진 탐구적 또는 추리적 성격이다. 가추법의 바로 이런 성격에 퍼스가 매료된 것이다. 또 그 덕분에 홈스와 벨 교수, 퍼스가 명탐정이 될 수 있었다. 이미 일어난 일에서 뭔가 새로운 것을 알아내려는 탐정들과 과학자들은 언제나 가추법을 사용한다.

홈스는 왓슨이 우체국에 갔고 편지를 부치지 않았다는 것에서 전보를 쳤음을 알아냈다. 또 벨 교수는 민간인 환자가 예의 바르긴 하지만 모자를 벗지 않았다는 것에서 그가 제대한 지 얼마 되지 않았음을, 권위 의식이 있다는 것에서 하사관이었음을, 상피병에 걸린 것에서 바베이도스에 주둔했었음을 알아내 사람들을 놀라게 했다. 모두 이미 일어났지만 알려지지 않은 것을 추론해낸 셈이다. 이것이 가추법이다.

그런데 흥미로운 것이 있다. 홈스가 곳곳에서 반복하여 자신의 추론법이 연역법이라고 강조한다는 점이다. 그러나 논리학자들은 누구도 홈스의 추리를 연역법으로 인정하지 않고 가추법이라고 생각한다. 그 이유가 뭘까?

홈스는 왓슨이 우체국에 갔고 편지를 부치지 않았다는 전제에서 전보를 쳤다는 것을 추론해냈다. 하지만 왓슨은, 예를 들어 친구를 만나러 우체국에 갔을 수도 있고, 아니면 돈을 찾으러 갔을 수도 있다. 만일 그렇다면 전보를 쳤다는 홈스의 결론은 '필연적으로 참'일 수 없다. 홈스의 추리가 연역법이 되려면, '왓슨은 우체국에 편지를 부치거나 전보를 치러 갔다. 그런데 편지를 부치지 않았다. 그러므로 전보를 쳤다'라는 게 되어야 한다. 하지만 그렇지 않다. 그런데도 우체국에 가서 편지를 부치지 않았다는 이유만으로 전보를 쳤다고 결론짓는 것은 연역법이 아니다.

오히려 퍼스가 든 앞의 예에서 콩들이 하얗다는 사실만으로 그 콩들이 그 주머니에서 나왔다고 단정 짓는 것과 같은 방법이다. 그래서 논리학자들이 홈스의 추론을 가추법이라고 하는 것이다.

그렇다면 홈스가, 아니 작가인 도일이 연역법을 잘 몰랐다는 것일까? 그래서 잘못 말했다는 것일까? 그렇지는 않다. 가추법을 몰랐을 수는 있다. 그러나 연역법은 아니다. 그래서 홈스는 "불가능한 것들을 모두 지워버렸을 때 남는 것 하나가 진실임이 틀림없네"라는 말을 곧바로 덧붙였다. 이 말은 우체국에는 왓슨의 친구도 없고 은행 업무도 취급하지 않아서 왓슨은 우체국에서 오직 편지를 부치거나 전보를 치는 일만 할 수 있다는 뜻이다. 그런 경우에 홈스의 논증은 연역 추론이 된다. 다른 가능성이 전혀 없기 때문이다.

구두에 붉은 흙이 묻은 것을 보고 우체국에 갔다고 홈스가 추론한 것도 마찬가지다. 유난히 붉은 그 황토를 밟지 않고는 우체국에 들어갈 수 없고 그 흙이 거기 말고는 없다면, 그것은 연역 추론이다. 이렇듯 가추법은 전제가 유일한 가능성일 때, 곧 전제에서 '불가능한 것들을 모두 지워버렸을 때'는 연역법이 된다.

따라서 탐정들은 언제나 전제가 가진 다른 가능성들을 찾아 하나씩 지워나가는 작업을 한다. 예컨대 벨 교수가 "그가 상피병을 호소하는데, 이 병은 영국이 아닌 서인도제도에서만 발병하기 때문입니다"라고 했던 것이 그렇다. 상피병이 오직 그 지방에서만 발생한다면, 그 병을 앓는 사람이 그 지방에서 왔다는 것은 개연적인 것이 아니라 필연적인 것이 된다. 그리고 그 추리는 가추법이 아니고 연역법이 된다. 이런 현상은 형식화해보면 더욱 분명해진다.

편의상 퍼스가 앞에서 든 예에서 '이 콩들은 이 주머니에서 나왔다'와 '이 콩들은 하얗다'라는 두 명제를 각각 'p'와 'q'라고 하자. 퍼스의 연역법 예를 형식화하면 '((p→q)∩p)→q'가 된다. 전건 긍정식(modus ponens)이라는 연역법의 한 형식이다. 그러나 가추법 예를 형식화해보면 '((p→q)∩q→p)'가 된다. 이것은 후건 긍정식(modus tollens)이라고 부르는 형식적 오류다. 그렇다. **가추법을 형식화하면 후건 긍정식이 된다.** 하지만 만일 홈스의 말대로 '불가능한 것들을 모두 지워버렸을 때'라면 이야기가 달라진다. 이 경우를 형식화하면 '((p↔q)∩q)→p'가 된다. 이것은 타당한 연역법이다.

이때 등장하는 (p↔q)는 (p→q)∩(q→p)라는 의미다. 즉 '이 주머니에서 나온 콩들은 모두 하얗고, 하얀 콩들은 모두 이 주머니에서 나왔다'라고 할 수 있다. 이 주머니에서 나온 콩이면서도 하얗지 않거나, 하얀 콩이면서도 이 주머니에서 나오지 않은 경우는 모두 지워버린 셈이다.

현대논리학에서는 가추법을 타당한 논증으로 인정하지 않는다. 그래서 형식논리에는 가추법이 없다. 그럼에도 가추법은 퍼스가 간파했듯이 가장 탐구적이고 생산적인 추론법이다. 그 때문에 우리가 일상생활 곳곳에서 '의식하든, 의식하지 않든' 매일 유용하게 사용하고 있다. 비록 우리가 탐정은 아니더라도 말이다. 예를 들면 이렇다.

A가 매일 당신에게 장미꽃을 보낸다고 해보자. 오늘도 장미가 도착했다. 그러면 당신은 당연히 A가 보냈다고 생각한다. 다른 사람이 보냈을 수도 있는데 말이다. 이것이 가추법이다. 당신은 자신도 모르는 사이 가추법을 사용하여 추론을 한 것이다.

가추법은 학문에서도 긴요하게 사용된다. 특히 탐구의 논리가 요구되는 자연과학에서 그렇다. 예를 들어 퍼스는 "지금까지 수행된 가추법 가운데 가장 훌륭한 예"로 요하네스 케플러가 행성의 타원궤도를 발견해낸 것을 들었다. 하지만 어디 그뿐이겠는가.

탐정과 과학자

1844년에 영국의 천문학자 존 쿠치 애덤스(John Couch Adams)가, 그리고 1846년에는 프랑스의 천문학자 위르뱅 르베리에(Urbain Leverrier)가 독자적으로 천왕성의 궤도에 관한 새로운 가설을 내놓았다. 천왕성의 궤도는 뉴턴역학의 예측과 명백히 어긋난다. 뉴턴도 이 사실을 알고 있었지만 자신의 이론이 틀리다고는 생각하지 않았다. 단지 거리가 너무 멀어 당시 망원경으로 정확하게 측정할 수 없기 때문이라고 단정했다.

그런데 애덤스와 르베리에는 달리 생각했다. 천왕성 궤도의 문제점을 정확하게 해결할 적당한 질량을 가진 행성이 천왕성 밖 어느 적당한 곳에 존재한다는 것이다. 이것은 그들이 뉴턴역학을 흔들리지 않는 진리라고 굳게 믿었기 때문에 나온 가설이었다. 그리고 얼마 지나 두 사람이 예측한 장소와 아주 가까운 곳에서 해왕성이 발견되었다. 과학자들은 뉴턴역학의 승리라며 축배를 들었다.

논리학자의 눈으로 보면, 애덤스와 르베리에는 가설을 세울 때 다음과 같은 가추법을 사용했다.

적당한 질량을 가진 행성이 천왕성 밖에 존재해야 뉴턴역학이 맞는다. 뉴턴역학은 틀릴 수 없다. 그러므로 적당한 질량을 가진 행성이 천왕성 밖에 존재해야 한다.

당신도 알다시피 가추법으로 얻은 결론은 필연적으로 참이 아니다. 단지 개연적으로만 참이다. 해왕성의 발견은 한마디로 개연성이 긍정적인 결과를 낳은 경우다. 하지만 언제나 운이 좋을 수는 없다. 그래서 벌어진 해프닝이 있다.

수성은 매년 태양에 가장 가까이 다가가는 지점인 근일점(近日點)이 조금씩 바뀐다. 이 현상 역시 뉴턴역학에서 벗어나며 뉴턴도 알고 있었지만 설명할 수 없었다. 르베리에는 이 문제도 해왕성을 예측했던 것과 똑같은 가추법으로 해결하려고 했다. 수성 궤도 안쪽에 역시 행성 '벌컨'이 존재하기 때문에 그런 현상이 일어난다는 가설을 내놓았다. 그가 행한 가추법은 당연히 이랬다.

적당한 질량을 가진 행성이 수성 궤도 안에 존재해야 뉴턴역학이 맞는다. 뉴턴역학은 진리다. 그러므로 적당한 질량을 가진 행성 벌컨이 수성 궤도 안에 존재해야 한다.

그러나 이번에는 벌컨은 존재하지 않는다는 것이 밝혀졌다. 본인이 의도한 것은 아니지만, 르베리에는 결국 가추법의 장점뿐 아니라 단점까지도 보여준 좋은 예를 남겼다.

내가 보기에 과학자들이 하는 일은 가설(hypothesis)을 만드는 것이다. 그들은 가설을 이론적 모델(model)에 의거해 내놓는다. 그리고 그 가설이 현실 세계와 맞는지 실험과 관찰을 통해 검증한다. 이 점에서 과학자들은 홈스나 퍼스와 다를 바가 전혀 없다. 과학자들은 단지 그들의 작업을 가추법이라 하지 않고 '가설연역법'이라고 부를 뿐이다.

가설연역법은 문제를 해결할 수 있는 가설을 내놓고, 그것에서 연역(또는 계산)에 따라 예측을 행한 다음, 그 예측이 실험과 관찰로 증명되면 진리로 받아들이는 과학적 탐구 방법이다. 홈스가 들으면 가추법보다 이 용어를 좋아했을 것이다. 그는 항상 자신의 추리가 연역법이라고 고집했기 때문이다. 과학자들도 그런 고집을 갖고 있다. "나는 가설을 만들지 않는다"라던 뉴턴이나, "아니, 아니, 난 추측은 절대로 않는다네"라던 홈스처럼 말이다.

탐정과 과학자는 같은 고집을 갖고 같은 일을 하고 있다. 분야만 다를 뿐이다. 가추법이라 하든, 아니면 가설연역법이라 하든, 이들의 작업을 도식화하면 대강 다음과 같다.

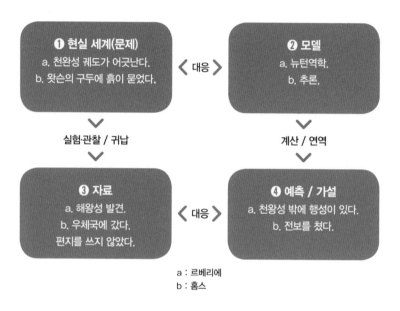

① 현실 세계(문제)
a. 천왕성 궤도가 어긋난다.
b. 왓슨의 구두에 흙이 묻었다.

〈 대응 〉

② 모델
a. 뉴턴역학.
b. 추론,

실험·관찰 / 귀납

계산 / 연역

③ 자료
a. 해왕성 발견.
b. 우체국에 갔다.
편지를 쓰지 않았다.

〈 대응 〉

④ 예측 / 가설
a. 천왕성 밖에 행성이 있다.
b. 전보를 쳤다.

a : 르베리에
b : 홈스

앞의 도식에서 현실 세계는 조사 중인 대상이나 문제를 말한다(①). 과학자나 탐정은 여기에서 문제를 해결할 수 있는 어떤 이론을 모델(추론)에 의거해 가정한다(②). 이 모델을 토머스 쿤은 '패러다임'이라고 불렀다. 그다음 그 이론이 현실 세계에 들어맞는 경우 일어날 예측을 계산이나 연역에 의해 내놓는다(③). 여기까지의 과정이 가추법에 따른 추론이다. 그리고 실제 세계에 대한 실험, 관찰 또는 귀납에 따라 자료를 수집한다(④). 자료와 예측이 일치하거나 대응하면

설득의 논리학

가설이 참이 되고, 아니면 거짓이 된다. 이것이 과학자들이 일반적으로 하는 가추연역법의 순서다. 그렇다면 가설연역법은 다른 어떤 특별한 것이 아니다. 가설법에 검증의 절차를 덧붙인 탐구 방법이다.

미네소타대학교 과학철학센터 소장인 로널드 기어리(Ronald Giere)는 그의 책『학문의 논리』에서 가설연역법에 따른 사고가 과학 이론을 세우는 데뿐만 아니라 "비판적 사고 능력을 기르고 일반적 과학 교양을 쌓는 데도" 도움이 된다는 것을 강조했다. 그리고 가설연역법을 손쉽게 실행 및 평가할 수 있는 틀(形式)을 제시했다. [현실세계] – [모델] – [예측] – [자료] – [긍정적 증거] – [부정적 증거]로 진행되는 이른바 '6단계 프로그램'이다. 그가 든 예 가운데 하나를— 알아보기 쉽게 약간 바꾸어—정리하면 다음과 같다.

① **현실 세계** : 영국의 천문학자이자 뉴턴의 친구이기도 한 에드먼드 핼리(Edmund Halley)는 1682년 자신이 관찰한 혜성의 궤도가 얼마나 큰지, 다시 돌아오는 데는 얼마나 걸리는지를 알고자 했다.

② **모델** : 핼리는 1687년 출간된 뉴턴의 『프린키피아』에 나오는 뉴턴의 모델을 적용하기로 했다. 뉴턴의 모델은 두 점을 중심으로 하는 타원형 궤도 모델이었다.

③ **예측** : 1682년에 관측된 혜성이 타원형 궤도를 그린다면 동일한 간격을 두고 다시 나타날 것이라는 예측을 할 수 있다.

④ **자료** : 핼리는 이전에 나타난 혜성의 모든 자료를 조사한 결과 1530~1531년과 1606~1607년에 비슷한 궤도를 가진 혜성이 지

나갔다는 내용을 찾았다. 그 주기는 76년이었다.

⑤ **부정적 증거** : 없다. 자료는 예측과 일치했다.

⑥ **긍정적 증거** : 같은 자료로 얻을 수 있는 대안은 다른 혜성들이 우
연히 76년 주기로 나타났다는 것인데, 이는 불가능하다.

핼리가 기어리의 6단계 프로그램을 알았을 리는 전혀 없다. 그러
나 그가 혜성의 주기를 알아내는 데는 이런 사고 과정을 거쳤을 것
이 분명하다. 그리고 이 혜성이 1758년에 다시 돌아올 것을 예측했
다. 하지만 그는 그것을 보지 못하고 1743년 세상을 떠났다. 1758년
크리스마스 무렵에 그 혜성이 정확히 다시 나타나자, 핼리의 연구를
무시하던 프랑스 과학원은 고인에게 상을 수여했고, 혜성의 이름을
'핼리 혜성(Halley's Comet)'이라고 지었다.

기어리의 6단계 프로그램 가운데 눈길을 끄는 것은 '부정적 증거'
와 '긍정적 증거'다. 부정적 증거는 자료가 예측에서 어긋나는 경우
를 찾아보는 것이다. 이와 달리 긍정적 증거는 자료와 일치하는 예측
을 내놓은 다른 모델이 없는지 찾아보는 것이다. 이 두 가지 과정에
는 우리가 4장에서 이미 본 베이컨의 '제외와 배제'라는 방법이 들어
있는데, 이 과정들을 거쳐 예측(가설)은 좀 더 완전해진다. 더욱 흥미
로운 사실은 이 과정이 바로 가설을 홈스가 말한 '불가능한 것들을
모두 지워버렸을 때 남는 것 하나'로 만드는 작업이라는 것이다.

어떤가? 내 생각에 기어리의 6단계 프로그램은 가설연역법을 구
체적으로 실행할 수 있게 하는 좋은 틀이다. 특히 과학 이론을 탐구

설득의 논리학

하거나 검토할 때 사용하면 좋다. 당신이 만일 자연과학을 공부한다면 이 6단계 프로그램을 사용해보라. 기어리의 말대로 도움이 될 것이다. 하지만 단지 추리소설에만 흥미를 느낀다면, 예컨대 홈스나 뒤팽의 추리를 이 프로그램에 맞춰 정리해보길 바란다. 가추법 내지 가설연역법을 익히는 데에 도움이 될 뿐 아니라 과학적 사고를 위한 훈련이 된다.

당신은 이제 알았을 것이다. 가추법이 탐정들뿐만 아니라 과학자들에게도 사랑받고 있음을. 퍼스의 예측이 맞았다. 가추법은 사실 거의 모든 학문 탐구에 사용된다. 심지어 예술에까지 사용된 사례가 있다. 정말 그런가? 어디 보자.

이 명화는 모조품이오

아서 코넌 도일이 1892년에 발표한 『마분지 상자』는 어떤 늙은 부인에게 잘린 두 개의 귀가 들어 있는 상자가 소포로 배달되면서 시작한다. 사건을 맡은 홈스는 왓슨에게 이렇게 말한다.

자네는 의사니까 말이야, 왓슨, 사람의 신체 중 귀만큼 다양한 부분도 없다는 것을 알고 있을 걸세. 귀는 사람마다 아주 독특하여 다른 사람의 것과 쉽게 구분되지. 작년의 인류학지를 보면 이 주제에 관한 두 편

의 짤막한 내 논문이 실려 있다네. 그래서 나는 상자에 든 귀를 전문
가 입장에서 살펴보면서 그 해부학적 특징을 조심스레 관찰했지. 그
러니 쿠싱 여사를 보면서, 그녀의 귀가 내가 방금 관찰한 귀와 꼭 닮
았다는 것을 알았을 때의 내 놀라움을 한번 상상해보게나. (……) 나
는 관찰 결과의 중요성을 즉시 알았지. 그건 희생자가 쿠싱 여사와 혈
연관계이며, 그것도 매우 가까운 사람일 것이라는 사실이었네.

당신은 홈스가 이번에도 역시 가추법을 사용했음을 이미 알아챘
을 것이다. '가까운 혈연관계면 귀 모양이 닮았다. 귀 모양이 닮았다.
그러므로 혈연관계다.' 이것이 홈스가 행한 가추법이다. 홈스는 이번
에도 역시 자신의 결론을 '불가능한 것들을 모두 지워버렸을 때 남
는 것 하나'로 만들기 위해 노력하는 신중함도 잊지 않았다. 그래서
서두에 귀는 사람마다 아주 독특하여 다른 사람의 것과 닮기가 쉽지
않다는 점과 자기가 그 분야의 전문가라는 점을 강조했다.

그런데 이탈리아 볼로냐대학교의 역사학자 카를로 긴츠부르그
(Carlo Ginzburg)의 「단서와 과학적 방법」이라는 글을 보면, 홈스가
『마분지 상자』에서 쓴 바로 그 방법을 사용하여 서구 미술 감정사에
일대 파문을 일으킨 사람이 있다. 조반니 모렐리(Giovanni Morelli)라
는 무명의 이탈리아 감정사다. 그는 1874년에서 1876년 사이에 독
일의 《조형 미술지》라는 미술사 잡지에 이탈리아 회화에 대한 글을
'이반 레르몰리예프'라는 가명으로 연재했다. 그 가운데는 세계적인
박물관에 소장된 이탈리아의 명화들 상당수가 모조품이라는 것을

증명하는 내용도 있었다.

고대나 중세의 명화들 대부분이 서명이 없거나, 덧칠을 했거나, 보관을 잘못해서 진품인지 모조품인지 정확히 알 수 없다는 것은 이미 알려진 사실이었다. 그 때문에 진품을 가려내기 위한 다양한 감정법이 미술사학자들 사이에서 오랫동안 연구되었다. 그런데 모렐리는 이 방법들이 잘못되었다고 주장한 것이다.

그는 그림을 제대로 감정하려면, 화가의 가장 두드러진 특징에 주목해서는 안 된다고 했다. 그런 특징은 누구나 알고 있어서 쉽게 모방할 수 있기 때문이다. 예를 들어 인물들의 시선을 하늘로 향하게 한 페루지노의 화법이라든지, 레오나르도 다빈치의 모나리자 미소 같은 것이 그렇다. 모렐리는 오히려 사소한 것에 주목해야 한다고 했다. 특히 그 화가가 속했던 화단에서 하찮게 여기는 것들이 오히려 중요한 단서가 된다는 것이다. 예를 들어 귓불이나 손톱, 손가락, 발가락 모양 등이다.

그래서 모렐리는 그의 「이탈리아의 화가들」이라는 논문에서, 예컨대 브라만티노, 조반니 벨리니, 산드로 보티첼리, 코스메 투라 같은 거장들의 작품에서는 항상 발견되지만, 모조품에서는 결코 찾을 수 없는 특징적인 귀 모양, 손 모양 등의 스케치를 모아놓았다. 그리고 이것들을 근거로 하여 유럽의 몇몇 주요 화랑에 걸린 그림들에 새로운 감정을 내놓아 세상을 깜짝 놀라게 했다. 예컨대 드레스덴의 어느 화랑에 걸린 비너스 그림은 분실된 베첼리오 티치아노의 그림을 사소페라토가 모사한 작품으로 알려져 있었는데, 모렐리는 그 그림이 조르조네가 그린 진품이라고 증언했다.

미술사가들 사이에 '모렐리의 방법'으로 알려진 이 감정법은 홈스가 『마분지 상자』에서 쓴 방법과 똑같다. 사소한 단서에 주목한다는 점에서 그렇고, 가추법을 사용한다는 점에서 또 그렇다. 우리는 '모렐리의 방법'을 다음과 같은 가추 추론으로 구성해볼 수 있다.

조르조네의 진품들에 묘사된 인물들은 같은 특징의 귀를 가졌다. 드레스덴의 비너스는 조르조네가 그린 특징의 귀를 가졌다. 그러므로 드레스덴의 비너스는 조르조네가 그린 진품이다.

여기에서도 강조되는 것은 조르조네가 그린 귀의 모양이 모조품에서는 결코 발견할 수 없는 특징적인 형태라는 것이다. 그래야만 홈스가 주장하는 대로 결론에서 다른 가능성들이 모두 제거되기 때문이다.

'모렐리의 방법'은 당시 미술사가들에게 많은 비판을 받았다. 그들은 "개인의 노력과 가장 적게 관련된 부분을 통해서 개인의 특성(personality)을 발견할 수 있다"라는 모렐리의 주장을 받아들이기 어려웠던 것이다. 그래서 그들은 "예술 작품의 정신적인 내용은 전혀 이해하지 못하니까, 손이라든지 귀의 형태 같은 외부적 세부 묘사에, 하다못해 손톱 같은 조잡한 것에 관심을 두는 사람"이라고 모렐리를 조롱했다. 하지만 긴츠부르그는 "그의 방법을 얕보듯이 말했던 많은 사람들도 자신이 미술 감정을 할 때는 그 방법을 계속해서 몰래 사용했던 것 같다"라고 그들을 비난했다.

그런데 흥미로운 것은 정신분석학의 시조인 지크문트 프로이트 (Sigmund Freud)가 아직 정신분석학을 개척하기 이전인 청년 시절부터 모렐리의 방법에 관심을 가졌다는 것이다. 그는 후일 자신의 에세이 『미켈란젤로의 모세』에 이렇게 썼다.

그때 나는 그 러시아식 가명 뒤에 1891년에 사망한 모렐리라는 이름의 이탈리아인 의사가 숨어 있다는 것을 알고 매우 흥미를 느꼈다. 내가 보기에 그의 탐구 방법은 정신분석학의 기법과 밀접하게 관련 있는 것 같다. 그의 방법 역시 하찮게 보이고 또 주의를 끌지 않는 특징에서, 즉 우리의 관찰에서 보자면 쓰레기 더미인 것에서 은밀하게 감추어진 것을 알아내기 때문이다.

이 글에서 프로이트가 "쓰레기 더미인 것에서 은밀하게 감추어진 것"이라고 한 그것이 정신분석학 같은 의학에서는 '증상'이고, 홈스가 하는 수사에서는 '단서'이며, 모렐리 같은 미술사학자가 하는 작품 감정에서는 '그림의 특징'이라는 것이 긴츠부르그의 생각이다.

과학자, 의사, 미술사가, 탐정, 즉 '이미 일어났지만 아직 모르는 것'을 알아내려고 탐구하는 모든 사람은 같은 방법으로 일한다. 긴츠부르그는 사냥꾼이 사냥감을 추적하는 것, 예언자가 미래를 읽어내는 것, 의사가 병을 진단하는 것, 고고학자가 유물에서 역사를 진단해내는 것, 고생물학자가 유골에서 멸종 생물을 복원해내는 것, 미술 감정가가 진품과 모조품을 가려내는 것, 고문서학자가 고대 문자를 해독해내는 것 등이 모두 같은 탐구 방법에 따라서 이루어진다는 점을 강조했다. 이른바 가추법이라는 탐구 방법으로 말이다.

퍼스 씨,
그건 좀 너무하군요

1894년경 도일은 미국에서도 인기 작가가 되었다. 그래서 그는 미국으로 건너가 두 달가량 머물며 강연도 하고 미국 작가들을 만나기도 했다. 그렇다면 도일은 퍼스도 만났을까? 공식 기록은 없지만 가능성은 있다. 퍼스는 도일보다 20년 먼저 태어나 16년 일찍 죽었다. 그러나 도일이 미국을 방문했을 때 퍼스는 55세였고 그의 '색다른(queer)' 성격에 비해 폭넓게 교제하고 있었다. 그 주변에는 철학자, 과학자뿐만 아니라 소설가와 예술가도 많았다. 헨리 롱펠로, 제임스 로웰, 찰스 노턴, 랠프 왈도 에머슨 그리고 조각가 윌리엄 웨트모어 스토리 등과도 교류했다.

게다가 퍼스는 문학을 좋아했다. 그중에서도 추리소설에 관심이 많았다. 특히 에드거 앨런 포(Edgar Allan Poe)를 좋아해서, 글 곳곳에서 포의 『모르그가의 살인』 같은 추리소설에 대해 언급했다. 그렇다면 두 사람은 어쩌면 만났을 수도 있지 않았겠는가. 만일 그랬더라면 어땠을까? 내 생각에는 서로 의기투합하여 오랫동안 흥미로운 이야기를 나누었을 것 같다. 무엇보다도 포의 주인공 뒤팽과 도일의 홈스에 대해서 말이다.

그러나 퍼스와 홈스가 만났으면 어땠을까? 두 사람은 성격이나 취향에서 매우 비슷하기도 하고 또 전혀 다르기도 하다. 『주홍색 연구』에 보면, 왓슨이 홈스에 대해 메모해놓은 부분이 나온다. 그에 따르면, 홈스는 문학과 철학, 천문학에는 문외한인 사람이다. 반면 퍼스는 정반대다. 또 홈스는 여자를 좋아하지 않아 독신이었지만, 퍼스는 평생 여자관계가 복잡했고 두 번 결혼했다. 물론 두 사람은 비슷한 점도 많다. 둘 다 화학과 의학에 밝고 논리학과 범죄 수사에 천재였다. 또한 마약을 가까이했다는 공통점도 있다.

그럼에도 이 두 사람은 서로 의기투합할 수는 없었을 것이다. 무엇보다도 논리와 추리에 대한 경쟁심 때문에 그랬을 것 같다. 경쟁심을 불러일으키는 상대를 좋아하기란 쉽지 않은 법이다. 만일 두 사람이 만나 추리로 경쟁한다면 누가 이길까? 결과야 상상하기 나름이지만, 아마 이런 광경이 벌어질 것이다.

"홈스 씨, 저기 저편에 서 있는 두 사람을 한번 보시지요. 당신은 그들에게서 무엇을 알아낼 수 있습니까?"

"당구장 계수인과 또 한 사람 말인가요, 퍼스 씨?"

"예, 바로 그 사람들 말입니다. 그런데 둘 중 한 사람이 당구장 계수인인 것은 어떻게 금방 알았습니까?"

"그야 양복 조끼에 당구장 계수인들이 사용하는 분필 자국이 묻어 있기 때문이지요. 그건 추리라고 할 수도 없습니다. 다만 관찰이지요."

홈스가 잘난 척하는 말투로 대답했다. 그러자 퍼스가 시큰둥하게 대꾸하며 되물었다.

"아, 그런가요. 그럼, 나머지 한 사람에 대해서는 뭘 알아냈지요? 홈스 씨."

"내가 보기에는 늙은 군인이군요."

이번에도 홈스가 곧바로 대답했다. 그러자 퍼스도 이제 홈스에게 더는 잘난 척할 기회를 주지 않으려는 듯 응수했다.

"그런데 아주 최근에 제대했군요. 홈스 씨."

"또 인도에서 근무한 것 같습니다. 퍼스 씨."

"그리고 하사관 출신이군요."

"왕립 포병대 출신 같은데요."

"아내가 죽었군요."

"아이도 하나 있는 것 같습니다. 퍼스 씨."

"아하! 홈스 씨, 아이는 하나가 아니라 둘이지요."

"퍼스 씨, 그건 좀 너무하는군요. 설명해주시겠습니까?"

"어렵지 않지요. 저런 몸가짐과 권위 그리고 햇볕에 그을린 피부를 보면 저 사병이 상이군인이고, 인도에서 돌아온 지 얼마 되지 않았다는 걸 쉽게 알 수 있지요. 당신도 그렇게 생각하지 않았습니까? ……그리고 제대한 지 얼마 안 되었다는 것은 저 사람이 아직도 군화를 신고 있는 걸 보고 알았지요."

"그랬겠지요, 퍼스 씨. 다음은 제가 설명해볼까요. 저 사람은 기병대 출신처럼 걷지 않지요. 그런데 얼굴이 한쪽만 탄 것을 보면 모자를 한 쪽으로 비스듬히 썼던 것 같군요. 몸집을 보니 공병은 아니고요. 그러니 포병 출신이 아니겠습니까?"

"맞습니다. 그런데 상복을 차려입고 있으니, 아마 소중한 사람이 죽었나 봅니다. 직접 장을 본 걸 보면, 아내가 죽은 것을 알 수 있습니다. 홈스 씨도 보았겠지만 저 사람은 그림책을 팔에 끼고 있습니다. 그래서 아이가 하나 있다고 하지 않았습니까? 그렇죠? 그런데 홈스 씨가 놓친 것이 하나 있습니다. 바구니 안쪽에 아이의 장난감이 하나 있군요. 조그만 딸랑이 말입니다. 그림책을 보는 아이 말고 그보다 어린아이가 하나 더 있다는 뜻이지요. 아마 아내가 아기를 낳다가 죽은 것 같습니다."

이 이야기를 듣고, 당신은 혹시 내가 홈스보다는 퍼스의 편을 들었다고 불만을 가질지도 모르겠다. 퍼스가 이긴 것처럼 끝나니 말이다. 하지만 오해 말라. 이것은 사실 내가 만들어낸 이야기가 아니다. 도일의 『그리스어 통역관』에서 셜록 홈스가 그의 형 마이크로프트 홈스를 만나 서로 번갈아가며 추론하는 장면을 약간 각색한 것뿐이다.

가추법은 무척 흥미롭고 매력적인 추론법이다. 당신도 일과 생활에서 가추법을 되도록 자주 사용해보라. 그러면 홈스나 퍼스처럼 창의적이면서도 이성적인 매력을 듬뿍 가진 사람이 될 것이다. 설득력은 그다음에 자동으로 따라오는 작은 보너스일 뿐이다.

● **가추법** : 전제로부터 결론이 개연적으로 나온다는 점에서는 귀납법의 일종.

  • 가추법은 보통 다음과 같은 식으로 전개된다.

   ① 어떤 놀라운 현상 q가 관찰되었다.

   ② 만약 p가 참이면 q가 설명될 것이다.

   ③ 따라서 p가 참이라고 생각할 이유가 있다.

  • 가추법을 기호로 표시하면 '((p→q)∩q)→p'가 된다. 즉 '후건 긍정식'이다. 따라서 형식논리학적으로 보면 오류다. 그러나 베이컨의 배제와 제외의 방법을 통해 홈스가 말하는 불가능한 것들을 모두 지워버렸을 때에는 '((p↔q)∩q)→p'가 된다. 타당한 연역법이다. 이때는 강한 설득력을 지닌다.

● **가추법의 특징**

연역법은 필연적으로 일어날 사실을 알려준다. 귀납법은 개연적으로 일어날 사실을 알려준다. 그런데 가추법은 이미 일어났지만 아직 모르는 사실을 알려준다. 예컨대 사냥꾼이 사냥감을 추적할 때, 예언자가 미래를 읽어낼 때, 의사가 병을 진단할 때, 고고학자가 유물에서 역사를 밝혀낼 때, 고생물학자가 유골에서 멸종 생물을 복원해낼 때, 미술 감정가가 진품과 모조품을 가려낼 때, 고문서학자가 고대 문자를 해독해낼 때 등과 같이 과학자, 의사, 미술사가 또는 탐정들이 아직 모르는 어떤 것을 알아내려고 탐구할 때 유용하게 사용된다.

LOGIC OF PERSUASION

—————————— **6** ——————————

비트겐슈타인과
야생마 길들이기

연역법과 자연언어

"그 개는 자네 것이다. 그 개는 아비다.
그러므로 그 개는 자네의 아비다."
아테네에는 소피스트들의 궤변이 넘쳐났다.
아리스토텔레스가 논리학의 문을 연 것은
바로 이러한 언어적 혼란을 청소하기 위함이었다.
그리고 또 한 명의 논리학자가 등장했으니,
"말할 수 없는 것에 대해서는 침묵해야 한다"라는 멋진 말로
자연언어에 도전장을 내민 비트겐슈타인이었다.

미국에서는 텍사스를 중심으로 로데오 순회 경기가 해마다 열린다. 카우보이들이 곡예와 같은 솜씨를 자랑하는 경기다. 주요 경기 종목은 야생마 길들이기, 안장 없이 말 타기, 소 타기, 밧줄 던지기, 소와의 격투, 이렇게 다섯 가지다. 그 가운데서도 야생마 길들이기가 첫째다. 미친 듯이 날뛰는 거친 야생마를 휘어잡아 굴복시키려는 카우보이들의 투지가 멋지기 때문이다.

그러나 역사상 가장 유명한 야생마 길들이기는 아마 알렉산드로스대왕의 '부케팔로스' 길들이기가 아닐까. 당시 알렉산드로스는 열두 살짜리 소년이었다. 그의 아버지 필리포스 2세는 냉혹하고도 호전적인 인물이었다. 어머니 올림피아스는 열정적이지만 동시에 지적인 여성이었다. 그녀는 특히 뱀을 능숙하게 다루었는데, 고대 사회에서 뱀은 메소포타미아 신화 속의 여신 이슈타르와 이집트의 여신 이시스가 상징하듯이 사랑의 신인 동시에 전쟁의 신이기도 했다. 소년의 운명은 이미 정해져 있었다.

알렉산드로스는 부케팔로스가 자신의 그림자를 보고 흥분한다는 사실을 곧바로 알아챘다. 그래서 그림자를 보지 못하도록 말 머리를 태양 쪽으로 돌리고서 부케팔로스에 올라탔다. 그때까지 누구도 올라타지 못한 사나운 야생마였다. 그러자 놀란 필리포스가 "아들아, 너는 네게 알맞은 왕국을 다른 땅에서 찾아라. 마케도니아는 너를 만족시키기에 너무 좁다"라고 외쳤다고 한다. 알렉산드로스에게는 투지뿐 아니라 지혜도 있었던 것이다. 그것을 바탕으로 그는 위대한 왕이 되어 비록 짧았지만 세계를 정복했다.

그런데 철학자 중에서도 야생마 길들이기로 유명해졌고 잠시나마 세계를 뒤흔든 사람이 있었다. 루트비히 비트겐슈타인(Ludwig Wittgenstein)이다. 그는 1887년 7월 4일 텍사스 페이커스에서 시작되어 점차 미국 전역으로 퍼져 1926년에는 뉴욕 매디슨 스퀘어 가든에서도 열린 로데오 경기에는 단 한 번도 참가해본 적이 없다. 그럼에도 그는 사실상 평생을 야생마와 싸웠다. 물론 그가 길들이려고 했던 야생마는 카우보이들이 올라탄 텍사스산 갈색 말도 아니고 알렉산드로스가 탄 검은 부케팔로스도 아니었다. 자연언어라는 더 거칠고 약삭빠른 야생마였다.

논리학자의 눈으로 볼 때, 자연언어란 형식언어로는 도저히 통제할 수 없는 일종의 괴물이다. 형식언어는 놀랍도록 단순하고 빈약한 데 비해, 자연언어는 경악할 만큼 복잡하고 풍성하다. 형식언어는 도시에 세워진 시멘트 골조처럼 딱딱한 반면, 자연언어는 언덕에 부는 바람처럼 부드럽다. 형식언어가 길들여진 경기마라면 자연언어는 뛰노는 야생마인 것이다.

비트겐슈타인은 이렇게 천방지축 날뛰는 야생마를 길들이지 않고는 도저히 철학을 할 수 없다고 생각했다. 자연언어로 철학을 한다

설득의 논리학

는 것은 야생마로 경마에 참가한다는 것과 같다고 여긴 것이다. 그래서 첫 저작인 『논고』에서부터 "모든 철학은 언어 비판이다"(『논고』, 4.0031) 또는 "철학은 그냥 두면 혼탁하고 흐릿한 생각을 분명하고 정확하게 한계 지어야 한다"(『논고』, 4.112)라고 주장하기 시작했다. 그의 사후에 출간된 『철학적 탐구』에서도 "철학은 언어에 의해 우리의 지성이 사로잡히는 것에 맞서는 투쟁"(『철학적 탐구』, 109)이라고 외쳤다. 그는 사실상 평생을 자연언어와 맞붙어 싸웠다. 결심은 단호했고 투쟁은 치열했다.

비트겐슈타인이 『논고』에서 시도한 일은 형식언어를 통해 자연언어를 길들이는 것이었다. 그는 이 작업을 "사상의 논리적 명료화"(『논고』, 4.112)라고 불렀다. 당시 온 세상을 열광하게 했던 이 작업으로 그는 삽시간에 천재가 되었다. 그리고 마치 서부극에 나오는 총잡이처럼 철학에 등을 돌리고 케임브리지대학교를 떠났다. "말할 수 없는 것에 대해서는 침묵해야 한다"(『논고』, 7)라는 멋진 말도 남겼다. 그렇다면 비트겐슈타인의 『논고』에는 과연 자연언어라는 야생마를 길들일 수 있는 방법이 들어 있었을까?

논리학은
이렇게 시작되었다

자연언어를 길들이려는 시도는 비트겐슈타인이 처음은 아니다. 늦게 잡아도 부케팔로스를 길들였던 알렉산드로스의 스승 아리스토텔레스가 『오르가논』을 쓰면서부터 본격적으로 시작되었다. 이전에도 이런 시도가 전혀 없었던 것은 아니지만 누구도 성공하진 못했다. 아리스토텔레스가 자연언어라는 야생마를 길들이기 시작한 최초의 인간이다. 그리고 이것은 논리학의 출발이기도 했다. 따라서 그가 왜 야생마를 길들이기 시작했는지를 알아야 한다. 그래야만 논리학이 왜 시작되었는지를 알 수 있다.

수요가 공급을 낳는 법이다. 논리학도 그랬다. 아리스토텔레스 이전 사람들이 겪었던 언어적 혼란이 논리학의 탄생을 부추긴 것이다. 소피스트들에 와서 정점에 달했던 언어적 혼란은 무엇이 참된 주장인지를 도저히 알 수 없게 만들었다. 한 예를 플라톤의 대화편 『에우티데모스』에서 찾아볼 수 있다. 여기에는 소피스트인 디오니소도로스(Dionysodoros)가 청중 가운데 하나인 크테시푸스(Ctessipus)라는 청년에게 그의 아버지가 개라는 것을 증명하는 광경이 나온다.

디오니소도로스 : 자네는 개 한 마리를 갖고 있다고 했지?

크테시푸스 : 예, 고약한 개가 한 마리 있습니다.

디오니소도로스 : 그러면 새끼들도 있겠지?

크테시푸스 : 예, 그 강아지들은 아비를 쏙 빼닮았지요.

디오니소도로스 : 그러니까, 그 강아지들의 아비가 그 개란 말이지?

크테시푸스 : 예, 그 개가 강아지들과 함께 어울려 노는 것을 두 눈으로 똑똑히 보았습니다.

설득의 논리학

디오니소도로스 : 게다가 그 개는 자네의 것이 아닌가?

크테시푸스 : 물론 제 것이지요.

디오니소도로스 : 자, 그러면 그 개는 자네의 것이고, 또 그 개는 아비일세. 그러니까 그 개는 자네의 아비이고, 그 강아지들은 자네의 형제들이 아닌가.

참으로 어처구니없다. 그렇지 않은가. 그래서 소크라테스는 작중 인물인 크리톤(Criton)에게 "그들은 참으로 뛰어난 궤변을 갖고 있어서 참이든 거짓이든 가리지 않고 변론할 수 있다"라며 에우티데모스와 디오니소도로스 형제를 비난했다.

하지만 디오니소도로스의 논법을 곰곰이 추적해보면 이해가 안 되는 것은 아니다. 만일 '이 꽃은 노랗다. 이 꽃은 장미다. 그러므로 이 꽃은 노란 장미다'라는 논증이 가능하다면, '그 개는 자네 것이다. 그 개는 아비다. 그러므로 그 개는 자네의 아비다'라는 말도 가능하지 않겠느냐는 것이 디오니소도로스의 어눌하고 순진한 생각이었다. 물론 오류다.

디오니소도로스의 논증은 올바로 표현하자면 '그 개는 자네 것이다. 그 개는 강아지들의 아비다. 그러므로 그 개는 자네 강아지들의 아비다'라는 게 되어야 한다. 디오니소도로스는 '청년의 아비'와 '강아지들의 아비'를 구분하지 않고 '아비'라는 단어를 애매하게 사용했기 때문에 그런 희한한 결론에 도달한 것이다. 오늘날 논리학자들은 이러한 잘못을 '애매어에 의한 오류(fallacy of equivocation)'라고 부른다. 당시 청년은 이것을 몰랐기 때문에 반박하진 못했지만 수긍할 수도 없었다. 오류에는 설득력이 없다.

어쨌든 확인된 것은 당시 사람들이 겪었던 언어적 혼란과 미숙한 논증 수준이다. 이러한 혼란 속에서는 도저히 철학을 할 수 없다고 소크라테스가 생각한 것은 당연하다. 그래서 그가 시작한 일이 개념을 정의(definition)하는 일이었다. 오늘날 논리학에서 하는 일을 그가 처음으로 시도한 셈이다. 그는 그래야만 디오니소도로스가 범한 오류를 범하지 않을 수 있다고 생각했던 것이다. 옳은 판단이었다. 일차적으로 오류를 없애는 것이 참된 주장을 찾고 설득력을 높이는 길이다. 그런데 그 방법이 독특했다.

소크라테스는 날마다 젊은이들과 친구들이 많이 모이는 체육관이나 광장으로 나가 그들과 함께 질문과 응답을 주고받았다. 그런 가운데서 개념의 정의를 얻어내려던 것이다. 예를 들어 플라톤의 대화편 『라케스』에서는 용기의 정의를, 『에우티프론』에서는 경건함의 정의를, 그리고 『메논』에서는 덕의 정의를 상대와 대화하는 가운데 찾으려고 애쓰는 그의 모습을 볼 수 있다. 그가 실행한 이런 대화 방법을 '산파술(maieutke)'이라고 부른다.

산파술은 이렇게 진행되었다. 우선 상식에 속하는 개념을 하나 고른 다음 그 개념에 대한 상대의 의견이 거짓이 될 수 있는 예를 찾아낸다. 그래서 그 개념에 대한 잘못된 상식을 수정한다. 이 작업을 반복함으로써 점점 그 개념의 올바른 정의에 다가간다. 예를 들어 『라케스』에서 소크라테스는 용기란 전쟁터에서 후퇴하지 않는 것이라고 믿는 라케스 장군과 대화한다. 그리고 용기가 있으면서도 전쟁터에서 후퇴한 경우를 들어 라케스가 가진 용기의 개념에 대한 잘못된 생각을 고치게 했다.

중세의 신학자들이 '부정의 길(negative way)'이라고 불렀던 이 방법은 마치 석공이 조각을 할 때 불필요한 부분들을 하나씩 쪼아냄으로써 결국에는 원하는 형상을 얻어내는 것과 같다. 그래서 소크라테스는 예컨대 무엇이 용기가 아닌지를 캐내어 상대가 가진 잘못된 상식을 깨뜨리는 데에는 언제나 성공했다. 하지만 정작 무엇이 용기인지를 정의하는 데에는 대부분의 경우 실패했다. 알고 보면 이것이 산파술의 특징이자 문제점이기도 하다. 이유는 간단하다. 조각과 달리 개념 정의에서는 불필요한 부분들을 모두 제거해낼 수 없기 때문이다.

그럼에도 이러한 실패가 소크라테스 자신에게는 문제가 되지 않았다. 왜냐하면 그의 관심사는 논리학이 아니라 윤리학이었기 때문이다. 소크라테스에게 산파술은 단지 올바른 삶의 길, 곧 윤리를 찾는 도구에 불과했다. 논리학과 달리 윤리학에서는 설사 무엇이 옳은 것인지를 밝히지 못하더라도 실패했다고 보지 않는다. 옳지 못한 것들을 밝혀내 수정하는 것만으로도 충분히 의미가 있기 때문이다. 논리학과 윤리학은 이처럼 서로 전혀 다른 목적과 방법을 갖고 있다. 이쯤에서 생각나는 이야기가 있다.

서로 친구인 논리학자와 윤리학자가 함께 식당에 들어섰다. 두 사람은 생선을 주문했는데, 웨이터는 두 마리 생선을 한 접시에 담아 내왔다.

그런데 그중 한 마리가 눈에 띄게 더 컸다. 먼저 윤리학자가 친구에게 "자네 먼저 들게" 하고 권했다. 그러자 논리학자는 "그럴까" 하며 덥석 큰 생선을 골랐다. 잠시 껄끄러운 침묵이 흐른 후, 윤리학자가 입을 열었다. "만일 자네가 나에게 먼저 들라고 권했다면, 나는 작은 생선을 택했을 걸세!" 그러자 논리학자가 태평하게 응수했다. "그렇다면 무엇이 문젠가? 자네를 위해 작은 것을 남겨두었는데."

내 생각에는 논리학과 윤리학의 차이도 이런 식이다. 논리학자에게는 결과가 중요하고, 윤리학자에게는 과정이 중요하다. 아무튼 소크라테스의 산파술은 분명 정의를 내리는 기술이었지만 그 목적은 윤리에 있었다. 그래서 아리스토텔레스도 "소크라테스는 물리적 세계를 무시하고 자신의 연구를 도덕적인 문제에 한정해, 이 영역에서 보편적인 것을 추구하였으며 최초로 정의에 전념했다"라고 스승의 스승을 평가했다. 당연한 평가인데, 이것이 바로 소크라테스가 논리학으로 향한 비밀의 문을 찾고도 열지 못한 이유이기도 하다.

플라톤의 변증법에 숨겨진 것들

플라톤도 이 점에서는 크게 다르지 않았다. 그 역시 오늘날 논리학에 해당하는 연구를 했고, 그의 저서 곳곳에 기록해놓았다. 하지만 그 목적은 주로 세계와 사물이 어떻게 이루어졌으며, 또 우리가 그것을 어떻게 인식하는지를 규명하는 이데아론의 완성에 있었다. 이런 연구는 오늘날에는 존재론과 인식론에 속한다.

그럼에도 플라톤의 연구 가운데서 놓치지 말아야 할 것이 있다. 변증법(dialektik)이다. 플라톤의 초기 저술에서 변증법은 일종의 '문답식 대화술'을 뜻했다. 소크라테스의 영향이다. 그러나 후기 저작들, 특히 『파이드로스』와 『소피스테스』 등에서 변증법은 일종의 '개념 분류법'이다. 물론 우리가 '개념(concept)'이라고 부르는 것을 플라톤은 참된 존재(ontos on)인 '이데아(idea)'라고 생각했다. 그 때문에 그에게는 변증법이 단순한 개념 분류법이라기보다 참된 존재들의 관계, 곧 이데아들 사이의 관계를 밝히는 방법이었다.

플라톤의 원전들에는 그림이 없지만 논리학적 관점에서 그 개요를 알기 쉽게 도식화하면 대강 아래와 같다.

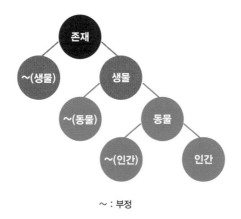

~ : 부정

이는 플라톤의 변증법 도식이라 불리는데, 누구나 쉽게 이해할
수 있을 만큼 단순하다. 하지만 이것이 신플라톤주의자인 플로티노
스(Plotinos)가 '모든 존재물은 계층적 삼각 구조(hierarchie)를 이룬
다'라는 이론을 세우는 모형이 되었고, 그의 제자인 포르피리오스
(Porphyrios)에 의해서 '포르피리오스의 나무(Tree of Porphyrios)'라
는 개념 분류도로 발전했다. 나아가 중세에는 신이 창조한 우주 속의
모든 피조물은 모두 하나의 거대한 사슬로 연결되어 있다는 것으로 이
해되었다. 탁월한 관념사학자 아서 러브조이(Arthur Lovejoy)가 말한
이른바 '존재의 연쇄(Great Chain of Beings)'라는 개념이다. 같은 샘
에서 흘러나온 두 줄기 강물처럼 존재론과 논리학은 함께 발전했다.

놀라운 것은 바로 이 도식 안에 오늘날 우리가 연역법(deduction)
이라고 부르는 논리학의 씨앗들이 고스란히 담겨 있다는 것이다. 단
지 숨겨져 있어 사람들이 잘 모를 뿐이다. 사실인즉, 아리스토텔레스
의 논리학은 이 씨앗들을 하나하나 고이 길러 얻어낸 열매들이다. 이
도식을 '플라톤의 변증법 도식'이라 부르고 기억해두자. 논리학의 기
원을 이해하는 데 도움이 된다. 그 안에는 적어도 다음과 같은 것들
이 들어 있다.

우선 플라톤의 변증법 도식에서 아리스토텔레스가 "존재하는 모
든 것은 다르거나 동일하다"라고 표현했고, 현대논리학자들이 기호
로 'a∪~a' 또는 '~(a∩~a)'로 표기하는 배중률과 모순율의 원형을
만날 수 있다. 이 도식은 '모든 존재는 생물이거나 생물이 아니다',
'모든 생물은 동물이거나 동물이 아니다' 그리고 '모든 동물은 인간

이거나 인간이 아니다'라는 것을 간단하게 보여주기 때문이다. 동시에 '생물이면서 생물이 아닌 존재는 없다', '동물이면서 동물이 아닌 생물은 없다', '인간이면서 인간이 아닌 동물은 없다'라는 것을 또렷이 보여주기 때문이다.

다음으로, 플라톤 자신이 『파르메니데스』 편에서 언급했고, 아리스토텔레스가 나중에 『오르가논』의 3권인 『분석론 전서』에서 정리한 판단 또는 문장의 구조를 읽을 수 있다. 플라톤의 변증법 도식은 밑에서 위로 올라가면서 '경험 없이도' 올바른 판단(문장)을 만들 수 있다는 것을 보여준다. 이 방법을 쓰면, 예를 들어 '인간은 동물이다', '동물은 생물이다', '생물은 존재다'라는 판단(문장)이 자동으로 얻어진다.

플라톤은 'A(인간)는 B(동물)다'라는 판단(문장)은 'B(동물)라는 이데아의 속성이 A(인간)라는 이데아의 속성 안에 들어 있다. 그렇기 때문에 A라는 이데아는 B라는 이데아 안에 포함된다'라는 뜻이라고 생각했다. 이런 생각은 오늘날 형식논리학적으로 표시하면 'A→B'가 되며, 보통 아래와 같은 도형(diagram)으로 그릴 수 있다.

영국의 논리학자 존 벤(John Venn)에 의해 19세기부터는 이런 도형이 일반화되었다. '벤다이어그램(Venn diagram)'이라고 불리는 이 도형이 플라톤의 변증법 도식보다 아리스토텔레스의 삼단논법을 설명하기에 더 적합했기 때문이다.

놀라운 것은 아리스토텔레스와 마찬가지로 플라톤도 역시 벤다이어그램과 매우 흡사한 도형을 이미 머릿속에 그리고 있었다는 사실이다. 플라톤은 『파르메니데스』편에서 개념 간의 논리적 관계를 나타내는 이런 도형을 설명하며 "범포(帆布, 범선의 돛으로 쓰이는 헝겊)를 겹쳐놓는 것 같다"라는 표현을 사용했다. 그리고 이런 도형이 언어적 표현과 실재 사이의 '중간자(中間子, ta metaksy)'라고 생각했다. 요컨대 '인간은 동물이다'라는 언어적 표현과 그것이 묘사하는 사실 사이에서 둘을 중개한다는 뜻이다. 옳은 말이다. 논리학은 사실과 그것의 언어적 표현 사이에서 일한다.

눈여겨볼 것이 있다. 'A는 B다'라는 문장이 'A→B'라는 논리 형식으로 표현된다는 것이다. 이때 문법적으로는 A가 주어고 B가 술어다. 플라톤이 알아낸 문장과 논리 형식의 이런 '흥미로운' 관계는 아리스토텔레스를 거쳐 오늘날까지 논리학자들의 변하지 않는 관심사다. 잘만 하면 모든 자연언어 문장을 논리 형식으로 바꿀 수 있다는 생각, 곧 자연언어를 논리적으로 길들일 수 있다는 아이디어는 바로 여기에서 나왔다.

곧 설명하겠지만, 현대에 와서 특히 논리적 원자론 시대의 비트겐슈타인이 그런 믿음을 갖고 애썼다. 근래에도 몇몇 논리학자들이 문

설득의 논리학

법의 표면구조(surface structure) 밑에 있는 심층구조(deep structure)에 관한 놈 촘스키(Noam Chomsky)의 이론에 힘입어 문장의 심층구조와 동일한 논리 형식을 개발할 수 있다고 주장했다. 그러나 아직 실현되지는 않았다.

또 있다. 플라톤의 변증법 도식이 가진 세 번째 논리학적 의미는 그것이 소크라테스의 산파술과는 전혀 다른 종류의 정의(definition) 방법을 보여준다는 것이다. 예를 들어 '인간은 동물이다'처럼 긍정문으로 표현하는 정의 방법이다. 플라톤의 변증법 도식에는 다른 개념들을 포함하는 '유개념(genus)'과 그것에 포함되는 '종개념(species)'이 드러난다. 이 도식에서 상위에 있는 개념이 하위에 있는 개념의 유개념이고, 하위에 있는 개념은 상위에 있는 개념의 종개념이다. 예컨대 동물은 인간의 유개념이고 인간은 동물의 종개념이다. 물론 이것은 나중에 아리스토텔레스가 『형이상학』에서 정의한 "인간은 이성적 동물이다"라는 형식에는 아직 도달하지 못했다.

아리스토텔레스는 『형이상학』에서 "정의(horos)는 어떤 것의 전체(peras)다"라고 규정했다. A는 B고 동시에 B는 A일 때, 오직 그럴 때만이 'A는 B다'라는 문장이 정의가 된다는 뜻이다. 그렇다면 '인간은 동물이다'는 정의가 아니다. 왜냐하면 '인간은 동물이다'는 옳지만 '동물은 인간이다'가 그르기 때문이다. 그러나 '인간은 이성적 동물이다'는 정의다. '인간은 이성적 동물이다'뿐만 아니라 '이성적 동물은 인간이다'가 옳기 때문이다.

여기에서 아리스토텔레스가 『오르가논』의 4권인 『분석론 후서』에서 규정했고, 오늘날 우리가 일반적으로 사용하는 '유와 종차에 의한 정의'라는 방법이 나왔다.

'유와 종차에 의한 정의'는 그 개념이 속한 유개념과 그 종(種)만이 갖는 차이를 밝힘으로써 정의하는 방법을 말한다. 예를 들어 '인간은 이성적 동물이다'라는 게 그렇다. 여기에서 '동물'은 인간이라는 종이 속한 유(類)다. 그리고 '이성적'이라는 것이 소나 말처럼 같은 유에 속한 종들 가운데 인간이라는 종만이 가진 차이, 곧 종차(種差)다. 형식적으로 표시하면 다음과 같다.

[종개념] = df[종차] + [유개념]
㉑ 인간 = df이성적 + 동물

　　처녀 = df결혼하지 않은 + 여자

'유와 종차에 의한 정의'에 관해 전해 내려오는 재미있는 이야기가 있다. 물론 누군가가 만들어낸 이야기다. 그렇지만 이 이야기 안에는 당시 사람들이 정의에 대해 얼마나 열중했는지, 그리고 그것이 얼마나 어려운 일인지가 잘 나타나 있다.

플라톤의 후예들이 아카데메이아에서 '인간'을 정의하기 위해 오랜 토론을 했다. 그리고 '인간은 털 없는 두 발 달린 동물이다'라는 정의를 내리고 자랑스럽게 일반에 발표했다. 그러자 다음 날, 어떤 사

　　　　　　　　　　　　　　　　　　　　　　　　설득의 논리학

람이 털을 모두 뽑은 닭 한 마리를 던지면서 "여기 플라톤의 인간이 있다"라고 했다. 그가 고대의 유명한 견유주의 철학자 디오게네스(Diogenes)였다는 설이 있다. 알렉산드로스대왕이 소원을 들어줄 테니 말해보라고 하자, 햇빛이나 가리지 말아달라고 한 그의 냉소적 품성을 감안하면 충분히 그럴 수 있겠다.

아무튼 아카데메이아의 학생들은 이 사건에 당황하여 다시 닭과 인간의 차이에 대해 토론을 벌였다. 그 결과 얻은 결론이 '닭은 발톱이 좁고 인간은 넓다'라는 것이었다. 그래서 다시 내린 정의가 '인간은 발톱 넓은 털 없는 두 발 달린 동물이다'였다.

아리스토텔레스 방식

청출어람(靑出於藍)은 보통 제자가 스승을 앞지를 때 쓰는 말이다. 아리스토텔레스에게도 이 말이 적합할까? 적어도 논리학에서는 그렇다. 플라톤의 변증법 도식에는 앞에서 설명한 것 외에도 몇 가지 논리학적인 아이디어가 더 들어 있다. 예를 들어 밑에서 위로 올라가면 '인간은 동물이다'라는 판단을 얻을 수 있지만, 거꾸로 위에서 밑으로 내려오면 '어떤 동물은 인간이다'라거나 '어떤 동물은 인간이 아니다'라는 판단도 얻을 수 있다.

더욱 중요한 것은 플라톤의 변증법 도식에서 삼단논법의 기본 틀을 읽어낼 수 있다는 것이다. 언급한 대로, 밑에서 위로 한 칸씩 올라가면 '인간은 동물이다', '동물은 생물이다'라는 판단이 차례로 얻어진다. 하지만 한 칸을 건너뛰어 올라가면 '인간은 생물이다'가 자동으로 얻어진다. 이 셋을 연결하면 '동물은 생물이다. 인간은 동물이다. 그러므로 인간은 생물이다'라는 하나의 논증이 된다. 이것은 '바르바라(Modus Barbara)'라고 불리는 삼단논법이다. 하지만 이런 일을 한 것은 플라톤이 아니라 아리스토텔레스였다.

아리스토텔레스는 판단을 네 가지로 확장했다. 보통 전칭긍정판단(A), 전칭부정판단(E), 특칭긍정판단(I), 특칭부정판단(O)이라 부르는데, 차례로 '모든 A는 B다', '모든 A는 B가 아니다', '어떤 A는 B다', '어떤 A는 B가 아니다'라는 형식을 따른다. 이것이 길들이기 위해 자연언어에 씌운 최초의 멍에였다. 자연언어의 다양한 표현들이 이 네 가지 틀에 맞춰졌기 때문이다.

약자로 사용하는 'A', 'E', 'I', 'O'라는 기호는 중세의 논리학자들이 만들었다. '긍정한다'를 뜻하는 라틴어 'affimo'에서 첫 모음 'a'를 따서 전칭긍정판단을, 두 번째 모음 'i'를 따서 특칭긍정판단을 표시하고, '부정한다'를 의미하는 'nego'에서 역시 첫 모음 'e'를 따서 전칭부정판단을, 두 번째 모음 'o'를 따서 특칭부정판단을 간략하게 표시했다.

아리스토텔레스는 이 네 가지 판단의 상관관계를 밝히고, 그것들을 서로 조합하여 다양한 종류의 삼단논법 형식과 규칙을 부지런히 개발했다. 하지만 여기에서 그 모든 것을 일일이 설명하는 것은 불가

설득의 논리학

능할 뿐 아니라, 글의 성격상 불필요하다. 그 대신 밝히고 싶은 것이 있다. 삼단논법이 가진 두 가지 논리학적 의미다. 그중 하나는 삼단논법이 최초의 형식 논증이라는 것이고, 다른 하나는 역시 최초의 연역 논증이라는 것이다.

그렇다. 삼단논법은 일종의 형식 논증(formal argument)이다. 1장에서 밝혔듯이, 형식 논증이란 기호(symbol)로 표현된 추론이다. 아리스토텔레스는 『분석론 전서』에서 삼단논법을 설명하며 '인간', '동물', '생물' 같은 구체적인 개념 대신 A, B, C 같은 기호로 표기했다. 예를 들어 설명하자면 다음과 같다.

'모든 동물은 생물이다. 모든 인간은 동물이다. 그러므로 모든 인간은 생물이다'라는 논증은 위에서 말한 대로 '바르바라'라는 대표적인 삼단논법의 예다. 그런데 만약 여기에서 '생물'을 A, '동물'을 B, 그리고 '인간'을 C라는 기호로 대치하면, '모든 B는 A다. 모든 C는 B다. 그러므로 모든 C는 A다'라는 형식이 하나 만들어진다. 이런 작업을 '형식화(formalization)'라고 한다.

물론 아리스토텔레스는 현대 기호논리학처럼 양화기호(quantifier)나 논리적 연결(logical connective) 등을 형식화하진 못했다. 그래서 위의 논증을 『분석론 전서』에서 "만약 모든 B에 대해서 A의 진술이 가능하고, 모든 C에 대해서 B의 진술이 가능하면, 모든 C에 대해서 A의 진술이 가능해야 한다"라고 표현했다.

형식화의 장점은 어떤 형식이 타당하다고 인정되면 그 형식을 따르는 모든 논증을 내용과 관계없이 타당한 논증으로 인정할 수 있다는 것이다. 예를 들어 '모든 꽃은 아름답다. 모든 장미는 꽃이다. 그러므로 모든 장미는 아름답다'나 '모든 애완동물은 귀엽다. 모든 고양이는 애완동물이다. 그러므로 모든 고양이는 귀엽다' 등은 삼단논법의 전형적 형식인 '바르바라'라는 형식을 따르기 때문에 내용과 관계없이 타당하다. 이것이 형식논리의 두드러진 특징이자 장점이다.

그런데 논증이 타당하다는 것이 무슨 말인가? 여기에서 그동안 미뤄온 논증의 타당성(validity)과 건전성(soundness)에 대해 알아보자.

> 타당한(valid) 논증이란 '형식적으로' 올바른 논증, 곧 추론의 규칙을 따른 논증을 말한다. 따라서 타당한 논증에서는 전제가 참일 때 결론도 참이 된다. 예를 들어 '비가 오면 땅이 젖는다. 비가 왔다. 그러므로 땅이 젖었다'라는 논증은 타당하다. 왜냐하면 '전건 긍정식(Modus Ponens)'이라고 하는 추론의 규칙을 따랐기 때문이다.

그러나 전제가 참인데도 거짓인 결론을 이끌어내거나, 전제가 거짓인데 참인 결론을 이끌어내면 그 논증은 '부당하다'고 한다. 예를 들어 '비가 오면 땅이 젖는다. 땅이 젖었다. 그러므로 비가 왔다'라는 논증은 전제가 참이라고 해도 결론이 참이 아니다. 추론의 규칙에서 어긋나기 때문이다. 이렇듯 타당하지 않은 논증을 '형식적 오류'라고 한다. 그렇다면 건전한 논증이란 또 무엇인가?

건전한(sound) 논증이란 '타당하고', '전제들이 모두 참'인 논증을 뜻한다. '형식뿐만 아니라 내용도' 올바른 논증이다. 예를 들어 '모든 포유류는 새끼에게 젖을 먹인다. 고래는 포유류다. 그러므로 고래는 새끼에게 젖을 먹인다'라는 논증은 건전하다. 형식적으로 삼단논법을 따라서 타당할 뿐 아니라, 전제들이 모두 참이기 때문이다.

따라서 '타당하지만 불건전한 논증'도 있다. 예를 들어 '모든 인간은 신을 믿는다. 철수는 인간이다. 그러므로 철수는 신을 믿는다'의 경우가 그렇다. 이 논증은 타당하지만 건전하지는 않다. 형식적으로는 옳지만 내용적으로 그르다는 말이다. 왜냐하면 '모든 인간은 신을 믿는다'라는 전제가 '참'이 아니기 때문이다. 도식화하면 이렇다.

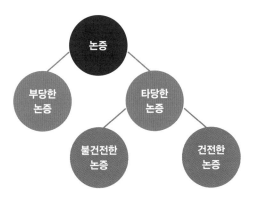

형식논리란 논증의 타당성만을 다루는 논리다. 아리스토텔레스는 역사상 처음으로 '논증의 타당한 형식들'을 개발하며 그것을 삼단논법(syllogism)이라 이름 지었다. 그리고 이 형식들이 모든 학문의 도구가 되리라고 생각했다. 그가 자신의 논리학 저서의 이름을 '오르가논 (organon)'이라고 지은 이유도 여기에 있다. 그리스어 'organon'은 '도구' 또는 '자동 기관'이라는 뜻을 가졌다. 아리스토텔레스는 삼단 논법이 타당한 담론들을 자동으로 생산해낼 수 있는 기관이라고 생 각했던 것이다.

삼단논법이 가진 두 번째 의미는 그것이 최초의 연역 논증이라는 것이다. 물론 최초의 '연역 체계(deductive system)'는 유클리드기하 학이다. 그러나 그것은 수학이지 논리학은 아니다. 아리스토텔레스 의 삼단논법이 최초의 '연역 추론(deductive reasoning)'이다.

연역 논증이란 무엇인가? 『분석론 전서』와 『토피카』 등에서 아리 스토텔레스는 삼단논법에 대해 "제시된 전제들만에 의해서 결론이 필연적으로 이끌려 나오는 담론"이라고 정의했다. 옳은 말이다.

연역 논증이란 전제로부터 결론이 필연적으로(necessary) 나오는 논 증이다. 예를 들어 '모든 포유동물은 심장을 갖고 있다. 말은 포유동 물이다. 그러므로 말은 심장을 갖고 있다'가 연역 논증이다.

연역 논증은 전제의 내용 가운데 결론이 이미 포함되어 있다. 그 때문에 결론이 전제들에서 '필연적으로' 이끌려 나오는 것이다. 앞의 예에서도 말은 포유동물 안에 이미 포함되어 있다. 따라서 말이 포유 동물의 속성을 갖는 것은 당연하다. 벤다이어그램으로 보면 더 분명 해진다.

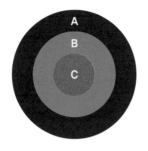

A : 심장을 가진 동물
B : 포유동물
C : 말

연역 논증이 가진 이런 성질을 논리학자들은 '진리 보존적(truth-preserving)'이라고 부른다. 전제가 '참'이면 결론이 '참'인 것이 보장된다는 뜻이다. 이것은 연역 논증의 장점이자 동시에 단점이기도 하다. 장점은 신뢰성이 보장된다는 것이고, 단점은 새로운 지식을 얻을 수 없다는 것이다.

이미 곳곳에서 부분적으로 이야기했지만, 여기에서 논증과 설득력의 관계를 정리하고 넘어가자. 앞서 1장에서 언급했듯이, 논증이란 본래 상대를 설득하기 위한 수단으로 개발되었다. 따라서 논리학의 역사는 좀 더 설득력이 높은 논증 또는 좀 더 반박할 허점이 없는 논증을 개발하는 과정이었다. 그 결과 현대논리학에서는 형식적으로 반박할 허점이 전혀 없는 연역 논증만을 논리학으로 인정하게 되었다.

아리스토텔레스의 『오르가논』이 쓰인 순서도 마찬가지로 진행되었다. 그는 『소피스트적 논박』, 『토피카』 등에서 먼저 변증법, 곧 우리가 오늘날 넓은 의미로 귀납법이라고 할 수 있는 논증들을 연구했다. 그 후 발전하여 『분석론 전서』, 『분석론 후서』에서 삼단논법, 곧

연역법을 개발했다.

　이것은 아리스토텔레스의 논리학이 진리 확장적 논증에서 진리 보존적 논증으로, 반박할 허점이 있는 논증에서 반박할 허점이 없는 논증으로, 설득력이 낮은 논증에서 설득력이 높은 논증으로 발전해갔음을 뜻한다. 동시에 연역 논증이 가장 강력한 설득의 도구라는 의미기도 하다. 연역 논증의 경우, 전제가 '참'이면 결론은 그 누구도 거부할 수가 없다. 따라서 만일 당신이 누군가를 설득하려고 한다면 가능한 연역 논증의 형식을 따라야 한다. 그렇다면 아리스토텔레스는 우리의 언어생활에서 발생하는 혼란을 정리하고 설득력을 높이기 위해 논리학을 개발했다고 보아야 한다.

비트겐슈타인의 꿈

아리스토텔레스의 논리학은 지난 2300여 년 동안이나 거의 변하지 않고 유지되어왔다. 놀랄 만한 일이다. 물론 그 사이에 영국의 베이컨이 귀납법을, 그리고 프랑스의 데카르트가 연역법을 나름대로 확장했다. 그럼에도 큰 틀에서 보면 논리학은 사실상 아리스토텔레스 이후 거의 발전하지 않았다. 그래서 칸트도 『순수이성비판』에 이렇게 썼다.

설득의 논리학

논리학에 대하여 주목할 것은, 그것이 오늘날까지 한 걸음의 진전도 없었으며, 따라서 아무리 보아도 완결되고 완성된 것처럼 보인다는 사실이다.

그러나 20세기에 와서 눈에 띄는 변화가 있었다. 독일의 고틀로프 프레게(Gottlob Frege)가 『개념 문자』를 통해 발전시켰으며, 영국의 버트런드 러셀(Bertrand Russell)과 앨프리드 화이트헤드(Alfred Whitehead)가 『수학 원리』에서 정리한 '명제논리(propositional logic)'와 '술어논리(predicate logic)'가 그것이다. 이 논리 체계들은 새로운 표기법과 규칙을 통해 아리스토텔레스의 논리 체계는 물론이거니와 그동안 표현할 수 없었던 '관계를 나타내는 판단'까지도 표기하고 다루었다. 이로써 우리는 좀 더 유능한 설득의 도구를 갖게 되었다.

하지만 세상의 관심을 끈 것은 논리학의 이런 형식적 발전보다 비트겐슈타인이 『논고』에서 이룬 논리 철학적 발전이었다. 『논고』의 본래 이름은 『논리 철학적 논고』다. 철학자 버트런트 러셀이 추천사를 쓰고 윤리학자 조지 무어(George Moore)가 제목을 붙인 영어판 『논리 철학적 논고』가 1922년에 출간되었을 때 전 세계 철학계는 열광했다. 특히 빈학파(Wiener Kreis)의 논리실증주의자들이 그랬다. 아니 땐 굴뚝에 연기 나지 않는 법이다. 이유가 있었다.

『논고』에는 논리학적으로 그리고 또 철학적으로 중요한 여러 가지 내용이 들어 있다. 우선 "신은 죽었다"처럼 우리가 경험으로 판단할 수 없는 형이상학적 명제들을 철학에서 간단하게 내쫓아버릴 수 있는 방법이 들어 있다. 비트겐슈타인은 형이상학적 명제들은 거짓이 아니라 "비의미(nonsense)하다"라고 규정했다.(『논고』, 4.003) '의미의 대상이 아니다'라는 뜻이다. 당연히 참과 거짓의 대상도 아니다. 그러니 이제 왈가왈부하지 말라는 것이다. "말할 수 없는 것에 대해서는 침묵해야 한다."(『논고』, 7)

철학에서 형이상학을 제거하는 일이 근대 이후 철학자들에게는 매우 중요한 주제였다. 하지만 그것은 일찍이 이마누엘 칸트(Immanuel Kant)가 『순수이성비판』에서 이미 이룩한 일이다. 칸트는 어떤 대상이 우리의 감성을 통해 경험되는 것을 '현상(phaenomenon)'이라 하고, 어떤 대상이 감성의 한계를 벗어나기 때문에 경험할 수 없는 것을 '가상(noumenon)'이라 하여 구분했다. 예를 들어 우리가 경험하는 '사과'나 '책상'은 현상이다. 그러나 '신'이나 '영혼'은 가상이다.

물론 가상의 대상도 사고할 수 있고, 또 그래야 하지만 인식할 수는 없다. 경험할 수 없기 때문이다. 그래서 칸트는 이렇게 공허하고 내용 없는 사고를 '진리의 땅'에서 내몰아버렸다. 그렇다면 칸트가 인식론적으로 해낸 일을 비트겐슈타인은 논리학적으로 했을 뿐이다.

물론 『논고』에는 다른 내용도 들어 있다. 대표적인 진리론 가운데 하나인 대응설의 현대적 해석이 그중 하나다. 한마디로 "실재는 명제와 대응한다"(『논고』, 4.05)라는 것이다. 이후 설명하겠지만 비트겐슈타인의 이 말에는 좀 특별한 의미가 담겨 있다. 하지만 명제의 참이 사실과의 대응에서 결정된다는 내용 자체는 새로운 것이 아니다. 일찍이 아리스토텔레스가 그의 『형이상학』에서 이미 주장한 진리론이기 때문이다.

그렇다면 사람들은 왜 『논고』에 열광했을까? 이유는 다른 데 있었다. 그들은 『논고』에서 자연언어를 길들일 수 있는 확실한 방법을 드디어 발견했다고 생각했다. 그렇게 생각하게 된 근거가 다음의 말에 나타나 있다.

> 우리는 우리 자신에게 사실의 그림을 그린다. 그림은 실재의 모형이다. 그림은 논리적 공간 속의 상황, 즉 사태들의 일어남과 일어나지 않음을 보여준다. 그림에서 그림의 요소들이 대상들에 대응한다. 그림은 그 요소들이 일정한 방식으로 서로 관계를 맺음으로써 이루어진다. 사실의 그림은 사실이다.
>
> ─『논고』, 2.1~2.141

'그림 이론(picture theory)'이라고 불리는 이론이다. 유감스럽지만 역시 여기에서 자세히 설명할 수는 없다. 그럼에도 우리가 알아야 할 것은, 앞의 말에는 '논리적 언어의 구조'가 그것에 대응하는 '사실의 물리적 구조'와 일치한다는 비트겐슈타인의 주장이다. 철학사상 유례없는 이 새로운 형이상학은 다음과 같이 도식화할 수 있다.

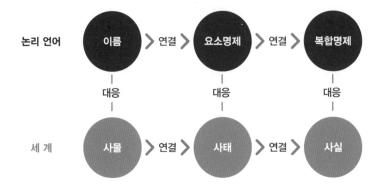

이 도식에 나타난 비트겐슈타인의 생각을 요약하여 설명하자면 이렇다. 비트겐슈타인은 사물(대상)들의 연결을 '사태(sachverhalt)'라고 이름 지었다.(『논고』, 2.01) 예를 들어 철수와 학생의 연결인 '철수는 학생이다'가 사태다. 그리고 이것에 대응하는 논리 언어적 표현이 요소명제(elementarsatz)다. 형식논리학에서는 'p'라는 기호로 표기한다.

또 비트겐슈타인은 사태의 연결을 '사실(tatsache)'이라고 불렀다. 예를 들어 '철수는 학생이다'라는 사태와 '영이는 선생이다'라는 사태가 연결되면 '철수는 학생이고 영이는 선생이다'라는 사실이 된다. 그리고 이것에 대응하는 논리 언어적 표현이 복합명제다. 『논고』에는 러셀과 화이트헤드의 『수학 원리』에서 정한 표기법을 따라 'p·q'라고 되어 있지만, 보통 'p∩q'로 표기한다.

이때 요소명제를 연결하는 것은 ~(아니다), ∩(그리고), ∪(또는), →(……는 ……다)와 같은 논리적 연결사다. 형식논리학에는 총 16개의 연결사가 있다. 사실이 그렇듯이 사실에 대응하는 복합명제도 이런 연결사를 통해 이론상으로는 무한정 요소명제를 연결할 수 있다.

설득의 논리학

그러나 어떤 경우라도 복합명제의 참과 거짓은 요소명제의 참과 거짓에 따라서 결정된다.(『논고』, 4.4, 4.41)

예를 들어 '철수는 학생이고 영이는 선생이다'라는 복합명제는 '철수는 학생이다'와 '영이는 선생이다'라는 요소명제들이 모두 참일 때에만 참이 되고, 그 외에는 모두 거짓이 된다. 그러나 '철수는 학생이거나 또는 영이는 선생이다'라는 복합명제는 두 요소명제들이 모두 거짓일 때만 거짓이 되고 그 외에는 모두 참이 된다. 기호로 표기하면 다음과 같은 '진리표(truth table)'가 얻어진다.

p	~p
T	F
F	T

T : 참
F : 거짓

p	q	p∩q	p∪q	p→q
T	T	T	T	T
T	F	F	T	F
F	T	F	T	T
F	F	F	F	T

이렇듯 복합명제의 진리치가 요소명제의 진리치에 따라 변하는 것을 논리학자들은 '진리 함수적(truth-functional)'이라고 한다.(『논고』, 5)

비트겐슈타인의 이러한 작업을 통해 아무리 복잡한 명제라고 해도 그것의 진리치를 기계적으로 계산할 수 있게 되었다. 모든 복잡한 명제는 요소명제들이 '~, ∩, ∪, →'와 같은 연결사에 따라 연결된 것이기 때문에, 설사 그것이 아무리 길더라도 진리 함수를 계속 적용하기만 하면 그것의 참과 거짓이 계산된다.(『논고』, 6.001) 이것을 '명제 연산(propositional calculus)'이라고 한다.

그런데 이 말을 주목해야 한다. '명제 연산'이라는 말에는 세계 안의 모든 복잡하고 다양한 사실들의 참과 거짓을 기계적으로 간단하게 계산할 수 있다는 '맹랑한' 뜻이 들어 있다. 사태들을 요소명제로 번역하기만 하면 명제연산이 자동적으로 가능해지기 때문이다. 이러한 내용의 주장을 '논리적 원자론(logical atomism)'이라고 부른다.

얼핏 아무것도 아닌 것처럼 보일 수 있다. 그러나 러셀과 비트겐슈타인이 내세운 이 주장은 그때까지 아무도 꾸지 못했던 거대한 꿈이었다. 세계가 모두 논리적 언어로 표현될 수 있고, 그 논리적 언어의 연산이 가능하다면, 세계에 대한 모든 지식은 이 방법을 통해 정리할 수 있다! 이 말을 비트겐슈타인은 "모든 참된 요소명제들이 주어지면, 세계는 완전히 기술(記述)된다. 모든 요소명제들이 주어지고, 더불어 그것들 중 어느 것이 참이고 어느 것이 거짓인지 주어지면, 세계는 그것에 의해 완전히 기술된다"(『논고』, 4.26)라고 표현했다.

여기에서 『논고』를 보고 논리실증주의자들이 왜 그렇게 열광했는지를 알 수 있다. 그들은 이로써 철학에서 형이상학을 쫓아내고 모든 학문을 하나의 '통일과학(unified science)'으로 만드려는 그들의 숙원을 이룰 길이 열렸다고 생각했다. 남은 일은 단지 세상의 잡다한 지식을 형식언어로 번역하는 것뿐이다. 형식언어로 번역되지 않는 지식은 모두 자동으로 제거될 것이며, 번역된 지식은 그 참과 거짓이 모두 자동으로 계산 가능하다. 이제 더 뭘 바라겠는가!

비트겐슈타인도 역시 그렇게 생각했음이 분명하다. 그래서 그는 철학은 이제 끝났으며 자연과학과 그것을 형식언어로 명료하게 표현하는 일만 남았다고 당당하게 선언했다.(『논고』, 6.52~6.53) 아마 비트겐슈타인은 이렇게 생각하며 홀연히 케임브리지를 떠났을 것이다. '그런 일쯤이야 나 같은 천재가 아니더라도 할 수 있는 사람들이 많지 않겠는가. 예를 들면 논리실증주의자들 말이다.'

비트겐슈타인은 고국 오스트리아로 돌아가 철강 재벌이었던 아버지가 남긴 엄청난 유산을 주위 사람들에게 모두 나누어주었다. 그리고 시골 초등학교에서 선생을 하며 지냈다. 한때는 수도사가 되려고 수도원에 들어가 정원사로도 일했다. 당시 그는 아직 30대였지만 이미 세상에 초연한 은둔자의 삶을 흉내 내고 있었다.

모든 에피소드는 『논고』에서 시작되었다! 『논고』는 '형식언어에 의한 세계의 논리적 기술(記述)'이라는 빛나는 꿈을 세상에 펼쳐 보였다. 이것은 자연언어에 대한 형식언어의 승리를 선포하는 것이기도 했다. 이제부터 자연언어는 형식언어에 맞추어야 한다. 그렇지 않을 경우 하찮은 잡담의 도구로는 쓰일망정 점잖은 학문의 수단으로는 쓰일 수 없다. 이것이 그 선포의 내용이다.

형식언어의 승리는 완벽해 보였다. 그 후 지난 수십 년 동안 많은 논리학자, 언어학자, 인공지능학자들이 자연언어를 형식언어에 맞추려는 일, 이른바 '자연언어의 형식화(formalization of natural language)'를 부지런히 시도해왔다는 것이 그 증거 가운데 하나다. 그러나 그것은 한마디로 착각이었다. 비트겐슈타인 자신이 이를 누구보다 먼저 알아챘다.

한 가지 예를 들어 간단히 설명하자. 무엇보다도 '세계의 구조와 언어의 구조가 같다'라는 생각부터 터무니없는 오해였다. 예를 들어 '모든 금잔화는 노랗다'라는 전칭명제를 형식언어로 표기하면, $\forall x(F(x) \rightarrow G(x))$가 된다. '모든 x에 대해서 x가 금잔화면 x는 노란 것이다'라는 뜻이다. 마찬가지로 '어떤 금잔화는 노랗다'라는 존재명제도 $\exists x(F(x) \cap G(x))$, 즉 '어떤 x가 존재하는데 x는 금잔화고 x는 노란 것이다'라고 표기된다.

그러니까 『논고』에서 말하는 이상적 언어인 형식언어에는 전칭명제에서든 존재명제에서든 'F(x)(금잔화)'와 'G(x)(노란 것)' 두 가지 구성 요소가 존재한다. 하지만 실재 세계에는 '노란 금잔화'라는 구성 요소 하나뿐이다. 이렇게 가장 기본적인 사례에서조차 일치하지 않는다. 그런데 어떻게 세계의 구조와 언어의 구조가 같다고 할 수 있다는 말인가.

정리하자면 『논고』에는 러셀과 화이트헤드가 개발한 형식언어를 통해 자연언어라는 야생마를 길들이려던 비트겐슈타인의 당찬 꿈이 담겨 있다. 그것에 세상 사람들이 열광하면서 철학과 자연언어에 대한 반란이 시작되었다. 그러나 그 반란은 오래가지 않아 진압되었는데, 흥미로운 것은 그 진압의 선두에 비트겐슈타인 자신이 섰다는 것이다.

돌아온
해리 포터

지금은 할리우드에서조차 서부극이 사라졌다. 우주 전쟁으로 대치된 것이다. 그런데 돌이켜보면, 서부극에는 석양을 배경으로 하여 주인공이 말을 타고 어디론가 떠나는 멋진 마지막 장면이 꼭 있었다. 관객들은 잔잔한 아쉬움과 함께 그 장면을 가슴에 오랫동안 간직하곤 했다. 그래서 가끔은 '돌아온……'이라는 제목의 속편도 나왔다.

비트겐슈타인도 서부극을 좋아했다. 그래서인지 그는 따라 했다. 1929년 1월, 아직 습하고 차가운 겨울 안개가 자욱한 케임브리지 교정으로 그는 다시 돌아왔다. 하지만 석양의 총잡이처럼 당당하고 멋지게 돌아오진 못했다. 오히려 방학을 마치고 쫓기듯 호그와트로 돌아온 해리 포터처럼 살그머니 돌아와 킹스 칼리지 깁스 빌딩에 있는 어두운 골방에 틀어박혔다. 그러고는 자연언어라는 마술사와 힘든 투쟁을 시작했다. 이번에는 그도 자신의 상대가 결코 만만찮다는 것을 알았기 때문이다.

당시에도 세계는 여전히 『논고』에 열광하고 있었다. 하지만 그는 형식언어라는 도구로는 자연언어라는 야생마를 결코 길들일 수 없다는 것을 이미 알았다. 그래서 비록 늦은 감이 있지만 자연언어의 본성에 대한 연구에 처음부터 철저하게 임하기로 작정했던 것이다. 이 점에서 그는 분명 천재였다. 그러나 새로운 투쟁은 쉽게 끝나지 않았고, 그보다 먼저 죽음이 그를 찾아왔다. 1951년 암으로 세상을 떠날 때 그가 남긴 말은 "나는 멋지게 한세상을 살았노라고 전해주시오"였다.

내 생각에 논리학의 역사란 자연언어를 길들이려는 노력의 흔적이다. 목적은 논증을 통해 거부하지 못할 설득력을 자연언어적 주장에 부여하는 것이었다. 어떤 노력은 성공했고, 어떤 노력은 실패했다. 비트겐슈타인의 작업은 실패했다. 하지만 얻은 것도 많다. 그중에는 그의 실패를 거울삼아 우리가 배워야 할 값진 교훈이 있다. 자연언어를 길들이기 위해 기존의 형식언어로 멍에를 씌워서는 안 된다는 것이다. 자연언어를 기존의 형식언어처럼 단순화하기보다 형식언어를 자연언어처럼 확장하기 위해 노력해야 한다.

쉽지 않겠지만 불가능한 일도 아니다. 그 한 예를 우리는 9장에서 퍼지논리의 언어를 통해 보게 될 것이다. 물론 퍼지논리는 형식논리의 장점인 단순성과 안정성을 살리지 못했다. 그러나 기존의 형식논리학이 가진 미덕들을 간직하면서도 퍼지논리와 같이 좀 더 유연하고 확장된 서술 방식을 개발할 수 있다. 단순성, 안정성, 연산 가능성 또는 계산 가능성이라는 장점을 유지하면서도 자연언어의 풍성한 표현력에 좀 더 가까이 다가가는 형식언어를 개발해야 한다.

알렉산드로스는 부케팔로스가 자기 그림자를 보지 못하도록 태양을 향해 돌려 세워 올라탔다. 부케팔로스의 본성을 파악하고 그에 적합하게 다룬 것이 야생마에 올라탄 비결이었다. 자연언어의 본성에 맞는 형식언어를 개발하는 일이 자연언어라는 야생마에 올라탈 수 있는 방법이다. 그때 비로소 우리는 좀 더 완벽하고 폭넓게 사용할 수 있는 설득의 도구를 갖게 될 것이다. 내 생각은 그런데, 당신의 생각은 어떤가?

- **정의** : 개념이 가지고 있는 가장 본질적인 것을 표시한 것. 유와 종차에 의한 정의는 [종개념]=[종차]+[유개념]이라는 형식으로 표현한다.

  ⑩ 인간은 이성적 동물이다.

- **연역법** : 전제로부터 결론이 필연적으로 나오는 논증법.

- **타당한 논증** : 형식적으로 올바른 논증, 곧 추론의 규칙을 따른 논증을 말한다. 타당한 논증에서는 전제가 참일 때 결론도 참이 된다.

- **건전한 논증** : 타당한 동시에 전제들이 모두 참인 논증을 뜻한다. 형식뿐만 아니라 내용적으로도 올바른 논증으로, 결론은 언제나 참이다.

- **논증과 설득**

논증은 본래 상대를 설득하기 위한 수단으로 개발되었다. 따라서 논리학의 역사는 좀 더 설득력이 높은 논증, 또는 좀 더 반박할 허점이 없는 논증을 개발하는 과정이었다. 그 결과 현대논리학에서는 형식적으로 반박할 허점이 전혀 없는 연역 논증만을 인정하게 되었다. 이것은 아리스토텔레스 이후 논리학이 진리 확장적 논증에서 진리 보존적 논증으로, 반박할 허점이 있는 논증에서 반박할 허점이 없는 논증으로, 설득력이 낮은 논증에서 설득력이 높은 논증으로 발전해갔음을 뜻한다. 동시에 연역 논증이 가장 강력한 설득의 도구라는 의미기도 하다.

파스칼,
내기를 하다

설득의 심리학과 의사결정의 논리학

자기도 모르게 불필요한 물건을 사들이고
생각지도 않은 잡지나 신문을 정기구독하고
자선 행사 티켓을 엉겁결에 손에 쥐고
속이 쓰려 위장약을 먹게 되는 건,
선택을 강요하는 사람들이
당신을 '파블로프의 개'로 만들고 있기 때문이다.

그대가 결혼한다면 그대는 그것을 후회하리라. 그대가 결혼하지 않는다면 그대는 역시 그것을 후회하리라. 그대는 결혼하든 안 하든, 아무튼 그대는 둘 다 후회하리라. 세상의 어리석은 짓을 보고 웃어보라. 그대는 그것을 후회하리라. 세상의 어리석은 것을 보고 울어보라. 그대는 역시 그것을 후회하리라. 세상의 어리석은 것을 보고 웃든 울든, 아무튼 그대는 둘 다 후회하리라. 한 여인을 믿어보라. 그대는 그것을 후회하리라. 한 여인을 믿지 말아보라. 그대는 역시 그것을 후회하리라. 한 여인을 믿든 안 믿든, 아무튼 그대는 둘 다 후회하리라. 목을 매달아보라. 그대는 그것을 후회하리라. 목을 매달지 말아보라. 그대는 역시 그것을 후회하리라. 목을 매달든 안 매달든, 아무튼 그대는 둘 다 후회하리라. 제군이여, 이것이야말로 인생 속 모든 지혜의 진수다.

당신도 알다시피, 이 글은 겨울비 내리는 저녁만큼이나 쓸쓸하고 우울했던 덴마크의 철학자 쇠렌 키르케고르(Søren Kierkegaard)가 쓴 『이것이냐 저것이냐』 가운데 나오는 「망아의 연설」 첫머리다. "청춘이란 무엇인가? 하나의 꿈이다. 사랑이란 무엇인가? 꿈의 내용이다" 라는 구절로 끝나는 이 글에서 그는 삶의 근원적 허무함을 마치 시인처럼 노래했다.

그런데 도대체 시인이란 무엇인가? 그의 표현에 따르면, "시인은 그 가슴속에 심각한 고뇌를 간직하고 있으면서도 입술의 생김새 때문에 탄식과 비명이 그 입술을 통해 나오기만 하면 음악처럼 들리는 불행한 인간인 것이다." 내 생각에, 이 말은 세상 누구보다 키르케고르 자신에게 어울리는 말이다. 그는 평생 가슴속에 심각한 고뇌를 간직하고 살았지만, 그의 입술을 통해 나오는 철학은 음악과 같았다. 그는 불행한 천재였고, 그의 삶에서 선택은 하나 마나 한 후회였다.

하지만 우리는 천재도 아니고, 그래서인지 우리의 선택은 하나 마나 한 것이 결코 아니다. 우리는 각자의 선택에 따라 이익을 볼 수도 손해를 볼 수도 있으며, 웃을 수도 울 수도 있다고 믿는다. 물론 키르케고르야 "그것은 오해인 것이다"라고 못을 박았지만 말이다. 어쨌든 우린 매일매일, 아니 매 순간 무엇인가를 열심히 선택하고 결정하며 살아간다. 당신도 아마 그럴 것이다.

그렇다면 관심은 당연히 우리의 선택이 과연 현명한가 아니면 적어도 합리적인가 하는 것에 쏠린다. 선택과 결정이 현명해야 손해가 줄고 웃을 일이 늘 것 아닌가. 어떤 선택이 현명하다는 것은 그것이 합리적이며 만족스럽다는 뜻이다. 따라서 그것은 자기 설득의 과정이기도 하다. 자신의 선택이 만족스럽다면 그 선택을 통해 자기 자신을 설득했기 때문이다. 이에 대해 실용주의를 창시한 철학자이자 논리학자인 찰스 샌더스 퍼스의 적합한 말이 있다.

설득의 논리학

하나의 인격은 절대로 하나의 인격이 아니다. 그의 생각은 그가 자신에게 말하고 있는 바다. 즉 시간의 흐름 속에서 방금 태어난 다른 자아에게 말하고 있는 바다. 누구나 논리적으로 생각할 때 그가 설득하려는 대상은 바로 비판적 자아다.

그런데 심리학자들은 우리의 선택이나 결정은 대부분 현명하지 못할 뿐 아니라 합리적이지도 않다고 한다. 그러니 후회가 없을 리 없다. 그들이 이런 말을 할 때 자주 드는 예가 있다. 인지심리학자 아모스 트버스키(Amos Tversky)와 대니얼 카너먼(Daniel Kahneman)이 실시한 이른바 '린다 문제(Linda problem)'라는 실험이다. 두 사람은 피실험자들에게 다음과 같은 내용의 문제를 주었다.

린다는 31세의 활달하고 영리한 독신 여성이다. 그녀는 철학을 전공했다. 학생 시절에는 사회정의와 차별 문제에 관심을 가졌고 반핵운동에도 참여했다. 그렇다면 린다에 관한 다음 진술들을 가능성에 따라 그 순위를 정하라.

① 린다는 초등학교 교사다.
② 린다는 서점에서 일하며 요가를 배운다.
③ 린다는 여성운동에 매우 적극적이다.
④ 린다는 정신 상담을 담당하는 사회교육 요원이다.
⑤ 린다는 여성 유권자 모임의 회원이다.

⑥ 린다는 은행원이다.

⑦ 린다는 보험 외판원이다.

⑧ 린다는 은행원이고 여성운동에 매우 적극적이다.

실험 후 트버스키와 카너먼이 주목한 것이 있다. 대부분(91%)의 피실험자들이 '린다는 은행원이고 여성운동에 매우 적극적이다(⑧)'가 '린다는 은행원이다(⑥)'보다 가능성이 높다고 대답한 것이다.

논리학적으로 보면, ⑧은 두 가지 사건이 '그리고(∩)'라는 연결사로 이어진 복합명제고, ⑥은 그 가운데 하나인 요소명제다. 그렇다면 ⑧의 가능성이 ⑥의 가능성보다 낮아야 한다. 요컨대 비가 오고 바람이 불 가능성은 비만 올 가능성보다 낮다는 것이다. 그런데 왜 사람들은 ⑧이 ⑥보다 가능성이 높다고 했을까? 그들이 논리학에 대한 이해도가 낮아서 그럴까? 그럴 수도 있지만 진실은 어딘가 다른 데에 있는 것 같다. 바버라 맥닐(Barbara McNeil)과 스티븐 파우커(Stephen Pauker) 그리고 트버스키가 진행한 '맥락 효과(framing effect)'와 관련된 심리 실험을 보자.

트버스키는 다른 동료들과 함께 이번에는 고등교육을 받은 의사들을 상대로 실험했다. 이들은 의사들에게 5년 내 사망률 7%인 어떤 수술을 환자에게 권할 것인지를 물었다. 그랬더니 대부분의 의사들이 권하지 않겠다고 했다. 반면에 5년 내 생존율이 93%인 어떤 수술을 환자에게 권할 것인지를 물었더니, 의사들은 권하겠다고 대답했다.

설득의 논리학

이런 종류의 인지심리학 실험을 통해 드러나는 '불편한 진실'은 이렇다. 당신과 나는 어떤 선택이나 결정을 할 때 논리적 또는 합리적으로 하지 않고 심리적으로 하는 경향이 매우 짙다는 것이다. 우리의 이야기는 여기에서부터 시작한다.

우리는
파블로프의 개인가

『설득의 심리학』이라는 흥미로운 책이 있다. 저자인 로버트 치알디니(Robert Cialdini)는 애리조나주립대학교 심리학 교수다. 원 제목인 'influence'가 주는 기대와 달리, 그는 심리학을 이용해 개발한 설득의 비법들을 소개하려고 이 책을 쓴 것이 아니다. 오히려 '우리가 일상생활에서 얼마나 쉽게, 또 얼마나 자주 설득의 법칙에 희생양이 되는지'를 지적하고, '어수룩한 사람'들이 설득 전문가들에게 대항할 수 있는 방어 전략을 알려주려 했다. 한마디로, 쉴 새 없이 당신을 공략하는 광고와 영업 사원들에게서 당신을 구해주려는 착한 책이다.

그러기 위해 치알디니는 우리의 선택과 결정이 얼마나 심리적인지 또는 비합리적인지를 먼저 보여준다. 책의 서두에서부터 애리조나주에서 인디안 보석 가게를 운영하는 자신의 여자 친구가 경험한 '어처구니없는' 이야기 하나를 소개한다.

그녀의 보석 가게에서는 터키석도 파는데 가격을 상당히 낮게 매겼음에도 전혀 팔리지 않았다. 궁여지책으로 터키석을 상점의 중앙에 배치했고, 때마침 관광철이라 손님도 많았지만 여전히 팔리지 않았다. 그런데 어느 날 그녀가 갑자기 출장을 가게 되어, 지배인에게 쪽지를 남겼다. 진열된 터키석을 모두 반값에 처분하라고! 며칠 후 출장에서 돌아와보니 예상대로 터키석이 다 팔리고 남아 있지 않았다. 그런데 놀라운 것은, 그녀의 쪽지를 잘못 읽은 지배인이 터키석의 가격을 반값이 아니라 오히려 두 배로 올려놓았다는 점이다. 그럼에도 물건은 3일 만에 모두 팔려버렸다.

어떻게 이런 일이 일어났는지 무척 놀라워하는 친구에게 치알디니는 엉뚱하게 칠면조에 관한 이야기를 꺼냈다. 칠면조는 새끼가 '칩칩' 하는 소리를 내면 언제나 자동으로 모성애를 내보인다. 설사 자기 새끼가 아니더라도 말이다. 하지만 그 소리가 들리지 않으면 자기 새끼까지도 철저히 외면하고 때로는 죽이기도 한다. 동물생태학에서는 동물의 이런 특별한 행동 양식을 '고정 행동 유형(fixed-action patterns)'이라고 부른다.

치알디니는 인간의 심리에도 이런 자동 장치가 프로그램화되어 있다고 말한다. 그래서 새끼 칠면조가 내는 '칩칩' 소리처럼 인간의 자동 장치를 자극하는 어떤 유발 기제가 작동하기만 하면, 이성적 판단과 무관하게 행동이 자동으로 일어나게 된다. 마치 『아라비안나이트』에서 "열려라, 참깨!" 하고 외치면 동굴 문이 저절로 열리는 것처

설득의 논리학

럼 말이다.

그 보석 가게에서 터키석을 산 사람들의 심리에는 '비싼 것＝품질
이 좋은 것'이라는 의사결정의 기준이 고정 행동 유형으로 프로그램
화되어 있었다. 그런데 터무니없이 비싼 터키석을 보자 '열려라, 참
깨!'가 작동하여 모든 이성적 판단이 중단되고 구매가 자동으로 이
루어진 것이다.

심리학에서는 이런 현상을 '파블로프의 조건반사'라고 한다. 구소
련의 생리학자 이반 파블로프(Ivan Pavlov)가 개발한 이론이다. 그는
개에게 먹이를 줄 때마다 일정한 종소리를 들려주었다. 그랬더니 나
중에는 먹이를 주지 않고 그 종소리만 들려줘도 개가 침을 질질 흘
리더라는 것이다. 고정 행동 유형도 학습된다는 증거다.

치알디니가 강조하는 것은 광고나 판매를 하는 설득 전문가들은
어수룩한 사람들의 고정 행동 유형을 아주 잘 파악하고 있다는 점이
다. 그리고 그것들을 이용한 전술을 써서 당신을 '파블로프의 개'로
만든다는 것이다. 따라서 당신도 그 방어 전략을 알아야 한다. 그렇
지 않으면 그들의 표적이 되어 자기도 모르게 불필요한 물건을 사들
이고, 생각지도 않은 잡지나 신문을 정기 구독하고, 자선 행사 티켓
을 엉겁결에 손에 쥐고, 속이 쓰려 위장약을 먹게 된다.

그런데 여기에서 주목해야 할 것이 있다. 설득 전문가들이 우리를
'파블로프의 개'로 만들기 위해 노리는 것이 우리가 일상생활에서 무
의식적으로 적용하는 '의사결정의 법칙'이라는 점이다. 즉 그들은 우
리의 일상적인 의사결정의 법칙을 칠면조의 고정 행동 유형으로 파

악하고 공략한다. 그것이 어떻게 가능할까? 예를 들어보자.

'권위 있는 전문가들의 말을 따라 하는 것이 좋다'라는 생각은 우리의 상식이다. 즉 '전문가의 말=옳은 것'이 우리의 일반적인 의사결정의 법칙이라는 말이다. 그리고 이는 현명하지 못한 것이 결코 아니다. 어느 누구도 모든 분야에 전문가일 수는 없기 때문이다. 그러나 그것이 고정 행동 유형으로 프로그램화되어 자동으로 (또는 맹목적으로) 작동할 경우 문제가 생긴다. 다음은 전문가들의 말에 우리가 얼마나 쉽게 파블로프의 개처럼 행동하는지를 증명하기 위해 치알디니가 든 예시 중 하나다.

> 귀에 염증이 있는 환자에게 주치의가 환자의 오른쪽 귀에 투약할 것을 지시했다. 그는 처방전에 'Place in R ear(오른쪽 귀에 투약하시오)'라고 적어 간호사에게 주었다. 당직 간호사는 그것을 'Place in Rear(항문에 투약하시오)'라고 읽고 귀에 넣어야 할 약을 항문에 넣었다. 귀에 염증이 있는 환자에게 항문에 투약하는 것은 아무리 생각해도 이해가 가지 않는 일이지만 환자나 간호사 어느 누구도 이 처방전에 이의를 달지 않았다.

이런 우스꽝스러운 일은 단지 '전문가의 말=옳은 것'이라는 우리의 의사결정 법칙이 고정 행동 유형으로 작동했기 때문에 일어났다. 그래서 치알디니는 이 사건을 '권위의 법칙'에 따른 '열려라 참깨!'의 한 예로 제시했다. 논리학에서는 베이컨이 주장한 '네 가지 우상' 가운데 '동굴의 우상'에 해당하는 어리석음이다. 오늘날 논리학에서는 이것을 '숭배에 의한 논증(argumentum ad verecundiam)'이라 부르고, 오류로 취급한다.

이처럼 우리에게는 자기도 모르게 적용하는 의사결정의 법칙들이 있는데, 설득 전문가들은 그것들을 노린다. 그렇다! 항상 믿는 도끼에 발등 찍히는 법이다. 치알디니는 우리가 흔히 믿는 '도끼들'을 다음 여섯 가지로 정리했다.

상대의 호의로 인한 부담 때문에 부당한 요구도 거절하지 못하는 '상호성의 법칙', 자신의 일관성 또는 체면을 유지하려는 '일관성의 법칙', 베스트셀러를 사는 것처럼 많은 사람들이 하는 것을 따라 하려는 '사회적 증거의 법칙', 호감을 주는 상대의 권유에 끌리는 '호감의 법칙', 권위에 맹종하는 '권위의 법칙', "얼마 없습니다"나 "이제 곧 끝납니다" 하는 외침에 솔깃해지는 '희귀성의 법칙' 등이다.

알고 보면 전혀 새로운 것이 아니다. 광고나 판매 기술로 이미 널리 사용되고 있어 누구나 아는 것들이다. 그럼에도 이러한 '믿는 도끼들'을 이용한 전술에 한번 걸리면 파블로프의 개처럼 침을 질질 흘리며 빠져나오기가 거의 불가능하다. 그래서 치알디니가 '열려라, 참깨!'라는 비유적 표현을 쓴 것이다. 그가 직접 체험한 예를 들면 다음과 같다.

어느 날 대문을 두드리는 소리를 듣고 나가보니 짧은 바지 차림에 가슴이 깊게 팬 윗옷을 입은 한 젊은 미녀가 서 있었다. 그녀는 서류철을 들고 지금 설문 조사 중인데 응해줄 수 있느냐고 정중히 물었다. 나는 물론 승낙했고, 가능한 한 멋진 인상을 남기기 위해 그녀의 질문에 '과장되게' 대답하기 시작했다. 예를 들어 기회가 되는 대로 외식도 하고, 수입 와인만 마시며, 영화관이나 음악회도 자주 가고, 특히 발레 공연은 놓치지 않는다고 했다. 그랬더니 젊은 미녀는 매력적인 미소를 보내면서 내가 '클럽 아메리카'에 가입하면 1년에 1200달러를 절약할 수 있다는 것을 설명하기 시작했다. 그제야 나는 상대의 정체를 알아차렸지만, 허풍을 떤 나의 일관성(또는 체면)을 유지하기 위해 그녀가 내민 '클럽 아메리카'의 가입 신청서에 서명할 수밖에 없었다. 속이 쓰려 위장약을 먹은 것은 그다음 일이다.

치알디니는 '일관성의 법칙'을 이용한 전략에 당한 경우라고 시치미 떼고 말했다. 하지만 내 생각에 그녀의 전략에는 '호감의 법칙'도 함께 들어 있었다. 그나 나처럼 어수룩한 남성이 짧은 바지에 가슴이 깊게 팬 윗옷을 입은 젊은 미녀의 권유를 거절하기란 쉽지 않다는 것이 곧 '호감의 법칙'이기 때문이다.

치알디니는 설득 전략가들의 이러한 공략에 우리가 적극 대응해야 한다고 강조한다. 위장약을 덜 먹으려면 말이다. 예를 들어 시청률을 올리기 위해 박수 부대를 동원하거나 가짜 웃음을 사용하는 TV 코미디 프로그램은 시청하지 말라고 한다. 또 인기가 높다는 인상을 주기 위해 안에 자리가 있는데도 손님을 밖에서 기다리게 하는 클럽에는 절대 가지 말라는 것이다. 왜냐하면 그들은 '많은 사람들이 하는 것=좋은 것'이라는 '사회적 증거의 법칙'을 이용하기 위해 증거를 조작하고 있기 때문이다.

　다양하고 적절한 사례들을 풍부하게 제시하여 크게 성공한『설득의 심리학』의 요점을 정리하면 이렇다. 설득 전략가들은 우리의 심리적 취약점을 공략하여 합리적 판단을 방해한다. 따라서 파블로프의 개가 되지 않으려면 우리도 자신의 심리적 취약점을 미리 알아두어 그런 공략이 있을 때에도 전혀 방해받지 않고 합리적 또는 논리적 판단을 해야 한다는 것이다. 맞는 말이다. 하지만 치알디니의 말대로 한다고 해서 문제가 해결되는 것은 아니다. 단지 그런 문제로 발생하는 피해를 줄이거나 피할 수 있을 뿐이다

　우리의 현명한 의사결정을 방해하는 근본적인 문제가 두 가지 있다. 하나는 우리가 합리적 또는 논리적 의사결정 방법에 놀랄 정도로 무지하다는 것이다. 거기에는 여러 가지 원인이 있지만, 무엇보다도 체계적으로 배우질 못했기 때문이다. 이 말은 설사 설득 전문가들의 의도적인 방해가 전혀 없더라도 우리는 합리적 방법에 따라 의사결정을 하지 못한다는 말이다. 다른 하나는 합리적 또는 논리적 의사결정이 심리적 의사결정보다 과연 더 현명한가, 적어도 만족스러운가 하는 문제다. 먼저 첫 번째 문제부터 알아보자.

신은 믿고,
적포도주를 가져가라

인간의 합리적 의사결정 능력에 대해서는 비관론과 낙관론이 맞서 있다. 앞에서 소개한 트버스키, 카너먼, 맥닐 같은 학자들은 당연히 비관론자다. 그러나 이들이 실행한 여러 가지 실험이 일반인에게 너무 높은 수준이었기 때문에 (물론 앞에서 예로 든 실험들은 그렇지 않다) 비관적 결론이 나왔다고 주장하는 게르트 기거렌처(Gerd Gigerenzer) 같은 인지심리학자가 낙관론자다. 그런데 어느 쪽 견해를 취하든 이들이 공통으로 도달하는 결론이 있다. 우리가 '의사결정의 논리(logic of decision)'에 상상외로 약하다는 것이다.

'의사결정의 논리'란 주어진 상황에서 최선의 선택을 찾아내는 논리적 방법이다. 그 고전적인 형태가 18세기 영국의 한 사제인 토머스 베이스(Thomas Bayes)가 개발한 '조건적 확률에 대한 수학적 계산법'이다. 오늘날에도 논리학자들은 이 계산법을 의사결정 논리의 '모범적인' 체계로 인정한다. 트버스키와 카너먼의 실험들이 '일반인에게 너무 높은 수준'이라던 기거렌처의 평도 바로 이 계산법을 사용해야 문제를 풀 수 있다는 의미였다.

그렇다면 보통 사람들에게는 뭔가 좀 어렵다는 이야기다. 사실 이것이 의사결정의 논리가 일반인에게 잘 알려지지 않은 이유이기도 하다. 어려운 것은 당신이나 나나 싫어하긴 매한가지다. 그러니 아주 간단한 예를 들어보자. 프랑스의 수학자이자 철학자인 블레즈 파스칼(Blaise Pascal)이 쓴 미완성의 대작 『팡세』에는 '파스칼의 내기 (Pascal's Wager)'라고 불리는 글이 있다. 그 내용은 대강 이렇다.

세계는 다음 둘 중 하나다. 신이 존재하는 세계, 아니면 존재하지 않는 세계. 따라서 우리는 다음 둘 중 하나를 선택해야 한다. 신을 믿거나 믿지 않거나. 만일 신이 존재하고 당신이 신을 믿으면, 당신은 천국에서 무한한 행복을 누릴 것이다. 그런데 만약 신이 존재하지 않는데 당신이 신을 믿는다면, 당신은 내세에서 특별한 행복도 불행도 없는 평범한 삶을 살 것이다. 하지만 반대로 당신이 신을 믿기를 거부했는데 신이 존재한다면, 당신은 지옥에서 참을 수 없는 고통을 맛보아야 할 것이다. 그런데 만약 당신이 신을 믿지 않고 신도 존재하지 않는다면, 당신의 내세는 천국도 지옥도 경험하지 않는 평범한 삶이 될 것이다.

파스칼이 신의 존재를 증명하기 위해 이런 내용의 글을 썼다는 주장이 간혹 있다. 잘못이다. 그러기에는 허점이 너무 많다. 파스칼이 누구던가! 16세에 『원뿔 곡선론』을 쓰고, 19세에 계산기를 발명하고 유체압력에 관한 '파스칼의 원리'를 발견하였으며, 신의 존재 증명으로 유명한 르네 데카르트(René Descartes)와도 겨루던 당시 최고의 천재다. 그런 그가 이처럼 엉성한 방법으로 신의 존재가 증명되리라고 생각했을 리 없다.

파스칼은 단순하게 분별력 있는 사람이라면 신을 믿는 쪽에 내기를 거는 편이 유리함을 합리적 방법으로 충고한 것이다. 아무리 유능한 사람이라 해도 다른 사람에게 신을 믿는 것이 좋다는 자신의 생각을 설득력 있게 전하기란 쉽지 않다. 그런데 내 생각에는 파스칼이 아주 간단하게 그것을 해냈다. 이때 그가 사용한 방법이 약 100년 후에 베이스가 개발한 의사결정 논리의 가장 단순한 형태라 할 수 있다. '파스칼의 내기'를 정리하면 다음과 같다.

	신이 존재하는 경우	신이 존재하지 않는 경우
신을 믿는 경우	무한한 행복(∞)	평범한 삶(0)
신을 믿지 않는 경우	참을 수 없는 고통($-\infty$)	평범한 삶(0)

표를 보면 왜 신을 믿어야 하는지가 일목요연해진다. 신을 믿는 경우 당신이 기대할 수 있는 행복은 '$\infty+0=\infty$'지만, 신을 믿지 않는 경우에는 '$-\infty+0=-\infty$'이기 때문이다. 이 말인즉, 당신이 신을 믿으면 무한히 행복해지겠지만, 신을 믿지 않으면 무한히 불행해진다는 것이다.

베이스의 계산법은 어떤 사건이 다른 사건과 연관하여 발생할 경우 최선의 선택을 각 사건에 주어지는 '개연도'와 '소망도'를 계산하여 찾는 방법이다. 개연도란 사건이 발생할 확률이고, 소망도는 사건들의 바람직한 정도다. 따라서 앞에서 본 '파스칼의 내기'보다는 조금 더 복잡하다. 프린스턴대학교의 논리학 교수로 있던 리처드 제프리(Richard Jeffrey)가 쓴 『결단의 논리』에 나온 예 가운데 가장 단순한 것 하나를 소개하면 이렇다.

손님이 포도주를 가져오기로 한 저녁 식사에 당신이 초대되었다고 하자. 그런데 그날 제공되는 요리가 닭고기인지 아니면 쇠고기인지를 잊어버리고 말았다. 당신은 전화가 없으며 단지 한 병의 백포도주와 적포도주를 갖고 있다. 그리고 자전거를 타고 가야 하므로 그중 한 병만을 웃옷 주머니 속에 넣어 갈 수 있다.

이때 당신은 어떤 포도주를 가져가는지와 관계없이 닭고기와 쇠고기가 나올 확률이 같다고 '주관적으로' 생각한다. 그리고 백포도주는 닭고기와 어울리고 쇠고기와는 맞지 않는다고 생각하고, 또 적포도주는 닭고기와는 보통이고 쇠고기와 어울린다고 역시 '주관적으로' 생각한다. 이런 경우 당신은 어떻게 하는 것이 현명한가?

어떤가? 간단한가? 아마 아닐 것이다. 이 문제를 풀기 위한 베이스의 계산법은 다음과 같이 진행된다. 우선 모든 가능한 경우는 백포도주와 닭고기, 백포도주와 쇠고기, 적포도주와 닭고기, 적포도주와 쇠고기, 이 네 가지다. 그런데 닭고기나 쇠고기가 나올 확률이 포도주와 관계없이 같다고 하면 개연도는 〈도표 1〉과 같이 나온다. 또한 포도주와 고기가 어울리는 정도를 나타내는 소망도는 〈도표 2〉처럼 정리할 수 있다. 물론 주관적인 판단에 따른 것이다.

	닭고기	쇠고기
백포도주	0.5	0.5
적포도주	0.5	0.5

〈도표 1〉

	닭고기	쇠고기
백포도주	1	−1
적포도주	0	1

〈도표 2〉

이제 앞의 두 도표에 나타난 개연도와 소망도를 항목별로 곱하고 더하여 각 행위의 평가 소망도를 계산한다.

백포도주의 평가 소망도 : $(0.5 \times 1) + (0.5 \times -1) = 0$
적포도주의 평가 소망도 : $(0.5 \times 0) + (0.5 \times 1) = 0.5$

그 결과 당신이 적포도주를 가져가는 것이 좋다는 결론이 베이스의 계산법에 따라 '간단하게' 나온다.

물론 이것은 의사결정에 관한 가장 단순한 형태의 문제다. 연관된 사건이 둘이고, 한 사건이 일어날 확률이 다른 사건에 관계없이 똑같기 때문이다. 연관된 사건의 수가 늘어나고 한 사건이 일어날 확률이 다른 사건에 따라 변하면 문제는 더 복잡해진다. 제프리의 『결단의 논리』에는 실제로 복잡한 수학적 확률 계산으로 만들 수 있는 문제들이 많이 소개되어 있다. 하지만 그것은 우리의 관심사가 아니다.

당신이 주목해야 할 것은, 이처럼 가장 단순한 경우에조차 보통 사람들은 어떻게 해야 할지를 모른다는 점이다. 우리는 이처럼 합리적 또는 논리적 의사결정 방법에 전혀 익숙하지 않다. 그러면 어떻게 해야 할까? 의사결정 논리의 계산법을 배워야 할까? 물론 그렇다. 우리는 합리적 의사결정을 위한 방법들에 대해 더 알아야 할 필요가 분명히 있다.

하지만 그것이 전부는 아니다. 위에서 이야기한 대로 또 다른 문제가 있다. 설사 우리가 의사결정 논리의 복잡한 수학적 확률 계산에 따라 합리적인 판단을 얻어냈다고 하더라도, 그것이 심리적 또는 직관적인 판단보다 과연 더 현명한가, 또는 적어도 만족스러운가 하는 문제가 남아 있다.

합리성을
넘어서

19세기는 계몽주의가 만발한 시대였다. 대부분의 사람들은 산업혁명과 프랑스대혁명을 이루어낸 합리적 이성의 놀라운 힘에 도취되어 있었다. 과학은 나날이 발달하고, 사회는 점점 개혁되어 인간 이성에 의한 '지상천국'이 이루어질 것 같았기 때문이다. 그런데 바로 이때 인간 이성의 한계와 위험성을 미리 들여다보고 경악하며 글을 쓴 사람이 있다. 니체마저도 "내가 무엇인가를 배울 수 있었던 단 한 사람의 심리학자"라고 부른 그는 바로 표도르 도스토옙스키(Fyodor Dostoevskii)다.

그는 자신의 첫 장편소설인 『죄와 벌』에서부터 인간의 이성이 얼마나 맹목적인지 고발하기 시작했다. 이 소설의 주인공 라스콜니코프는 전당포 노파가 나쁜 방법으로 모은 재산을 자신이 인류를 위해 봉사하게끔 학비로 사용하거나, 가난한 사람들에게 분배하는 것이 사회정의라고 생각했다. 그리고 한 걸음 더 나아가 자신처럼 '비범한 사람'들은 '평범한 사람'들이 지켜야 하는 법률을 위반해도 되는 권리를 지니고 있다고 생각했다. 그 당시 러시아의 일부 지식인들에게 유행하던 계몽주의의 한 형태였다. 그래서 라스콜니코프는 한 점 죄의식조차 없이 전당포 노파와 그녀의 여동생을 도끼로 살해했다.

물론 심리적 억압도 있었다. 도스토옙스키 연구가인 콘스탄틴 모출스키의 주장처럼, 상트페테르부르크의 무더운 날씨, 어머니와 여동생마저 돌보지 못하는 자신의 비참한 처지가 분명 그를 심리적으로 억압하고 있었다. 그래서 전당포 노파의 돈으로 어려움에 빠진 여동생과 어머니를 구해야 한다는 생각을 했다.

그렇다! 두 가지다. 인간의 행동을 결정하는 선택과 결단에는 이성적 판단과 심리적 판단이 언제나 함께한다. 그런데 18세기에 이미 라스콜니코프가 살았던 그 상트페테르부르크에서 바로 이 문제에 대해 고민했던 수학자가 있었다. 제정러시아 예카테리나 대제의 초청으로 상트페테르부르크 궁의 객원 학자로 있었던 니콜라우스 베르누이(Nicolaus Bernoulli)다.

그는 사람들이 의사결정을 할 때 수학적으로 계산되어 나오는 분명한 결과를 따르지 않는다는 것을 보여주는 문제를 냈다. '베르누이의 문제'라고도 하고 '상트페테르부르크 역설'이라고도 부르는 이 문제의 핵심 내용은 다음과 같다.

동전을 던져 앞면이 나오는 한 계속해서 던질 수 있다. 이때 참가자에게 주어지는 상금은 2^n달러다. 그러나 언제든 뒷면이 나오면 경기가 끝난다. 즉 참가자가 처음 동전을 던졌을 때 뒷면이 나오면 상금은 없

고 경기가 끝난다. 그러나 동전을 던져 한 번 앞면이 나온 다음 뒷면
이 나오면 $2^1 = 2$달러를 상금으로 받는다. 또 세 번 앞면이 나오고 그
다음에 뒷면이 나오면 상금은 $2^3 = 8$달러가 된다. 하지만 만일 30회
연이어 앞면이 나오면 상금은 무려 $2^{30} =$ 약 11억 달러가 된다. 이런
조건에서 이 경기에 참가하기 위해 얼마의 참가비를 내겠는가?

당신 같으면 어떻게 하겠는가? 잘만 하면 엄청나게 큰돈을 벌 수
있다. 하지만 큰 기대를 갖고 참가비를 많이 내면 자칫 그것을 다 잃
을 수도 있다.

계산해보자. '베르누이의 문제'를 수학적으로 계산해보면 매번 동
전을 던질 때마다 기댓값(상금×확률)은 1달러다. (2^n달러)×($1/2^n$)이
기 때문이다. 따라서 만일 동전을 다섯 번까지 던질 수 있다고 하
면 기댓값은 5달러다. 그런데 베르누이의 문제는 이론상 무한정 던
질 수 있다. 따라서 전체 기댓값도 역시 무한대가 된다. $(2×1/2)+(4×$
$1/4)+(8×1/8)\cdots\cdots=1+1+1+\cdots\cdots$ 이기 때문이다.

그런데 본래 공정한 내기란 딸 수도 있고 잃을 수도 있는 게임을
말한다. 그러려면 게임의 참가비는 기댓값과 같아야 한다. 하지만 베
르누이 문제의 경우 기댓값이 무한대라고 해서 무한대로 돈을 내고
내기를 하려는 사람이 있을까? 이 문제를 실제로 사람들에게 내보
면, 대부분의 사람들은 이 내기에 작은 돈이라도 선뜻 내고 참가하려
들지 않는다고 한다. 그래서 '상트페테르부르크 역설'이라는 이름이
붙은 것이다. 왜 그럴까?

베르누이의 가족은 모두 수학의 천재였다. 문제를 낸 니콜라우스의 사촌이자, 미적분학을 크게 발달시킨 요한 베르누이의 아들이며, '베르누이 정리'를 세운 다니엘 베르누이(Daniel Bernoulli)가 이 역설에 답을 내놓았다. 베르누이의 문제에서 상금이 높아지는 것과 같은 비율로 불확실성도 커지기 때문이라는 것이다. 예컨대 128달러의 상금을 받을 확률은 128분의 1이고 1024달러를 받을 확률은 정확히 1024분의 1밖에 되지 않는다.

불확실성 아래에서는 수학적 기댓값이 반드시 현명한 예측 수단이 아니다. 사람들은 수학적 기댓값이 높지만 그만큼 불확실성도 높아 심리적 기댓값은 낮기 때문에 내기에 선뜻 참가하지 않는 것이다. 결국 수학적 기댓값이 아니라 심리적 기댓값이 의사결정의 주요 요소라는 말이다. 같은 말을 현대경제학에서는 '주관적 기대 효용(subjective expected utility)', 즉 그 수익에 대한 주관적 기댓값이 의사결정의 기준이 된다고 표현한다.

그렇다. 우리가 의사결정을 하는 데에는 심리적 또는 주관적 판단이 항상 중요한 요소로 개입한다. 그 결과 개인의 성향에 따라 의사결정이 달라진다. '위험 선호적(risk loving)' 성향인 사람은 베르누이의 문제에 기꺼이 '상당한' 액수의 참가비를 내고라도 뛰어들 것이다. 매주 거액의 로또 복권을 사는 사람들과 같은 성향의 사람이다.

미친 짓이라고 할지도 모른다. 하지만 꼭 그렇지는 않다. 1913년 8월에 몬테카를로 카지노에서 짝수가 연속 26번 승리한 일이 있었다. 카지노 룰렛에서 한 번 회전할 때 짝수가 나올 확률은 37분의

18, 즉 0.486이다. 그러면 짝수가 연속 26번 승리할 확률은 $(0.486)^{26}$, 대략 1억 4287만 5000분의 1이다. 이것은 동전의 앞면이 연속해서 26번 나올 확률보다도 작다. 그럼에도 그런 일이 실제로 일어났다. '위험 선호적' 성향의 사람이 노리는 것이 바로 이런 것이다.

그러나 '위험 회피적(risk averse)' 성향인 사람은 베르누이의 문제에 기껏해야 1달러 이상의 참가비를 내려고 하지 않을 것이다. 그 이상을 내면 본전을 찾을 확률이 점점 희박해지기 때문이다. 이런 사람들은 설사 100달러짜리 복권의 기댓값이 120달러라고 해도 사지 않는다. 100달러를 잃을 수도 있기 때문이다.

이처럼 우리의 의사결정 방법은 결국 개인의 주관적 성향에 따라 좌우되는데, 이때 주관적 성향이라는 말에는 그 사람이 가진 개인적, 사회적 또는 종교적 취향과 가치관까지 들어 있다. 그 때문에 의사결정이란 단순히 논리학적인 판단일 수 없다. 각 개인의 주관적 성향, 처한 상황 등 다양한 요소가 변수로 함께 작용하는 심리적 판단이 언제나 함께한다. 그리고 이러한 심리적 판단이 논리적 판단보다 언제나 덜 현명하다고 할 수도 없다.

앞에서 예로 든 '린다 문제'만 해도 그렇다. 논리적 판단으로는 '린다는 은행원이고 여성운동에 매우 적극적이다'가 '린다는 은행원이다'보다 가능성이 더 높은 것이 불가능하다. 그러나 심리적 판단으로는 얼마든지 가능하다. 그녀가 '학생 시절에는 사회정의와 차별 문제에 관심을 가졌고 반핵운동에도 참여했다'라는 경력을 갖고 있기 때문이다. 우리의 오랜 경험에 따르면, 학생 시절 사회운동에 참여했던 여성이 '여성운동에 참여하지 않는 은행원'이 되기보다는 '여성운동에 참여하는 은행원'이 될 가능성이 훨씬 높기 때문이다.

'맥락 효과'라고 불리는 심리 실험도 마찬가지다. 의사들이 '5년 내 사망률 7%인 어떤 수술'은 환자에게 권하지 않고, 반면에 '5년 내 생존율 93%인 어떤 수술'은 환자에게 권하겠다고 대답했다면 그것은 정말 바보 같은 일이다. 하지만 그게 사실이라면, 의사들에게는 '5년 내 사망률 7%인 어떤 수술'이라는 말과 '5년 내 생존율 93%인 어떤 수술'이라는 말이 같은 의미가 아니라 다른 의미로 인식되기 때문일 수도 있다. 가령 그들의 경험상 '5년 내 생존율이 93%인 어떤 수술'이 훨씬 더 긍정적 의미로 인식될 수도 있다는 말이다.

미국의 논리학자 레이먼드 스멀리언(Raymond Smullyan)도 그의 책 『이 책의 제목은 무엇인가』에서 비슷한 이야기를 한 적이 있다. '맛있는 음식은 값싸지 않다'라는 문장과 '값싼 음식은 맛있지 않다'라는 문장은 논리적으로는 똑같다. 논리학 용어로는 '동치(equivalence)'라고 한다. 하지만 심리적으로는 전혀 다르다. 첫 문장은 비싸고 맛있는 음식을 떠올리게 하지만, 두 번째 문장은 맛이 형편없는 싸구려 음식을 연상시킨다는 것이다.

논리적 판단과 심리적 판단은 다르다. 그리고 어느 것 하나가 다른 하나보다 더 현명한 판단이라고 단정 짓기 어렵다. 따라서 내 생각에는 어느 한쪽을 편드는 것은 옳지 않다. 그 둘을 우리의 의사결정 과정에 상호 보완적으로 함께 참여시켜야 한다. 그래야만 이성적으로 합리적이고도 심리적으로 만족할 만한 선택에 도달할 수 있다.

설득의 논리학

이때 문제가 되는 것은 그러기에 합당한 방법이 우리에게 있느냐다. 물론 완벽한 방법은 아직 없다. 베이스의 계산법이 있을 뿐이다.

우리의 심리적 요소를 다양하게 수용하면서도 좀 더 단순한 의사결정의 논리 체계가 개발되어야 한다. 논리학은 수학보다 단순해야 한다. 물론 쉬운 일은 아니다. 그럼에도 이 점에서는 기거렌처의 말이 옳다. "17세기 중반에는…… 식견 있는 사람들의 판단과 확률이론 사이에 현격한 차이가 발생하는 경우—유명한 상트페테르부르크 역설처럼—수학자들은 칠판으로 돌아가서 공식을 고쳤다." 맞는 말이다. 그래야 한다. 하지만 이 일은 논리학자들의 몫이다.

우리가 해야 할 일은 따로 있다. 베이스의 의사결정 논리도 '주관적 개연도'와 '주관적 소망도' 같은 구조를 통해 우리의 심리적 판단을 반영할 수 있는 '그래도 괜찮은' 체계다. 조금 복잡하지만 앞에 소개한 간단한 형식 정도는 당신도 익혀둘 필요와 가치가 충분하다. 그 다음으로는 물론 개인적, 사회적으로 '건전한' 주관적 성향을 가질 일이다. 그것은 윤리학과 관계있다.

『결단의 논리』에서 베이스의 계산법을 정리하고 또 발전시킨 제프리도 책의 말미에서 베이스의 의사결정 논리가 '믿음이나 가치 또는 행동에 대한 서술적인 심리 이론'들을 받아들일 만큼 넉넉한 체계라는 것을 강조한다. 그러면서도 다음과 같은 말을 덧붙였다.

그러나 나는 특정한 개연도와 가치 할당에 대한 형식화와 비판은 반드시 제대로 폭넓게 행해져야 한다고 생각한다. 그것은 행위자, 그의 언어, 그의 사회 및 그의 특별한 상황에 관한 사실들의 도움을 받아 행해져야 한다. 물론 그런 활동은 베이스의 개념 틀을 사용해야 하지만, 귀납논리학과 윤리학 같은 다른 분야들에 속한다.

해도 후회,
안 해도 후회라면

키르케고르는 결혼을 하든 안 하든 아무튼 둘 다 후회하리라고 했는데, 결혼은 안 했다. 세상의 어리석은 짓을 보고 웃든 울든 아무튼 둘 다 후회하리라고 했는데, 주로 울었다. 한 여인을 믿든 안 믿든 아무튼 둘 다 후회하리라고 했는데, 여인은 안 믿었다. 목을 매달든 안 매달든 아무튼 둘 다 후회하리라 했는데, 목은 안 매달았다. 그래서 쾌활하고 순결한 약혼녀 레기네 올센과 파혼하고 독신으로 살면서 세속화된 당시 기독교를 비난하며 울다가, 1855년 10월 2일 코펜하겐 길거리에 쓰러져 다음 달 1일에 빈털터리로 세상을 떠났다. "폭탄은 터져서 그 주위를 불사른다"라는 말도 남겼다.

학자들은 키르케고르가 「망아의 연설」 첫머리에서 한 말을 인지심리학자 레너드 새비지(Leonard Savage)가 제안한 '확실의 원칙(sure-thing principle)'과 연관해 생각한다. 확실의 원칙이란 어떤 사람이 S라는 상황에서 A라는 행동을 하고, S라는 상황이 아닐 때도 A라는 행동을 하면, 그 사람은 S와 관계없이 A라는 행동을 한다는 것이다.

그렇다면 키르케고르는 어떤 것과도 관계없이 '태생적으로' 삶을 후회했다는 말이 된다. 키르케고르의 자기반성을 들어보면 맞는 말 같다.

왜 나는 다른 아이들처럼 자라지 못할까? 어째서 나는 기쁨으로 둘러싸여 있지 못할까? 무엇 때문에 나는 일찍부터 저 한숨의 왕국을 들여다보게 되었을까? 어째서 나는 타고난 불안 속에서 끊임없이 불안을 들여다보게 되었을까? 어째서 나는 어머니의 태중에서 보낸 아홉 달의 세월로 이미 늙어버렸으며, 어째서 어린아이가 아니라 늙은이로 태어났을까?

하지만 나는 키르케고르가 베이스의 계산법을 파혼과 같은 그의 선택에 적용했더라면 어땠을까 생각해본다. 물론 그가 연관된 사건들의 개연도와 각각의 사건에 대한 소망도를 어떻게 책정하느냐에 따라 다르게 결정되었을 것이다. 그럼에도 결과는 마찬가지였을까? 그럴지도 모른다. 그래도 이런 생각은 떨쳐버리기가 어렵다.

결혼하든 안 하든 아무튼 후회할 것 같으면, 결혼하고 후회하는 것이 조금 낫지 않을까? 웃든 울든 아무튼 후회할 것 같으면, 웃고 후회하는 것이 조금 낫지 않을까? 한 여인을 믿든 안 믿든 아무튼 후회할 것 같으면, 믿고 후회하는 것이 조금 낫지 않을까? 목을 매달든 안 매달든 아무튼 후회할 것 같으면, 안 매달고 후회하는 것이 조금은 낫지 않을까? 적어도 심리적으로는 그렇다는 것이다.

어쨌든 우리가 함께 도달한 결론이 있다. 현명한 의사결정은 베이스의 계산법과 같은 합리적인 틀 안에서 이루어져야 한다. 그럼에도 그 안에는 각자의 심리적 판단이 함께 들어 있어야 한다. 그래야 위장약을 먹지 않아도 될 것이며, '한숨의 왕국'을 들여다보지 않게 될 것이다.

논리학 길잡이

- **의사결정의 논리** : 주어진 상황에서 최선의 선택을 찾아내는 논리적 방법. 의사 결정의 논리 가운데 대표적인 것으로 '베이스의 계산법'이 있다.

- **베이스의 계산법** : '개연도'와 '소망도' 같은 심리적 판단을 반영하여 합리적이고 만족스러운 선택을 가능하게 하는 논리적 방법.

- **베이스의 계산법으로 의사결정 문제 풀기**

  ① 모든 가능한 경우를 구성한다. 예를 들어 주류로는 백포도주와 적포도주가 있고 육류로는 닭고기와 쇠고기가 주어졌을 경우, 모든 가능한 경우는 백포도주와 닭고기, 백포도주와 쇠고기, 적포도주와 닭고기, 적포도주와 쇠고기, 네 가지다.

  ② 각 경우의 개연도와 소망도를 주관적으로 정한다. 닭고기나 쇠고기가 나올 확률이 포도주와 관계없이 같다고 하면 가능한 경우들의 개연도는 모두 0.5다. 그런데 백포도주는 닭고기와 어울리고 쇠고기와는 안 어울린다면, 백포도주와 닭고기의 소망도는 1이지만 백포도주와 쇠고기의 소망도는 −1이다. 또 적포도주는 닭고기와 그저 그렇고 쇠고기와는 어울린다면, 적포도주와 닭고기의 소망도는 0이고 적포도주와 쇠고기의 소망도는 1이다.

  ③ 개연도와 소망도를 항목별로 곱하고 더하여 행위의 평가 소망도를 낸다. 위의 경우 백포도주의 평가 소망도는 $(0.5 \times 1) + (0.5 \times -1) = 0$이고, 적포도주의 평가 소망도는 $(0.5 \times 0) + (0.5 \times 1) = 0.5$다. 따라서 적포도주를 골라라!

---------------------------- 8 ----------------------------

쇼펜하우어의
뻔뻔한 토론 전략

논쟁에서 이기는 대화법

"결코 불합리한 것을 내세우지 않고,
충분한 분별력을 가진 사람들과만 논쟁하라"라고
아리스토텔레스는 교훈했다.
하지만 쇼펜하우어는 그런 사람은 1%에 불과하다며
누구하고든지 논쟁하라고 했다.
참으로 뻔뻔한 가르침이다.
칼은 위험하지만 그 자체로 선하거나 악하지 않다.
어떻게 쓰느냐에 달렸다.
논쟁술은 교활하지만 역시 쓰기에 따라 달라진다.

1851년에서 1854년까지 이집트에서 프랑스의 고고학자 오귀스트 마리에트(Auguste Mariette)가 지휘하는 거대한 발굴 작업이 있었다. 태양은 뜨거웠고 열기는 달아올랐다. 마리에트는 루브르 박물관의 관료로 근무하다 고대 필사본 문서들을 사들이기 위해 이집트에 파견되었다. 하지만 그는 고문서를 모으기보다 발굴에 힘을 쏟았다. 그리고 멤피스에서 프톨레마이오스왕조의 주신(主神) 세라피스의 신전인 세라페움(Serapeum)을 발견하여 세계적인 명성을 얻었다. 발굴품은 대부분 루브르로 보내졌다.

그러던 어느 날, 세라페움으로 연결되는 스핑크스 복도의 끝을 마주한 반월형 벽에서 모래 속에 파묻혀 2000년 가까이 잠자던 조각상들이 모습을 드러내기 시작했다. 하지만 발굴은 사정에 의해 도중에 중단되었다. 1938년에 재개되었지만 제2차 세계대전이 일어나 다시 멈출 수밖에 없었다. 발굴품은 1955년에야 완전히 공개되었는데, 조각상은 모두 11개로 고대의 뛰어난 시인과 철학자들의 것이었다.

정확한 연대는 알 수 없지만, 알렉산드로스대왕의 부장이었던 프톨레마이오스가 연 왕조 시대(기원전 305~기원전 30)에 만들어진 것으로 밝혀졌다. 철학자로는 탈레스, 헤라클레이토스, 프로타고라스,

플라톤이 있었다. 특이한 것은 소크라테스나 아리스토텔레스가 없고 프로타고라스가 있다는 것이다. 우리의 이야기와 관련해 그것이 뜻하는 바가 심중하다. 다름이 아니라 헬레니즘 시대에는 '논쟁술'이 매우 높게 평가되었다는 증거이기 때문이다.

프로타고라스(Protagoras)는 논쟁술의 달인이었다. 최초로 수업료를 받은 소피스트였고, 최초로 '논변 경시(log n ag nas)'를 연 사람이다. 영국의 분석철학자 길버트 라일(Gilbert Ryle)에 따르면, 그가 '논쟁적 토론회(eristic moots)'라고 이름 지은 논변 경시는 두 팀이 만나 한 주제를 놓고 공개 토론을 하는 형식으로 진행되었다. 돈을 걸고 내기를 했다는 설도 있다. 이에 대해서는 의심하는 학자들이 많다. 하지만 의심할 수 없는 것도 있다. 프로타고라스가 당시 가장 뛰어난 논쟁술을 갖고 있었고, 그것을 이용해 돈을 벌었다는 것이다.『논쟁의 기술』이라는 책도 남겼다.

1998년에 철학 교수들을 상대로 철학사상 중요한 업적을 남긴 철학자들을 묻는 설문 조사가 있었다. 아리스토텔레스, 플라톤, 칸트, 니체가 차례로 뽑혔고 비트겐슈타인과 흄, 데카르트가 그 뒤를 이었다. 프로타고라스는 들어가지 않았다. 그런데 만일 우리가 헬레니즘 시대 사람들처럼 논쟁술을 중요하게 생각한다면 4위 안에 반드시 들어가야 할 철학자가 있다. 아르투어 쇼펜하우어(Arthur Schopenhauer)다. 프로타고라스는 그다음에 온다.

본래 의학을 전공했던 쇼펜하우어는 거의 독학으로 철학을 공부했고, 30세에 그의 대표작『의지와 표상으로서의 세계』를 발표했다.

그는 자신의 책이 우주의 비밀을 담은 명저라고 생각했지만 단 몇 권만 팔렸다. 불행 중 다행으로, 그 책이 이미 대철학자로 인정받은 게오르크 헤겔(Georg Hegel)의 눈에 들어 베를린대학교에서 강의를 맡게 되었다. 그런데 수강생이 없어 한 학기 뒤에 그만두고 평생 다시는 강단에 서지 않았다. 헤겔에 대한 경쟁심에서 같은 시간에 강의를 했던 탓이라 한다. 그리고 은혜를 베푼 헤겔을 평생 욕했다. 말년에야 어느 정도 명성을 얻어 학자들과 예술가들이 그를 찾았다. 리하르트 바그너(Richard Wagner)는 악극 〈니벨룽겐의 반지〉 사본에 "존경하는 마음으로"라는 헌사를 붙여 쇼펜하우어에게 보냈다. 그는 물론 감동하지 않았다.

성격이 그러하니 삶이 평안할 리가 없다. 게다가 그를 더욱 참담하게 만든 것은 그의 어머니 요하나 쇼펜하우어(Johanna Schopenhauer)였다. 매력적인 문장가이기도 했던 그녀는 소설을 쓰는 데 천부의 재능을 가진 여인이었다. 그러나 모성 결핍증도 함께 타고난 여인이기도 했다. 그녀가 바이마르에 연 문학 살롱에는 당시 문화계에서 올림포스의 제우스와 같았던 괴테도 드나들었다. 하지만 아들인 아르투르는 금지되었다. 요하나는 아들에게 보내는 편지에 "너와 함께 사느니 차라리 죽는 게 낫다"라고 썼다. 그리고 함께 살러 온 아들을 내쫓아버렸다. 쇼펜하우어가 25세 때 일이었다. 그 후 모자는 다시 만나지 않았다.

가는 곳마다 박대를 받으면 성품이 좋은 사람조차 까칠해지는 법이다. 하물며 본래부터 까다로운 성격인 사람은 더 말할 것도 없다.

쇼펜하우어의 혀에는 언제나 가시가 돋아 있었고, 입에는 항상 욕설이 가득했다. 장전된 총을 베개 밑에 두고야 잠을 잘 수 있었으며, 식당 음식이나 질병에도 강박증이 있었다. 타인에 대한 견해는 심한 의심과 냉소로 물들어 있었고, 대화는 교활한 논쟁술로 가득했다.

자신이나 주위 사람들에게는 불행한 일이었지만, 그래서 남은 것이 있다. 그가 죽은 지 4년 후에 출간된 『논쟁에서 이기는 38가지 방법』이다. 원 제목은 '자기 정당성을 내세우는 기술(Die Kunst, Recht zu behalten)'이다. 쇼펜하우어는 이 글을 40대 초반에 이미 깔끔하게 완성해놓았지만 웬일인지 발표하지 않았다. '나의 적이 읽어서는 절대 안 될 책'이라고 생각해서인지도 모른다.

내용 중 일부는 아리스토텔레스의 『토피카』와 『소피스트적 논박』에서 차용해왔고, 나머지는 자신이 개발했다. 대부분 상대방을 곤궁으로 몰아넣는 야비한 술수다. 그는 우리가 이런 기술을 익혀야만 하는 이유를 다음과 같이 말했다.

그것은 인간 종족의 천성적인 사악함에서 기인한다. 인간에게 이런 사악함이 없다면, 즉 우리가 근본적으로 정직하다면, 우리는 모든 종류의 토론에서 단지 진실을 밝혀내는 일에만 몰두할 것이다. (……) 그러나 대부분의 사람에게는 타고난 허영심에다 수다스러움과 부정직함까지 곁들여 있다. 그들은 미처 생각하지 않고 이야기하고 또 그들의 주장이 틀렸으며 자신들이 부당했다는 사실을 나중에 깨닫고도 그것이 마치 반대인 것처럼 보이게 하려고 한다.

설득의 논리학

토론을 위한
기술들

쇼펜하우어는 토론술과 논쟁술을 구분했다. 토론술(dialektik)은 '담화의 상대방들이 질문과 답변의 방식으로 무언가를 반박하거나 무언가를 증명하여 주장할 때 사용하는 말하기 기술'이다. 따라서 그 목적은 '오로지 자신의 주장이 옳음을 견지하는 것'이다. 이 기술은 아리스토텔레스가 잘 개발해놓았다. 그래서 쇼펜하우어는 거기에서 빌려다 자기 책 안에 넣었다.

하지만 논쟁술(eristik)은 '정당한 수단을 쓰든 정당치 못한 수단을 쓰든(per fas et nefas)' 자신의 주장을 방어하고 상대방의 주장을 무너뜨리는 데 사용하는 기술이다. 쇼펜하우어에 따르면 논쟁에서 승리하는 사람은 올바른 주장을 내세우는 사람이 아니라, 자신의 주장을 내세우고 방어하는 데 교활하고 민첩하게 움직이는 사람이다. 따라서 논쟁술은 어디에 진실이 있는지에 관심을 두지 않는다. 마치 검투사가 결투를 할 때 누가 옳은지 생각하지 않는 것과 같다. "칼로 찌르고 방어하는 것, 그것만이 문제일 뿐이다." 이 술수에 대해 쇼펜하우어는 이렇게 말했다. "주변을 다 둘러보았지만 나는 지금까지 이러한 의미에서 이루어진 업적이 있는지 알지 못한다." 이 분야를 자신이 처음으로 개척했다는 자랑이다.

자, 그럼 생각해보자. 만일 당신이 올바르고 점잖은 사람이라면, 그래서 설사 자신에게 손해가 온다 해도 진실만을 존중하는 신사 숙녀라면, 아니 적어도 우리에게 필요한 지식은 협동과 평화에 관한 것이라는 낭만적 성품을 가졌다면, 이 장은 읽을 필요가 없다. 책을 덮고 차라리 다른 일을 해라.

하지만 만일 당신이 남에게 지고는 못 사는 성품을 가졌다면, 그래서 설사 교활한 술수를 써서라도 승리만은 얻어야 한다고 생각하는 갑남을녀라면, 아니면 적어도 우리에게 필요한 지식은 비열한 모략꾼들의 술수에서 자신을 방어하는 것이라고 생각한다면, 만사 제쳐놓고 이 장부터 읽어야 한다.

이제부터 쇼펜하우어를 비롯한 논쟁술의 대가들이 개발해놓은 기술을 두 가지로 구분해 설명할 것이다. 물론 그 모든 것을 다 설명할 수는 없다. 대표적인 기술들만 다루려고 하는데, '토론을 위한 기술들'과 '논쟁을 위한 술수들'로 나누어 살펴볼 것이다. 전자가 조금 더 정당한 기술이고 후자가 조금 더 교활한 술수다. 이것들을 익힐지 말지의 선택은 오직 당신에게 달렸다. 햄릿을 따라 말하자. "설득하느냐, 설득되느냐 그것이 문제로다."

쇼펜하우어는 『논쟁에서 이기는 38가지 방법』에 토론술과 논쟁술을 구분하지 않고 포함했다. 그리고 이 기술들을 '논쟁적 토론술(eristisch dialektik)'이라고 불렀다. 그의 생각에는 아무리 이성적 존재들끼리 오직 진리를 알아내기 위해 사심 없이 토론을 한다 해도, 진리란 본래 알아내기 어려운 데다 두 사람의 의견이 두 개의 시계처럼 맞을 수는 없다. 그 때문에 토론은 자연히 논쟁으로 넘어가게 되어 둘은 사실상 구분할 수 없다는 것이다.

하지만 아리스토텔레스는 토론술과 논쟁술을 구분했다. 그는 토론의 논쟁적 성격을 인정하면서도 토론의 목적은 진리 탐구라고 보았다. 그래서 변증법(dialektik)이라는 이름을 붙여 논리학에 포함시켰다. 아리스토텔레스의 변증법이 쇼펜하우어가 말하는 토론술이다. 그리고 오늘날 오류론이라는 이름으로 다뤄지는 논쟁술(eristik)과 궤변술(sophistik)은 논리적으로 반박해야 할 대상으로 취급했다.

내 생각에는 아리스토텔레스가 이론적으로 옳다. 토론은 올바른 결론에 도달하기 위한 목적을 갖고 실행되어야 한다. 하지만 실천적으로는 쇼펜하우어가 옳다. 논쟁 없는 토론은 없기 때문이다. 그렇다면 이 둘을 엄밀하게 구분하기란 쉽지 않다. 토론술을 기초적 논쟁술, 그리고 논쟁술을 고도의 토론술로 볼 수도 있다. 하지만 여기서는 편의상 구분하여 토론술부터 보자. "기초를 튼튼하게 하라"라는 말은 오래전부터 내려오는 금언이다.

이런 의미에서 토론술은 교활하거나 야비한 술수가 아니다. 설득을 위한 정당한 기술이다. 아리스토텔레스가 『분석론 전서』에서 개발한 삼단논법 같은 연역법은 물론이고, 『토피카』와 『소피스트적 논박』에서 설명한 여러 가지 기술이 전부 이에 속한다. 그 안에는 우리가 앞 장들에서 살펴보았던 예증법, 실천적 삼단논법, 넓은 의미의 귀납법, 심지어 가추법까지 들어 있다. 모두 설득을 위한 뛰어난 도구다. 따라서 이들에 대한 설명은 앞 장들에서 이미 다룬 내용을 토론에서의 공격술과 방어술로 재정리하는 것이 된다. 크게 연역법과 귀납법으로 나누어 살펴보자.

연역법을 이용한
공격과 방어

연역법은 진리 보존적인 논증법이다. 즉 전제들이 참이면 결론은 언제나 참이다. 6장에서 이미 설명했다. 그래서 모든 논증법 가운데 형식적으로 가장 빈틈이 없고 설득력이 높은 논증법이다. 그러므로 당신이 누군가를 설득하려 한다면 연역법을 사용하는 것이 좋다. 고지식하지만 정상적인 설득을 위한 공격술로는 이만한 것이 없다.

구체적 방법은 이렇다. 당신이 주장하려는 결론의 전제들을 질문하여 상대방이 하나씩 시인하게 하라. 그러고 나서 결론은 그가 이미 시인한 것처럼 단정한다. 그러니까 "모든 포유동물은 새끼에게 젖을 먹이지요?" 그리고 "고래는 포유동물이지요?" 하고 먼저 묻는다. 그런 다음 "그럼 고래는 새끼에게 젖을 먹인다는 것을 인정하셨습니다"라고 말하는 것이다

물론 원칙이 그렇다는 것이다. 상대는 그리 어수룩하지도 만만치도 않다. 당신이 묻는 전제들을 순순히 시인하려 하지 않을 것이다. 전제들을 시인하고 나면 결론도 꼼짝없이 시인해야 함을 상대도 알기 때문이다. 그래서 교묘한 술수들이 개발되는 것이다. 쇼펜하우어는 이런 경우를 위해 몇 가지 술수를 알려준다.

하나는, **질문을 질서정연하게 하지 말고 중구난방으로 하는 것이다.** 당신이 도달하려는 결론을 상대가 눈치채지 못하게 하기 위함이다. "그 결과 우리의 질문에 대하여 사전에 대비하지 못할 것이다. 그러면 우

설득의 논리학

리는 그로부터 얻어낸 답변을 여러 가지 결론을 이끌어내는 데 사용할 수 있다."(『논쟁에서 이기는 38가지 방법』, 「요령 9」) 쇼펜하우어는 상황에 따라 심지어 반대되는 결론을 이끌어낼 수도 있다고 했다.

다른 하나는, **연쇄삼단논법을 이용하는 것이다.**(『논쟁에서 이기는 38가지 방법』, 「요령 4」) 2장에서 이미 살펴보았듯, 복합삼단논법 가운데 하나인 연쇄삼단논법은 두 개 이상의 삼단논법을 연이어 놓은 형태를 갖추고 있다. 따라서 전제들의 수가 많다. 이런 전제들을 '되도록 순서와 상관없이 되는 대로' 던져 상대의 시인을 받아내라는 것이다. 그다음에는 당신이 필요한 결론으로 '편안하게' 이끌어갈 수 있다. 두 가지 모두 상대를 혼란에 빠뜨리는 것이 핵심이다.

더 교묘한 술수도 있다. 원하는 결론을 이끌어내기 위해 **그럴듯한 거짓 전제를 사용하는 것이다.**(『논쟁에서 이기는 38가지 방법』, 「요령 5」) 예를 들어 당신이 법정에서 피고에게도 동정심이 있다는 것을 증명하려 한다고 하자. 그럼 우선 "모든 사람은 동정심을 갖고 있지요?"라고 상대에게 묻고 "피고도 사람이지요?" 하고 확인한 다음 "피고도 동정심을 갖고 있습니다"라고 주장하는 식이다. 언뜻 보기엔 그럴듯하지만, 사실 속임수다. 여기에서 '모든 사람은 동정심을 갖고 있다'라는 전제는 '참'이 아니고 단지 '그럴듯한' 말이기 때문이다.

이때 **상대방의 종교나 가치관을 이용하라는 것**은 아리스토텔레스가 『토피카』에서 한 충고다. 예를 들어 기독교인에게는 "성경에 원수도 사랑하라고 했죠?" 하고 물어라. 그리고 단호하게 "그럼 가해자를 용서하세요"라고 결론을 내리라는 것이다. 그럼으로써 당신은 상대를 논리적 정당성이 아니라 종교적 정당성으로 몰아세우게 된다. 물론 교활한 술수다. 하지만 승리는 당신의 것이 된다.

모두 다 소개할 수는 없지만 다른 방법들도 있다. 이를테면 **자신에게 유리한 용어를 선정하는 것**이다. 예를 들어 어떤 사람이 '명성을 원했다'라는 표현은 그를 탐욕스러워 보이게 할 수도 있다. 그보다는 '선한 이름을 원했다'라고 하는 것이 그의 선함을 주장하는 데 유리하다. '순결성'을 지녔다보다는 '미덕'을 갖추었다고 하는 것이 그의 미덕을 증명하는 데 좋다고도 한다.(『논쟁에서 이기는 38가지 방법』, 「요령 6」) '신앙심'이라는 중립적인 용어도 그것을 옹호할 때는 '경건함'이라 표현하고, 비난할 때는 '미신' 내지 '광신'이라고 말하면 된다. 이런 표현법은 일종의 순환논법(petitio pricipii)이다. 쇼펜하우어는 그것을 이용하라고 말한다.(『논쟁에서 이기는 38가지 방법』, 「요령 12」) 연역법을 사용한 공격술은 이만큼만 하자.

문제는 거꾸로 상대가 연역법을 사용하여 이런 식으로 공격해올 때 어떻게 방어하는가다. 연역법은 강력한 공격용 설득 도구다. 특히 2장에서 보았듯 연쇄삼단논법이나 대증식에는 빈틈이 없다. 방심한 나머지 상대가 내세우는 전제들을 하나씩 시인하다 보면 당신은 꼼짝없이 당하게 된다. 그럼 어떻게 해야 할까?

결론부터 말하자. 위험한 싹은 자라기 전에 미리 잘라야 한다. 상대가 내세우는 전제를 되도록 시인하지 말아야 한다. 오히려 그것의 허점을 노려 가능하면 그것이 참이 아니라는 것을 증명해야 한다. 하지만 그것이 어디 말처럼 쉬운가! 그래서 쇼펜하우어는 이에 대해서

설득의 논리학

도 한 수 가르쳐준다.

그중 하나가 **상대가 내세운 전제를 확대해석하는 것이다.**(『논쟁에서 이 기는 38가지 방법』, 「요령 1」) 그다음에 그것을 피해갈지 오히려 공격할 지는 당신의 선택이다. 예를 들어 상대가 당신에게 "과학 법칙을 의 심하지는 않으시겠지요?"라고 물어 그것을 시인하게 한 후 그가 주 장하려는 결론으로 이끌려고 한다. 그런데 그것을 시인하면 당신은 기선을 놓치게 되고 부정하면 비과학적인 사람으로 몰릴 것이다. 이 때 당신은 "저는 지식의 확실성을 의심합니다"라고 확대해석한 다음, 곧바로 지식의 문제점들을 장황하게 늘어놓으며 피하거나 오히려 반격하는 식이다. 여성의 고용 문제가 불평등하게 이루어진다는 주 장에 대해서는 "우리 사회가 여성을 불평등하게 대우한다는 말씀이 신데……"라고 확대해석한 다음 몰아붙이면 된다.

이와 유사하게 **특정한 사안을 보편화하여 대답하는 것도 있다.**(『논쟁 에서 이기는 38가지 방법』, 「요령 19」) 상대가 어떤 특정한 사안에 대해 질문하고 비난할 때 이에 할 말이 없거나 있어도 자신에게 불리할 경우에 사용하는 방법이다. 예를 들어 정부가 장애인의 인권 문제에 무관심하다는 비난을 한다고 하자. 이에 대해 할 말이 없으면, 그동 안 정부가 인권 문제 전반에 걸쳐 얼마나 애써왔는지를 늘어놓는 식 이다. 이는 정치인들이 자주 사용하는 술수다. 현대논리학에서는 이 런 종류의 술수들을 '허수아비 논증(straw man)'이라고 한다. **상대방 의 주장을 쉽게 공격할 수 있도록 왜곡해서 허점이 많은 허수아비를 만들 어놓고 그것을 공격하는 것이다.**

예컨대 어떤 사람이 '민주주의가 지지하는 다수결의 원리는 제대로 훈련받지 못한 대중의 원리다. 그것은 바람직하지 못한 정치 상황이다. 그러므로 민주주의는 바람직하지 못한 정치 상황을 지지한다'라는 논증을 전개한다고 하자. 이것이 허수아비 논증이다. 이 논증은 다수결이 '제대로 훈련받지 못한 대중의 원리'라고 자의적으로 왜곡해서 허수아비를 만든 다음에 그것을 공격함으로써 '민주주의는 바람직하지 못하다'라는 잘못된 결론을 이끌어냈기 때문이다.

따라서 허수아비 논증은 상대가 자기 의견이 확대해석되거나 보편화된 부분을 명백하게 밝히고, '허수아비 논증의 오류(fallacy of straw man)'를 범하고 있음을 지적할 경우 무너진다. 그럼에도 쇼펜하우어가 이런 논증을 권하는 이유는 실제로 뜨겁게 논쟁하는 와중에 그런 냉철한 지적을 할 수 있는 사람은 극히 드물기 때문이다. 논쟁이란 언제나 숨 가쁘게 진행된다. 그래서 당신의 상대가 자신을 즉각 방어하지 못하면 당신이 '상대의 주장을 물리친 듯한 인상'을 줄 수 있다. 쇼펜하우어가 노린 것이 바로 그 지점이다. 누가 그런 야비한 짓을 할지 모르겠다면 오해다. 유명 정치인들과 명성을 누리는 학자들이 특히 애용하는 수법이다.

또 있다. **동음이의어를 이용하는 것이다.**(『논쟁에서 이기는 38가지 방법』, 「요령 2」) 동음이의어(homonymie)란 같은 음을 가졌으나 다른 뜻을 가진 용어를 말한다. 하지만 여기서 쇼펜하우어는 동음이의어를 논리학자들이 '애매어'라고 부르는 의미로 사용했다. 예를 들어 당신의 상대가 "죄인은 형벌을 받아야 합니다"라고 주장하면, "모든 인간

설득의 논리학

은 죄인이 아닌가요? 그렇다고 모두 형벌을 받을 수는 없지요"라고 대응하는 것이다. 같은 죄인이지만 상대가 말한 죄인은 형법적 의미의 죄인인데, 당신은 종교적 의미의 죄인으로 바꾸어 반박한 것이다. 물론 논리학상으로는 '애매어에 의한 오류(fallacy of equivocation)'를 범했다. 하지만 상대가 즉각 그것을 알아차려 지적하지 못하는 경우 당신은 이번에도 방어에 성공한 것이다.

이외에도 몇 가지가 더 있지만 요령은 같다. 상대를 함정에 빠뜨리는 것이다. 그러기 위해서는 스스로 오류를 범하기도 한다. 심지어 상대의 말을 왜곡하여 상대방이 하지도 않은 말이나 상대방의 의견이 아닌 내용을 끄집어내서라도 반박하라고 한다.(『논쟁에서 이기는 38가지 방법』, 「요령 24」) 그리고 그것이 발각되지 않는 한 당신은 성공한다. 설사 발각된다 하더라도 속수무책으로 당하는 것보다야 낫다. 어차피 방어하는 처지에서는 밑져야 본전인 셈이다. 당신이 조금 뻔뻔한 얼굴로 미소를 지을 수만 있다면 말이다.

귀납법을 이용한 공격과 방어

귀납법에는 여러 종류가 있다. 하지만 논쟁에 흔히 사용되는 것은 열거적 귀납법, 예증법, 유비 논증, 생략삼단논법 등이다. 이들의 공통된 특징은 진리 확장적 논증이라는 것이다. 전제가 '참'이라고 해도 결론이 '필연적으로 참'이 아니라는 말이다. 따라서 귀납법은 '형식적으로는' 연역법만큼 강력한 공격술이라 할 수 없다. 하지만 그 나름의 장점이 있다. 경험에 따른 구체적인 지식을 전제로 제시하기 때문에 '내용적으로' 설득력이 크다. 특히 예증법이 그렇다. 1장에서 보았듯이 적합한 예 하나는 아홉 개의 설명보다 더 큰 설득력을 갖고 있다.

따라서 귀납법에 의한 주장은 단점을 감추고 장점을 이용하는 식으로 진행해야 한다. 구체적으로는 이렇다. **먼저 전제로 적합한 개별적 예나 지식을 하나둘 골라 상대에게 묻는다. 그리고 상대가 그 전제들을 시인하면 곧바로 주장하려는 결론이 마치 보편적 진리로 인정된 것처럼 간주해버린다. 당연히 귀납의 강도가 매우 낮기 때문에, 결론을 시인하느냐고 묻지는 않는다.**(『논쟁에서 이기는 38가지 방법』, 「요령 11」) 종류에 따라 간단한 예를 들어보자.

'여기 있는 철수도 부지런하지요? 또 영이도 부지런하지요? 영수도 부지런하지요? 우리 회사 사람들은 모두 부지런합니다'라는 식이다. 전형적인 '열거적 귀납법'의 예인데, 여기에서는 눈앞에 보이는 단지 세 가지 예들을 전제로 내세워 질문하고 시인하게 하여 결론을 내렸다. '나쁜 음식은 몸을 병들게 하지요? 마찬가지로 나쁜 영화는 정신건강을 해칩니다'라는 예증법은 누구나 경험할 수 있는 단 한 가지 예를 들어 묻고 시인하게 함으로써 결론을 내렸다. 또 '사람에게서 머리를 자르면 그는 죽지요? 마찬가지로 조직에서 우두머리를 없애버리면 그 조직은 망합니다'라는 유비 논증은 명백한 그러나 오직 한 가지 예를 들어 묻고 시인하게 하여 곧바로 결론을 내렸다. 그리고 '공급이 부족하면 물건 값이 오르지요? 그래서 휘발유 값이 오른 겁니다'라는 생략삼단논법은 일반적 상식을 묻고 시인하게 하여 결론을 내렸다.

쇼펜하우어는 귀납법도 이런 방식으로 주장하면 설득에 성공할 수 있을 것이라고 했다. 심지어 전제가 부적합하거나 부족할 경우에도 그렇다.(『논쟁에서 이기는 38가지 방법』, 「요령 20」) 왜냐하면 상대방은 일일이 따져볼 겨를이 없어 부지불식간에 자신이 그 결론을 시인한 것으로 생각하게 되며, 또 청중도 그와 같은 인상을 받기 때문이다. 물론 약삭빠른 술수다. 따라서 이에 대한 방어술은 당연히 이런 술수의 약점을 꼼꼼히 지적하여 곧바로 반박하는 식으로 전개해야 한다.

열거적 귀납법에 대한 방어술은 무엇보다도 카를 포퍼(Karl Popper)의 '반증 가능성 원리(falsifiability principle)'에 잘 나타나 있다. 포퍼는 예를 들어 '백조 1은 희다', '백조 2도 희다', '백조 3도 희다' 등과 같은 전제들을 모아서 '모든 백조는 희다'라는 결론을 얻어내는 열거적 귀납법은 결코 정당화될 수 없다고 했다. 왜냐하면 모든 사례를 다 조사할 수 없기 때문이다. 만약 단 한 마리의 검은 백조라도 관찰된다면, 반증은 가능해진다.

포퍼는 그의 대표적 저서 『탐구의 논리』에서 이런 주장을 체계화하여 귀납법을 정당화하려는 카르나프를 비롯한 논리실증주의자들의 모든 노력을 수포로 만들었다. 유명한 이야기다. 그러나 그것이 전혀 새로운 아이디어는 아니었다. 쇼펜하우어가 『논쟁에서 이기는 38가지 방법』의 「요령 25」에 이미 다음과 같이 밝혔기 때문이다.

> 귀납법은 보편적 명제를 이끌어내기까지 많은 양의 사례를 필요로 한다. 이에 비해 현행법 체포식의 방법은 제시된 보편적 명제와 부합하지 않는 단 한 가지 사례만 있으면 된다. 그러면 그 보편적 명제는 무너지고 만다. 그와 같은 한 가지 사례를 반증(exemplum in contrarium, instantia)이라고 부른다.

간단하다. 상대방이 **열거적 귀납법으로 자기주장을 할 경우에는 단 하나의 반대 사례를 찾아 반박하면 된다.** 앞의 예에서는 "당신 회사의 사원인 영철은 부지런하지 않잖아요"라고 반박하면 된다. 열거적 귀납법은 대부분 특수한 사례를 일반화할 때 생기는 '성급한 일반화의 오류(fallacy of hasty generation)'를 범하고 있기 때문에 반대 사례를 찾는 것이 어렵지 않다.

예증법은 예로 든 사안과 결론이 전혀 다른 경우라는 것을 지적함으로써 반박할 수 있다. 앞의 예에서는 음식과 영화의 차이점을 내세워 반박하면 된다. 예컨대 음식은 무엇이 나쁜 것인지를 쉽게 판단할 수 있지만, 영화는 그럴 수가 없다는 차이가 있다. 쇼펜하우어는 상대방이 이러한 예증이 아니라 오히려 반증을 갖고 공격해올 때에도 같은 방법으로 물리칠 수 있다고 했다.(『논쟁에서 이기는 38가지 방법』, 「요령 17」) 당연한 이야기다. 예증이든 반증이든 그것을 '나쁜' 또는 '부적

설득의 논리학

합한' 예로 몰아 반격한다는 점에서 같기 때문이다.

마찬가지로 **유비 논증은 그것이 '위유추의 오류(fallacy of false analogy)'임을 지적함으로써 반박할 수 있다.** 위유추의 오류란 유사한 점을 근거로 하여 다른 것도 그러리라고 추론하는 데서 생기는 오류다. 따라서 유추가 잘못되었음을 지적하면 된다. 앞의 예에서는 사람의 몸과 머리 간 관계와 조직과 조직의 우두머리 간 관계가 다르다는 것을 지적함으로써 반박할 수 있다. 예컨대 머리는 바꿀 수 없지만 우두머리는 바꿀 수 있다는 점을 내세운다. 쇼펜하우어는 『논쟁에서 이기는 38가지 방법』의 「요령 37」에서 상대가 잘못된 증거를 선택했을 경우 그것을 반박하고 사안 자체를 반박한 것처럼 행동하라고 했는데, 예증법이나 유비 논증 모두에 해당하는 말이다.

생략삼단논법에 대한 반박은 생략된 전제를 찾아 그것의 부당함이나 부적절함을 공격하면 된다. 앞의 예에서는 '휘발유 공급이 부족하다'라는 전제가 생략되었다. 당신은 휘발유 공급이 부족하지 않다는 증거를 제시하면 된다. 휘발유 값은 세금 때문에 오를 수도 있지 않은가. 만일 그렇다면 이런 경우 상대는 잘못된 원인을 근거로 하여 결론을 내린 '위원인의 오류(fallacy of false cause)'를 범한 것이다.

이 밖에도 몇 가지가 더 있다. 그중 하나는 이렇다. 4장에서 설명한 대로 귀납법으로 얻은 결론은 귀납적 강도에 따라 표현의 강도도 조절해야 한다. 그것을 어겼을 경우에는 예컨대 "요즈음 젊은이들은 모두 이기적이라고요? 성급한 일반화가 아닌가요?"라고 그 점을 지적한다. 마치 그 주장 전체가 반박된 것처럼 행동하는 방법이다. 이처럼 귀납법을 이용한 공격에 대한 방어술의 요점은 모두 같다. 귀납법들의 공통된 약점은 그 결론이 '필연적 참'이 아니라는 것이다. 따라서 그것을 필연적 참인 것처럼 주장하는 경우 허점이 있기 마련이다. 그것을 캐내어 반박하면 된다.

이제까지 설명한 기술들을 보면, 정당한 것도 있고 그렇지 않은 것도 있다. 하지만 연역법을 이용한 기술들에는 방어술에, 귀납법을 이용한 기술들에는 공격술에 교활한 술수들이 많다. 이유는 간단하다. 약하기 때문이다. 연역법은 강하기 때문에 그것을 방어할 때, 그리고 귀납법은 약하기 때문에 공격할 때 교활한 술수들이 필요하다.

그런데 쇼펜하우어의『논쟁에서 이기는 38가지 방법』에는 이보다 더 야비한 술수들이 많다. 왜 그럴까? 그의 말대로 토론이 논쟁으로 넘어가기 때문이다. 그리고 논쟁은 상대방의 주장을 무너뜨리기 위해 벌이는 싸움이다. 싸움의 목적은 '정당한 수단을 쓰든, 정당치 않은 수단을 쓰든' 자신을 방어하고 상대방을 쓰러뜨리는 것이다. 마음이 올곧은 사람이라면 당연히 꺼려질 것이다. 그래서 들려줄 이야기가 있다. 싸움의 도(道)에 관한 이야기다.

무사시의 검술과 쇼펜하우어의 논쟁술

미야모토 무사시(宮本武藏)라는 검객이 있었다. 그는 바람을 가르며

설득의 논리학

달리는 스라소니 같은 사람이었다. 17세기 초, 일본에 전국시대가 끝나고 에도막부가 시작되던 시절에 살았다. 평생 단 한 번도 진 적이 없는 불패 무적의 무사다. 빠르고 매임이 없고 강하고 교활했다. 어느 유파에도 속하지 않고 스스로 검술을 익혀, 두 개의 칼을 쓰는 이천일류(二天一流)를 창시했다. 회화와 조각을 할 줄 알았고, 시와 노래, 다도에도 능했다. 하지만 평생 목욕을 하지 않고 맨발로 다녔다. 전쟁에도 여러 번 나갔지만 마천한 군졸이었다.

그럼에도 사무라이를 숭배하는 일본에서 그는 신화적인 인물이다. 요시카와 에이지(吉川英治)가 쓴 그의 전기 『미야모토 무사시』는 1억 5000만 부가 넘게 팔렸다. 뿐만 아니라, 자주 극으로 만들어져 TV 방송과 영화관에서 번번이 인기를 끈다. 그가 인기를 누리는 것은 단순히 뛰어난 검객이기 때문만은 아니다. 탁월한 전략가이기 때문이다.

미야모토 무사시는 평생 60여 차례 싸웠다. 그런데 단 한 번도 약속한 시간에 나타나지 않았다. 미리 와서 숨어 있다가 갑자기 나타나 미처 준비되지 않은 적들을 삽시간에 베어버린 적도 있었다. 하지만 대부분은 늦게 나타났다. 상대가 기다리다가 지쳐 포기하고 돌아가려는 때에야 나타났다. 심리전이다. 명예와 목숨을 건 싸움을 앞두고 투지를 불태우면서 상대를 기다리는 것은 심리적으로 무척 힘든 일이다. 피 말리는 긴장이 계속된다. 그러다 그것을 풀고 돌아가려 할 때는 몸과 마음 모두 지치기 마련이다. 무사시는 그때 갑자기 나타나 사납게 대들어 상대를 베어버렸다.

그는 모습을 드러내는 방향, 옷차림, 말과 행동 모두 상대의 예측을 깨뜨리고 되도록 신경을 거스르는 방향으로 했다. 그렇게 상대를 혼란에 빠뜨리거나 화나게 했다. 그런 후에 대부분은 목숨을, 언제나 승리를 빼앗아갔다. 하지만 그것이 그가 사용한 전략의 전부는 아니다. 무사시는 상대를 정확히 파악하고 그에 대해 철저히 준비했다. 그의 전략을 엿볼 수 있는 유명한 싸움이 있다. 이른바 '후나지마의 결투' 또는 '간류지마의 결투'라 불리는 싸움이다.

싸움은 1612년 4월 13일, 시노모세키에서 남쪽으로 500미터 정도 떨어진 후나지마(船島)라는 작은 섬에서 있었다. 간류지마(巖流島)라고도 부른다. 상대는 그 지방 영주인 호소가와 집안의 검술 사범 사사키 고지로(佐佐木小次郞)였다. 재미있는 사실은 고지로가 작은 칼을 쓰는 소태도(小太刀)의 명인이자 도다류(富田流)를 천하에 알린 도다 세이겐(富田勢源)을 섬기며 지도받았다는 점이다. 1척 5촌의 짧은 칼을 쓰는 세이겐은 고지로에게 3척의 긴 칼을 들게 하고 그를 상대로 연습했다. 그러다 보니 고지로는 본의 아니게 긴 칼, 곧 장태도(長太刀)를 쓰는 법을 깨우치게 되었다. 몸이 크고 힘이 센 그에게는 오히려 그것이 맞았다. 게다가 그가 상대하는 스승 세이겐은 짧은 칼의 달인으로 빠르기가 전광석화와 같았다. 긴 칼의 단점을 극복하고 민첩성을 익히는 데는 더없이 좋은 상대였다. 어느덧 고지로의 장태도는 날아가는 제비를 갈랐다. 일명 '비검 제비 치기'다.

무사시와의 결전을 앞둔 고지로는 새벽에 일어나 섬으로 건너갔다. 진홍색 천으로 만든 소매 없는 하오리(羽織)에 염색한 가죽 하카마(袴)를 입었다. 소문난 장태도는 옆에 찼다. 한껏 멋을 낸 것이다.

설득의 논리학

결의는 단호했고, 투지는 불타올랐다. 그때 무사시는 객관에서 자고 있었다. 싸움에 늦지 말라는 영주의 분부를 받은 객주가 그를 깨웠다. 하지만 무사시는 서두르지 않고 밥을 먹었다. 그다음 배를 젓는 노를 두 개 구해달라고 부탁했다. 그러고는 태평하게 그것을 깎기 시작했다. 빨리 섬으로 건너오라는 독촉이 왔다. 그제야 그는 옷을 갈아입고 머슴아이가 노를 잡은 작은 배에 올랐다. 배 안에서는 솜옷을 뒤집어쓰고 몸을 옆으로 뉘었다. 그리고 졸았다.

고지로는 구경꾼들 앞에서 하염없이 홀로 서 있어야 했다. 그는 분노했다. 그러나 한 시간, 두 시간, 시간이 흘러가자 분노가 점차 누그러졌다. 투지도 사라지기 시작했다. 서서히 초조해졌다. 무사시가 섬에 나타난 것은 이때였다. 해는 이미 중천에 떴고, 고지로는 짜증 속에 지쳐가고 있었다. 무사시는 긴 칼과 짧은 칼을 함께 사용하는 이도류 검객이다. 그런데 긴 칼은 배에 놓아두었다. 허리에 짧은 칼 하나만 꽂고 배에서 내렸다. 손에는 노를 깎아 만든 목검을 쥐고 있었다.

그것을 본 고지로가 다시 분노하여 서둘러 장태도를 뽑았다. 칼집은 땅에 버렸다. 그리고 쏜살같이 무사시에게 달려들었다. 그러자 무사시가 배시시 웃으며 말했다. "고지로, 그대는 졌다. 승자라면 어찌 칼집을 버리겠는가." 계산된 야유였다. 고지로의 얼굴이 새빨갛게 달아올랐다. 동시에 그의 긴 칼이 무사시의 미간을 향해 바람을 갈랐다. 쓰러진 것은 고지로였다. 무사시의 목검이 그의 머리를 먼저 부수고 늑골을 내려쳐 목숨을 앗아간 것이다.

무사시는 전략가였다. 그는 고지로가 긴 칼을 다른 검객이 짧은 칼을 쓰는 것보다 더 빠르게 다룬다는 것을 알았다. 그러니 날아가는 제비를 떨어뜨리지 않겠는가! 해변처럼 툭 트인 곳에서는 같은 빠르기라면 짧은 칼이 긴 칼을 당해낼 수 없다. 그렇다고 고지로의 칼보다 긴 칼을 쇠로 만든다면 무거워서 민첩하게 다룰 수 없다. 그래서 목검을 만들었다. 노를 깎아 만든 목검은 고지로의 긴 칼보다 훨씬 길었다. 무사시는 적의 장단점을 이미 간파하고 그에 대비한 것이다.

말년에 무사시는 『오륜서』라는 전략서를 남겼다. 『손자병법』과 함께 동양 최고의 병법서로 손꼽힌다. 불교에서 말하는 다섯 가지 큰 바퀴[五大五輪]인 지(地), 수(水), 화(火), 풍(風), 공(空)을 따라 다섯 권으로 꾸몄다. 1권인 『땅[地]의 장』에서는 병법의 도, 곧 검객이 지켜야 할 법칙을 말한다. 2권인 『물[水]의 장』에서는 검술의 기본기를 설명한다. 3권인 『불[火]의 장』에서는 검객이 알아야 할 전략을 말한다. 4권인 『바람[風]의 장』에서는 다른 유파의 검술을 설명한다. 5권인 『공(空)의 장』에서는 진정한 도(道)에 대하여 말한다.

무사시는 싸움의 도는 불교에서 말하는 공(空)이라고 했다. 그리고 공에는 선만 있고 악은 없으며, 지혜가 있고 도리가 있으며 도가 있다고 했다. 하지만 이것은 책의 말미에서 무사시가 부린 멋 내기일 뿐이다. 『오륜서』에 나타난 싸움의 도는 오직 승리다. 무사시 스스로 그렇게 적어놓았다. "검술의 참된 도는 적과 싸워 이기는 것이며, 이는 변하지 않는 원칙이다. 내 병법의 지혜를 터득해 올바른 도를 실천하면 반드시 이길 수 있다."

흥미로운 것은 무사시의 『오륜서』에 나오는 검술과 쇼펜하우어의

『논쟁에서 이기는 38가지 방법』에 실린 논쟁술 사이에 공통점이 많다는 점이다. 특히 전략에 관한 『불의 장』이 그렇다. 이상하거나 우연한 일이 전혀 아니다. 쇼펜하우어도 알고 있었다. 그래서 그는 논쟁술을 '정신적인 검술'이라고 규정했다. 예를 들면 이렇다. 『오류서』의 『불의 장』에는 27가지 전략이 들어 있는데, 그 가운데 '화 돋우기'가 있다. 무사시는 다음과 같이 말했다.

> 화 돋우기란 상대의 화를 북돋아 평정심을 잃게 하는 방법이다. 사람의 마음을 흔들어놓는 상황을 꼽자면, 첫째는 위험할 때, 둘째는 곤란할 때, 셋째는 예측하지 못한 상황이 벌어졌을 때 등이 있다. (……) 적이 예상치 못한 바를 찔러 세찬 기세로 공격해 들어가서, 적이 동요하는 사이에 자신에게 유리하도록 선수를 쳐서 이기는 것이 중요하다.

그런데 『논쟁에서 이기는 38가지 방법』의 「요령 8」에는 이렇게 쓰여 있다.

> 상대방을 화나게 만들어라. 왜냐하면 화가 난 상태에서는 올바로 판단하거나 자신의 장점을 감지할 수 없기 때문이다. 상대의 화를 돋우려면 상대방을 노골적으로 나쁘게 평가하거나 트집을 잡으면 된다. 전반적으로 뻔뻔스럽게 대하면 된다.

어떤가? 같지 않은가? 그뿐이 아니다. 거의 모든 면에서 그렇다.

그래서 이제부터 이야기할 논쟁을 위한 '교활한 술수들'에서는 무사시의 검술 전략과 비교하며 설명하려 한다. 분명 흥미로울 것이다.

논쟁을 위한 술수들

무사시는 싸움이 불과 같다고 했다. 그래서 그 전략을 『불의 장』에 담았다. 그 첫 부분은 주도권을 잡는 방법에 할애했다. 그만큼 중요하다는 이야기다. 무사시는 "주도권을 쥐면 빨리 승리할 수 있기에 주도권을 쥐는 것이 병법에서 가장 중요한 이치다"라고 했다. 그리고 상황이나 적의 심리 상태 그리고 자신의 병법에 따라 주도권을 잡는 방법을 낱낱이 소개했다.

우선 '세 가지 주도권'에는 적을 공격하면서 주도권을 쥐는 방법, 방어하면서 주도권을 쥐는 방법, 서로 맞부딪치며 주도권을 쥐는 방법이 들어 있다. 그뿐만 아니다. 뒤이어 기선을 제압하기 위한 '베개 누르기', '상태 파악하기', '검 밟기' 등이 차례로 소개된다. 모두 싸움에서 주도권을 잡는 방법들을 설명한 것이다. 무사시는 다음과 같이 말한다.

병법에서 말하는 승리의 이치에서 보자면, 적에게 압도돼 기선을 빼앗기는 것은 좋지 않다. 어떻게든 적을 자신의 생각대로 끌고 다녀야 한다. 그러나 적도 이와 같은 생각을 하므로 단순히 상대가 의도하는 바를 받아치기만 해서는 주도권을 잡을 수 없다. (……) 적이 기술을 펼치려는 찰나에 곧바로 제압하여 모든 기술을 쓸모없게 만들어 적을 좌지우지할 수 있다면, 병법의 달인이 되고 성과를 얻었다고 할 수 있다. 베개 누르기를 잘 연습해야 한다.

마찬가지다. 논쟁에서도 주도권을 쥐는 것이 가장 중요하다. 그런데 어떻게? 방법이 있다. 질문을 던지는 수법이다. 논쟁에서는 질문을 잘하는 사람이 논쟁의 주도권을 잡고 상대를 자신의 생각대로 끌고 갈 수 있다. 마치 권투 기술에서 왼손 잽과 같다. 왼손 잽을 잘 날리는 선수가 권투 경기를 주도해간다. "왼쪽을 제압하는 자가 세상을 제압한다"라는 말은 그래서 나왔다. **논쟁에서도 질문을 잘 던지는 자가 상대를 제압한다.**

그런데 알아둬야 할 것이 있다. 이때 던지는 질문은 상대에게서 단순히 어떤 사실을 알아내기 위해 하는 '일상적 질문'과 전혀 다르다. 논쟁에서의 질문은 상대를 당황하게 만들어 그가 주장을 올바로 펴지 못하게 하거나, 반대로 자기의 주장에 찬성하지 않을 수 없게 만드는 '전략적 질문'이다. 한마디로 적의 모든 기술을 쓸모없게 만들고 적을 좌지우지할 수 있게 하는 '베개 누르기'다. 여러 가지 교묘한 방법이 있다.

쇼펜하우어가 『논쟁에서 이기는 38가지 방법』의 「요령 13」에서 든 예를 풀어 설명하면 이렇다. 당신이 "부모의 말을 들어야 한다"라는 대답을 상대에게서 얻어내려 한다고 하자. 이때 당신이 "사람은 부모의 말을 들어야 합니까?"라고 묻는 것은 전략적 질문이 아니다. 그 대신 "사람은 부모의 말을 들어야 합니까, 아니면 무조건 모두 거역해야 합니까?" 하고 물어야 한다.

주목해야 할 점은 거역한다는 말만 '무조건 모두'라고 강조했다는 것이다. 게다가 쇼펜하우어는 이 부분을 '훨씬 큰 소리로' 강조해서 물으라고 했다. 그러면 상대는 덜 과격하고 더 타당하게 생각되는 당신이 원하는 답을 선택할 수밖에 없게 된다는 것이다. 쇼펜하우어는 이렇게 덧붙였다.

이것(전략적 질문)은 상대방의 입에서 직접 나온 고백들로부터 자기주장의 진실성을 끌어내기 위함이다. 이와 같은 질문 방법은 고대 철학자들이 특히 애용한 방식이다(그래서 이 방식은 소크라테스식 방법이라고도 불린다).

(……) 우리가 실제로 상대방에게서 받아내려고 하는 고백의 내용이 드러나지 않게 하기 위해서는 느닷없이 그리고 광범위하게 질문하는 방식을 취하라. 이와 반대로 고백받은 것을 토대로 하여 결론을 내리는 논증은 신속하게 하라. 왜냐하면 이해가 느린 사람들은 우리의 말을 제대로 좇지 못하고 또 증명 과정 중에 생길 수 있는 오류나 허점을 파악하지 못하기 때문이다.

—『논쟁에서 이기는 38가지 방법』, 「요령 7」

설득의 논리학

전략적 질문을 받으면 상대는 어쨌든 곤경에 빠지기 마련이다. 이런 질문들은 그 안에 음흉한 함정을 파놓고도 표면상으로는 시치미를 떼기 때문이다. 만일 당신이 어수룩한 사람이라면 함정을 알아채지도 못하고 당하게 된다. 설사 당신이 그 음흉한 계략을 알아차렸다고 하더라도 일단 모르는 척하고 대답할 수밖에 없다. 그러나 대답을 하고 나면 곧바로 준비된 함정에 빠지게 된다. 그래서 전략적 질문은 그 자체가 거센 공격인 것이다.

예컨대 **'잘못된 이분법(false dichotomy)'을 이용한 공략**이 그렇다. 예를 들어 "제3세계 국가에서는 독재가 바람직합니다. 왜냐하면 이런 나라들이 선택할 수 있는 것은 독재 아니면 굶주림뿐인데, 독재가 굶주림보다는 낫기 때문이지요. 그렇지 않은가요?"와 같은 질문이다. 이 질문은 선택 가능한 경우의 수를 질문자가 이미 두 가지로 한정했다. 물론 자신의 의도에 합당한 대답이 나오도록 전략적으로 구성한 것이다. 그래서 그것을 재빨리 파악하고 대처하지 못하면 상대는 꼼짝없이 당하게 된다.

일단 파악했다고 하더라도 난감하기는 마찬가지다. 아니라고 하면 굶주리는 것이 좋다는 말이 되고, 그렇다고 하면 독재가 좋다는 뜻이 되기 때문이다. 물론 대처 방법이 전혀 없는 것은 아니다. 질문이 가능한 경우의 수를 충분히 헤아리지 못한 '잘못된 이분법에 의한 오류(fallacy of false dichotomy)'임을 지적하는 것이다. 예컨대 "자유로우면서도 굶주리지 않는 방법은 생각해보지 않으셨나요?"라고 반격하는 방법 말이다. 그러나 마음속으로 미리 준비하지 않으면 그렇게 하는 것이 쉽지 않다.

더 교활한 전략적 질문도 있다. **대표적인 것이 '복합 질문(complex question)'을 이용한 공략이다.**(『논쟁에서 이기는 38가지 방법』, 「요령 15」) 복합 질문이란 표면상으론 단순한 질문처럼 보이나 내용상으로는 두 개 이상의 질문이 결합되어 있어, 이에 대해 긍정하든 부정하든 모두 곤경에 빠지게 되는 형식의 질문이다. 가장 단순한 예가 "당신, 요즘엔 도박하지 않지?" 같은 질문이다. 이에 대해 "예"라고 대답해 보라. 그러면 예전에는 도박을 했다는 말이 된다. 그렇다고 "아니오" 라고 대답해보라. 그러면 지금도 도박한다는 말이 된다.

물론 논리학상으로는 이런 질문을 '복합 질문의 오류(fallacy of complex question)'라고 한다. 하지만 어떠랴! 상대에게 발각되지만 않으면 된다. 쇼펜하우어의 말대로 논쟁에서는 '정당한 수단을 쓰든, 정당치 않은 수단을 쓰든' 관계없다. 자신의 주장을 방어하고 상대의 주장을 무너뜨리면 그만이다. 따라서 상대가 오류를 범했을 때는 곧 바로 지적하고 반격해야 한다. 하지만 자기 자신은 되도록 능수능란 하게 적합한 오류를 이용할 줄 알아야 한다.

예를 들어보자. 프랜시스 베이컨은 그의 저서 『신기관』에 인간이 흔히 빠지는 오류를 '네 가지 우상'으로 정리해놓았다. 그중 '동굴의 우상'이라는 것이 있다. 각자 개인적으로 갖고 있는 편견이나 선입견 을 말한다. 보통 읽은 책이나 사회적 권위 등에 의해 만들어진다.

예컨대 갈릴레오 갈릴레이(Galileo Galilei) 같은 과학자도 "아리스 토텔레스가 불을 제외한 모든 것은 무게를 갖는다고 했는데도, 너는

설득의 논리학

공기가 무게를 갖는다는 것을 의심하느냐?" 하고 말한 적이 있다. 만일 이 말을 베이컨이 들었다면 갈릴레이가 바로 '동굴의 우상'에 사로잡혀 있다고 비난했을 것이다. 공기가 무게를 갖는 이유를 실험과 관찰을 통해 증명하지 않고, 아리스토텔레스라는 특정한 사람의 권위에 기대어 강조했기 때문이다.

그런데 쇼펜하우어는 '논쟁할 때 기꺼이 오류를 이용하라'고 한다. "상대방이 존경하는 권위를 자신이 갖고 있을 때 우리는 논쟁을 쉽게 승리로 이끌 수 있다"(『논쟁에서 이기는 38가지 방법』, 「요령 30」)라는 것이다. 만일 당신이 공격하는 상황이라면 가능한 상대에게 권위를 가진 전문가의 말을 인용하고, 또 스스로 전문가인 양 어려운 전문용어를 마구 늘어놓는 것이 좋다. 특히 학식이 부족한 청중 앞에서 효과적이다.(『논쟁에서 이기는 38가지 방법』, 「요령 28」)

물론 오늘날 논리학에서는 이것을 '숭배에 의한 논증(argumentum ad verecundiam)'이라 부르며 오류로 취급한다. 그러니 당신이 방어해야 할 처지라면 즉각 숭배에 의한 논증의 오류를 범했다고 반박해야 한다. 결국 공격을 하든지 방어를 하든지, 어쨌든 논쟁을 하려면 오류론은 철저하게 공부해놓는 것이 좋다. 공격할 때는 논쟁술로 이용하고, 방어할 때는 상대의 잘못을 지적하기 위해서 말이다.

오류에 대한 연구는 일찍이 아리스토텔레스가 그의 저서 『오르가논』 중 『소피스트적 논박』에서 13가지 오류를 제시한 이후, 여러 논리학자들에 의해 계속되어왔다. 현대논리학자 데이비드 해킷 피셔(David Hackett Fischer)가 1970년에 출간한 『오류의 역사』라는 책에는 오류가 무려 112가지나 정리되어 있다. 모두 다 알아둘 수야 없지만 자주 쓰이는 중요한 것들은 필요에 따라 언제든지 사용토록 철저히 익혀두는 게 좋다. 여기에서 이미 소개한 오류들은 특별히 자주 쓰이는 중요한 것들이다. 무사시는 『오륜서』에서 각각의 전술을 설명한 다음 말미에 반드시 "스스로 연습해야 한다"라는 당부를 덧붙였다. 마찬가지다.

물론 오류를 이용하여 상대를 곤경에 빠뜨리려면 극도의 뻔뻔스러움이 필요하다. "상대방이 소심하거나 지능이 떨어지고, 또 우리 자신이 지극히 뻔뻔스러운 성격과 큰 목소리를 갖고 있을 경우, 이 방법은 잘 먹혀들 수 있다"라는 것이 쇼펜하우어의 생각이다. 그는 이런 전제 아래서 나온 더 야비한 방법도 소개한다. 이런저런 질문을 마구 던지는 것이다. 그다음 이끌어내고자 하는 결론을—상대방의 지금까지의 답변으로는 도출해낼 수 없음에도—마치 증명된 것처럼 제시하고 의기양양한 태도를 취하라고 말한다.(『논쟁에서 이기는 38가지 방법』, 「요령 14」)

뻔뻔하라,
그리고 승리하라

참 뻔뻔스럽다. 그런데 문제는 거꾸로 상대가 이렇게 뻔뻔하게 공격해오면 어떻게 대응하느냐 하는 것이다. 정당한 방어법은 당연히 상대방 공격의 오류를 캐내어 곧바로 지적하는 것이다.(『논쟁에서 이기는 38가지 방법』, 「요령 22」) 공격 상대의 허점을 놓치지 말고 재빨리 반격하라는 무사시의 '기다림의 주도권'이나 '건너기' 전략과 다를 바 없다.

또 있다. **상대의 논거를 역이용하는 방법**(retiriso argumenti)이다. 예를 들어 상대가 "그는 어린아이입니다. 그러므로 정상을 참작해주어야 하지 않겠습니까?"라고 나온다 하자. 그러면 "바로 아이라는 그 이유 때문에 우리는 그를 벌해야 합니다. 그래야만 그가 그런 나쁜 버릇을 길들이지 않을 테니까요."라고 대응하는 것이다.(『논쟁에서 이기는 38가지 방법』, 「요령 26」)

그렇지만 상대가 작심하고 뻔뻔하게 전략적 질문을 사용해 공격해오면 이에 대응하기가 대부분 용이하지 않다. 이런 때는 당신도 역시 뻔뻔스러운 방어술을 써야 한다. 예컨대 의미 없는 말들을 폭포수처럼 쏟아냄으로써 **상대방을 얼빠지게 만드는 방법**이 있다. 쇼펜하우어는 "보통 사람들은 아무 말이나 들어도 그 속에 무언가 생각할 게 있다고 믿지요."라는 괴테의 『파우스트』 가운데 한 구절을 인용한 다음, 이렇게 덧붙였다.

우리는 상대에게서 보거나 듣거나 생각하는 능력을 싹 사라지게 하는, 즉 학식 있게 또는 의미심장하게 들리는 허튼소리를 아주 진지한 태도로 떠벌리고, 또 그것을 마치 우리 견해의 명백한 증거처럼 내세움으로써 그에게 깊은 인상을 줄 수 있다.

좀 엉성해 보이지만, 무사시도 '당황하게 만들기'에서 권한 기술이다. 실전에서 의외로 잘 통하기 때문이다. 무사시는 "당황하게 만들기는 적이 정신을 차리지 못하게 만드는 방법이다"라고 했다. 다수의 싸움에서는 "이곳인지 저곳인지, 이것인지 저것인지, 빠른지 느린지 알 수 없게" 하고, 일대일 싸움에서는 "때로는 치는 듯이, 때로는 찌르는 듯이, 때로는 진격해 들어가는 듯이 행동해" 혼란을 빚은 다음 그 틈을 노려 승리를 얻는 것이다.

물론 이에 대한 대비책이 없는 것은 아니다. 처지를 바꾸어 상대방이 갑자기 이렇게 나오면, 그것은 당신이 그 사람의 약한 또는 아픈 부분을 건드렸다는 '확실한 신호'다.(『논쟁에서 이기는 38가지 방법』, 「요령 34」) 이때 당신은 건드린 부분을 계속 끈질기게 몰아붙이면서 상대가 그 약점에서 도망가지 못하게 해야 한다는 것이 쇼펜하우어의 교훈이다. 상대가 갑자기 화를 낼 때도 마찬가지다.(『논쟁에서 이기는 38가지 방법』, 「요령 27」)

무사시도 '꺾이는 때를 알라'에서 같은 충고를 했다. "적이 꺾이는 것은 모두 그 시기에, 제 박자에 맞게 일어나는 법이다." 때를 놓치지 말고 계속해서 궁지로 몰아넣으라는 뜻이다. "무너지는 박자를 놓치면 다시 왕성해질 수도 있다"라고도 했다. 그러니 "그 무너짐의 순간에 다시 일어날 수 없도록 확실한 결정타를 날려야 한다"라는 것이다.

그렇다면 '상대방을 얼빠지게 만드는 방법'은 그리 좋은 기술이 아닌 것 같다. 약점을 스스로 드러내 반격을 받을 수도 있기 때문이다. 하지만 완벽한 술수란 본래 없다. 좀 더 교활한 방법이 있을 뿐이다.

설득의 논리학

그 가운데 하나가 **논점의 전환**(mutatio controversiae)이다.(『논쟁에서 이기는 38가지 방법』, 「요령 18」) 쇼펜하우어는 이렇게 말했다.

상대방이 우리의 주장을 물리칠 만한 논거를 포착했음을 알아채는 순간, 우리는 상대방이 자신의 논지를 밀어붙이도록 가만히 두어서는 안 된다. 오히려 때를 놓치지 말고 논쟁의 진행을 중단하고, 논의를 다른 방향으로 돌려 다른 명제 쪽으로 끌고 가야 한다.

이 말인즉 상대에게 질 것 같은 분위기를 감지하는 순간, 느닷없이 다른 이야기를 시작해야 한다.(『논쟁에서 이기는 38가지 방법』, 「요령 29」) 물론 논리학상으로는 '논점 일탈의 오류(ignoratio elenchi)'를 범하는 것이다.

그러나 우리는 주변에서 거의 매일 이런 상황과 마주친다. 예를 들어 당신이 어떤 사람의 키가 크다고 하면, 상대는 곧바로 그 사람이 뚱뚱하다고 논점을 바꾸어버린다. 왜 남의 집 앞에 자동차를 세워놓았느냐고 항의하면, 왜 반말을 하느냐고 시비를 거는 식이다. 이 기술에 대해서는 당신도 아주 잘 알고 있기 때문에 더 설명할 필요가 없다. 그런데 무사시도 '쇄신하기'에서 유사한 방법을 권한다. 싸움이 안 풀리면 곧바로 적의 의표를 찌르는 다른 수를 쓰라는 것이다. 역시 실전에서 잘 먹히기 때문이다.

이런 식의 뻔뻔한 술수들은 얼마든지 많다. 그러니 쇼펜하우어가 가르쳐준 '마지막 한 수'인 『논쟁에서 이기는 38가지 방법』의 「요령

38」을 끝으로 이번 장은 정리하자. 그의 마지막 비법은 한마디로 "눈에는 눈, 이에는 이"로 대응하는 것이다. 인신공격에는 인신공격으로 맞서고, 모독에는 모독으로 나가고, 무례한 술수에는 더 무례한 술수로 싸우면 된다.

일찍이 아리스토텔레스는 『토피카』에서 아무하고나 닥치는 대로 논쟁을 벌이지 말라고 했다. "결코 불합리한 것을 내세우지 말고, 만약 그럴 경우 스스로 창피하게 여길 만큼 충분한 분별력을 가진 사람들과만 논쟁하라"라고 교훈했다. 하지만 쇼펜하우어는 그런 사람은 100명 중 한 사람이 있을까 말까 하다면서 누구하고든지 논쟁하라고 한다. 뻔뻔하게 싸우고 반드시 승리하라는 것이다.

참으로 뻔뻔한 가르침이다. 하지만 생각해보자. 칼은 위험하지만 그 자체로 선하거나 악하지 않다. 어떻게 쓰느냐에 달렸다. 도둑의 칼은 사람을 해치지만 의사의 칼은 사람을 구한다. 마찬가지다. 논쟁술은 교활하지만 역시 쓰기에 따라 달라진다. 어떤 사람의 교활한 혀는 사회를 해치지만 어떤 사람의 능활한 입술은 시대를 구할 수 있다.

결국 검술이든 논쟁술이든 쓰기 나름이다. 사람, 사회, 시대를 구하는 데 써야 한다. 무사시는 그것을 몰랐다. 그래서 불패의 검객이었지만 미천한 군졸이었다. 쇼펜하우어도 그것을 몰랐다. 그래서 무적의 논객이었지만, 1998년 설문 조사에서 중요한 업적을 남긴 철학자들의 목록에 들지 못했다. 내 생각은 그렇다.

● **오류론**

오류는 잘못된 논증이다. 오류에는 '형식적 오류'와 '비형식적 오류'가 있다. 형식적 오류는 형식 논증에서 발생하는 오류로, 형식논리학의 추론 규칙에 합당치 못한 논증이다. 비형식적 오류는 자연언어 논증에서 발생하는 오류로, 겉보기로나 심리적으로는 옳은 듯하지만 논리적으로 검토해보면 부당한 논증이다.

비형식적 오류는 '언어적 오류'와 '자료적 오류'로 나뉜다. 언어적 오류란 사용된 언어가 애매하거나 그 구성 또는 작용이 잘못되어 발생하는 오류다. '애매성의 오류'라고도 한다. 자료적 오류는 사용된 전제가 결론의 근거로 부적합하거나 또는 불충분할 때 발생하는 오류다. '적합성의 오류'라고도 한다.

● **언어적 오류들**

　• **애매어에 의한 오류** : 단어의 개념을 애매하게 사용해 발생하는 오류.

　　㉐ 모든 죄인은 감옥에 가둬야 한다. 인간은 모두 죄인이다. 그러므로 모든 인간은 감옥에 가둬야 한다.

　• **강조의 오류** : 문장의 일부가 강조됨으로써 문장의 의미가 변해 생기는 오류.

　　㉐ 성경에서는 "원수를 사랑하라"라고 했다. 철수는 원수가 아니다. 그러므로 나는 철수를 사랑하지 않아도 된다.

　• **결합의 오류** : 개별적으로 사용한 말을 잘못 결합해 생기는 오류.

　　㉐ 원자는 육안으로 볼 수 없다. 모든 물체는 원자로 되어 있다. 그러므로 모든 물체는 육안으로 볼 수 없다.

- **분해의 오류** : 전체적으로 사용한 말을 분해해 발생하는 오류.

  ㉎ 개는 흔한 동물이다. '세인트버나드'는 개다. 그러므로 '세인트버나드'는 흔한 동물
  이다.

- **자료적 오류들**
  - **선결문제 요구의 오류** : 결론의 논거가 될 수 없는 부당한 전제로부터 결론을
    이끌어내는 오류. '부당가정의 오류' 또는 '거지 논법'이라고도 한다.

    ㉎ 영혼은 불멸한다. 왜냐하면 영혼은 불가분적이니까.

  - **순환논법의 오류** : 전제와 결론이 서로 순환적으로 논거하는 오류.

    ㉎ 이 사상은 정부의 탄압을 받기 때문에 위험하다. 왜냐하면 정부는 위험한 사상을
    탄압하니까.

  - **복합 질문의 오류** : 표면상으로는 단순한 질문처럼 보이나 내용상으로는 두
    개 이상의 질문이 결합된 질문을 하여, 이에 대해 긍정이나 부정을 했을 때
    그것을 전제로 결론을 이끌어내는 오류.

    ㉎ "요즈음은 도둑질하지 않지?" "예." "그렇다면 예전에는 했다는 말이군!"

  - **우물에 독 뿌리기 오류** : 자기주장과 반대되는 주장은 나쁜 것으로 전제하여
    논증의 여지를 남기지 않는 오류.

    ㉎ 통일은 반드시 이루어져야 한다. 이는 한국인이라면 누구든 반대할 수 없을 것이다.

  - **사람에 의한 논증** : 상대방의 주장을 논거에 의해 반격하지 않고, 그의 인격,
    성격, 지위, 환경, 직업 등 논리상 부적합한 근거를 제시하여 결론을 이끌어내
    는 오류. '인신공격'이라고도 한다.

    ㉎ 베이컨의 이론은 믿을 수 없다. 왜냐하면 그는 법을 어긴 적이 있으니까.

  - **대중에 의한 논증** : 적절치 못한 결론을 대중심리를 이용하여 정당화하는 오
    류. 광고나 정치 연설에서 흔히 볼 수 있다.

    ㉎ 이 정치인은 훌륭하다. 왜냐하면 지지율이 높기 때문이다.

설득의 논리학

- **무지에 의한 논증** : 어떤 주장이나 사실의 진위가 가려지지 않는 것을 근거로 결론을 이끌어내는 오류.

  ㉠ 신이 존재하지 않는다는 증거가 없다. 때문에 신은 있다.

- **숭배에 의한 논증** : 전문가의 권위나 존경심을 근거로 자신의 주장을 정당화하는 오류. 베이컨은 이것을 '동굴의 우상'이라 했다.

  ㉠ "아리스토텔레스가 불을 제외한 모든 것은 무게를 갖는다고 했는데도, 너는 공기가 무게를 갖는다는 것을 의심하느냐?"(갈릴레이)

- **성급한 특수화의 오류** : 일반적인 사례를 특수한 경우에 적용해 발생하는 오류. '직접 우연의 오류'라고도 한다.

  ㉠ 거짓말은 비도덕적이다. 이 의사는 환자에게 불치병임을 알리지 않았다. 따라서 그는 비도덕적이다.

- **성급한 일반화의 오류** : 특수한 사례를 일반화해 생기는 오류. '역도(逆到) 우연의 오류'라고도 한다.

  ㉠ 이 진통제는 환자의 모든 고통을 없애준다. 따라서 이 진통제는 사랑의 고통도 없애줄 것이다.

- **위원인의 오류** : 필연적 원인이 아닌 것을 근거로 삼아 결론을 내릴 때 생기는 오류.

  ㉠ 서낭당에 빌면 아들을 낳는다.

- **위유추의 오류** : 유사한 점을 근거로 하여 다른 것도 그러리라고 추론하는 데서 생기는 오류.

  ㉠ 사람에게서 머리를 자르면 그는 죽는다. 마찬가지로 국가에서 왕을 없애버리면 그 나라는 망한다.

- **허수아비 논증의 오류** : 상대의 주장을 변형해놓고 그것을 공격하는 오류.

  ㉠ 여성 장애인 문제는 여성의 문제다. 그러므로 남녀평등 차원에서 다루어야 한다.

- **잘못된 이분법에 의한 오류** : 완전하지 않은 두 개의 선택지를 주고 그중 하

나를 강요하는 오류.

> 예 A 후보에게 투표를 하든지 아니면 나라를 망하게 하든지 하십시오.

- **논점 일탈의 오류** : 논점에서 벗어나는 주장을 내세우는 오류. 전제와 결론이

  서로 관계가 없는 논증에서 흔히 나타난다.

  > 예 신은 존재한다. 그러므로 남북통일을 해야 한다.

9

플라톤의
빨간 사과

이치 논리와 퍼지논리

여기 빨간 사과가 하나 있다.
플라톤은 빨간 사과는 빨간 정도에 따라
'약간 빨간 사과', '매우 빨간 사과', '상당히 빨간 사과' 등으로
구분할 수 있다고 했다.
반면 아리스토텔레스는 '빨간 사과'와 '빨갛지 않은 사과'로 구분했다.
과연 누구의 말이 맞을까?

아테네에는 '도시의 꼭대기'라는 뜻을 가진 아크로폴리스(Acropolis)가 솟아 있다. 바다의 신 포세이돈과 지혜의 여신 아테나가 이 도시의 수호신이 되기 위해 경쟁했던 이 거룩한 언덕 위에 '여신의 왕관'이라는 이름에 어울리는 아름답고 거대한 사원이 있다. 아테나 여신을 모시는 '처녀의 집', 곧 '파르테논(Parthenon)'이다.

논리학에 대해 생각할 때 종종 떠오르는 것이 티 없이 푸른 하늘을 배경으로 삼아 우뚝 서 있는 이 신전의 모습이다. 기둥과 상량이 엄밀한 비례에 따라 이루어진 이 정교한 건축물의 골조미는 논리학의 견고한 아름다움과 매우 닮았다. 게다가 숱한 모순과 역설을 물리침으로써 진리를 수호하는 논리학의 임무는 전쟁의 여신이자 수호의 여신이기도 한 아테나의 그것과 흡사하다. 아테나가 든 창과 방패가 혹시 논리학을 상징하는 것이 아닐까 하는 생각도 가끔 든다. 어쨌든 논리학은 이 여신의 이름을 딴 도시 아테네에서 시작되었다.

논리학이라는 파르테논에는 그것을 지탱해온 거대한 두 개의 주춧돌이 놓여 있다. 하나는 플라톤이 그의 대화편 『파이드로스』에서 분명하게 언급해 확정한 동일률(law of identity)이고, 다른 하나는 아리스토텔레스가 그의 여러 저서들에서 깎고 다듬어 깔아놓은 모순율(law of contradiction)이다. 동일률은 'A는 A다'라는 언급이고, 모순율은 'A는 ~A가 아니다'라는 주장이다. 한마디로 사과는 사과고, 사과는 사과 아닌 것이 아니라는 말이다.

얼핏 너무나 당연하고도 간단하여 심지어 하찮게 보일 수도 있다. 하지만 이 하찮아 보이는 법칙들이 지난 2300여 년간 논리학을 흔들리지 않게 떠받쳐왔다. 논리학의 중요한 과제 중 하나는 논증 안에 모순이 생기지 않게 하는 것인데, 이 두 법칙이 바로 그 일을 담당해 왔기 때문이다.

그런데 논리학자들은 동일률과 모순율이 아리스토텔레스 이전의 어떤 '신비스러운' 누군가에게서 이미 주장되어왔다고 생각한다. 이 사람은 자기가 태양의 딸들이 이끄는 마차를 타고 태양의 도시에 가서 여신 테아(Thea)에게서 이 두 법칙에 대해 들었다고 고백했다. 엘레아 사람 파르메니데스(Parmenides)인데, 그의 단편 『자연에 대하여』의 첫머리에는 판타지 소설에나 나올 법한 그날의 '놀라운' 여정이 자세히 적혀 있다.

나를 태운 말들이 모든 도시들에서 그녀를 섬기는 인간들에게 풍성한 은총을 베푸시는 여신(daimones)의 길로 나를 이끌었을 때, 질주하던 말들은 내 영혼이 갈망할 수 있는 가장 먼 곳까지 나를 인도하였다. 나는 그 길을 기꺼이 따랐는데 총명한 암말들이 묵묵히 마차를 끌었고, 젊은 아가씨(kourai)들이 길잡이가 되어 이끌었다. 달아오른 굴대는 수레바퀴 속에서 삐걱거리면서 피리 같은 소리를 냈다. (왜냐하면 양쪽에서 바퀴 두 개가 엄청난 속도로 돌아갔기 때문에.) 그러는 사이 밤의 궁전을 뒤에 남기고 온 태양의 딸들(Heliades)은, 얼굴의 광채를 가렸던 베일을 손으로 걷어 젖히고 빛을 향해 질주하였다.

밤의 길과 낮의 길이 내려다보이는 바로 거기에는 태양의 문이 우뚝 서 있었다. 상인방과 돌로 된 문턱이 경계를 가르고 하늘을 향해 우뚝 선 그 문은 웅장한 문짝들로 꽉 찬 채로 굳게 닫혀 있었다. 여러 대가를 치르게 할 수 있는 권능을 갖고 입구의 통행을 통제하는 정의의 여신 디케가 문 열쇠를 쥐고 있었다.

젊은 아가씨들은 그녀를 유혹해서 열쇠를 얻어내어 내림 잠금목으로 꽉 죄인 빗장을 열기 위해 달콤한 말(logoi)로 그녀를 달래면서도 현명하게 설득했다. 청동으로 조각된 경첩이 문짝 사이에서 반원을 그리며 움직이는 순간, 못과 두꺼운 쐐기로 고정되어 있던 이 문이 광활한 공간(chasma)을 드러내면서 드디어 열렸다.

그러자 문 사이로 처녀들은 암말들과 마차를 끌고 들어갔다. 수레바퀴 자국이 난 그 길 위에서 여신이 나를 반기며 맞이하였다. 그녀는 나의 오른손을 자신의 손으로 쥐고 이렇게 말했다.

"불사의 마부들을 동행하고 말에 실려 온 젊은이(kouros)여, 잘 왔도다. 인간들이 쉽게 찾아가는 곳을 벗어난 이 길로 너를 이끈 것은 우리의 원수 운명의 여신 모이라(Moira)가 아니고 테미스(Themis, 진리)와 디케(Dike, 정의)였다.

그러니 모든 것을 깨쳐 알지어다. 흔들리지 않는 진리의 심장에 접근할 수 있도록 세상의 온갖 사견들(doxai)로부터 영혼을 해방하여라. 그

속에는 진실한 것도, 믿을 것도 하나 없으니. 그리고 이것도 가르쳐주겠다. 그런 사견들이 어떻게 변하지 않는 진리(per onta)로 받아들여지게 되는지도."

그저 지어냈다고 보기에는 아주 생생하고도 자세하게 묘사되어 더욱 신비스러운 이야기다. 파르메니데스는 이 이야기에 이어 자신이 여신에게서 들은 가르침을 한참 동안 기록해놓았다. 그 가운데 맨 먼저 나오는 여신의 '첫 번째' 가르침이 동일률과 모순율에 관한 것이다.

동일률과 모순율

자, 이제 말할 테니, 그대는 이야기(mythos)를 듣고 명심하라. 그리고 인간들에게 전하라. 탐구의 어떤 길이 사유를 위해 있는지를. 첫째, 있는 것은 있고, 없는 것은 없다는 것이다. 이것이 믿을 수 있는 길이다. 왜냐하면 이 길은 진리를 따르기 때문이다.
둘째, 없는 것이 있다는 것이나 있을 수밖에 없다는 것이다. 이 길은, 내가 그대에게 지적하겠는데, 전혀 탐구될 수 없다. 왜냐하면 그대는 없는 것에 대해서는 인식할 수도, 말할 수도 없기 때문이다.

설득의 논리학

논리학자들은 이 가르침 안에 후일 아리스토텔레스가 정리한 동일률과 모순율이 들어 있다고 본다. "있는 것은 있고, 없는 것은 없다는 것이다"라는 말에 동일률이 담겨 있고, '없는 것이 있다는 것'을 부인하는 데에 모순율이 들어 있다. 그들은 "있는 것은 있고, 없는 것은 없다는 것이다"라는 말을 곧바로 'A＝A, ~A＝~A'라고 이해하고, 또 '없는 것이 있다는 것'을 부인하는 말이 'A≠~A'와 다름없다고 해석한다.

아리스토텔레스는 파르메니데스가 전하는 여신의 가르침을 가슴에 새겼다. 그 가운데서도 특히 모순율(A≠~A)에 주목했다. 그리고 그의 저서 곳곳에, 특히 『형이상학』에 이에 대해 아래와 같이 다양하게 표현했다.

- 어떤 대상이 사람이라는 진술과 사람이 아니라는 진술이 동시에 옳다는 것은 불가능하다.
- 같은 것에 대해 긍정하면서 동시에 부정할 수는 없다.
- 존재하는 모든 것은 다르거나 동일하다.

나아가 "이것은 가장 높고 안전한 원칙이다"라고 선포했다. 흥미로운 것은, 조금 늦지만 거의 같은 시기에 중국의 한비자(韓非子)도 같은 주장을 했다는 점이다. 우리가 사용하는 '모순(矛盾)'이라는 말이 그에게서 나왔다. 모순은 창과 방패라는 뜻인데, 『한비자』에 보면 여기에는 다음과 같은 흥미로운 고사가 얽혀 있다.

초나라에 방패와 창을 파는 사람이 있었다. 그는 자기가 파는 방패에 대하여 "내 방패는 견고하여 어떤 것도 뚫을 수 없다(吾楯之堅 物莫能陷也)"라고 자랑하고 나서, 다음에는 역시 자기가 파는 창에 대하여 "내 창은 날카로워 무엇이건 뚫을 수 있다(吾矛之利 於物無不陷也)"라고 자랑했다. 어떤 사람이 이 말을 듣고 "당신의 창은 당신의 방패를 뚫는가, 뚫지 못하는가?" 하고 물으니, 그 초나라 사람은 대답을 하지 못했다. 이는 어떤 것도 뚫을 수 없는 방패와 무엇이건 뚫을 수 있는 창이 동시에 존재할 수 없기 때문이다.

한비자는 유가(儒家) 사람들이 요(堯) 임금과 순(舜) 임금 둘 다 칭찬하는 것은 옳지 않다는 것을 주장하기 위해 이 예화를 들었다. 따라서 그의 관심사는 논리학이 아니었지만, 그럼에도 이 이야기에는 아리스토텔레스가 주장한 '가장 높고 안전한 원칙'이 분명 들어 있다. 아리스토텔레스가 "어떤 동일한 것이 다른 어떤 동일한 것에 어떤 동일한 관계를 맺으면서 동시에 맺지 않을 수 없다"라고 한 말을 한비자는 "어떤 것도 뚫을 수 없는 방패와 무엇이건 뚫을 수 있는 창이 동시에 존재할 수 없기 때문이다(夫不可陷之楯 與無不陷之矛 不可同世而立)"라고 표현했을 뿐이다.

현대 형식논리학에서 '~(a∩~a)'라고 표현되는 이 원칙 안에는 아리스토텔레스가 감행했던 스승 플라톤에 대한 놀라운 배신이 숨어 있다. 우리가 이 장에서 다루려는 것이 바로 이 배신과 그것이 가져온 참을 수 없는 부작용에 대한 이야기다.

설득의 논리학

서양철학사상
가장 뛰어난 아이디어

마케도니아의 궁중 의사였던 니코마코스의 아들로 태어난 아리스토텔레스는 17세가 되자 당시 최고의 스승이었던 플라톤에게 배움을 얻고자 아테네로 유학을 떠났다. 그때 플라톤은 이미 60세였고 그의 후기 철학에 몰두하고 있었다. 눈에는 진리를 깨우친 자만이 가질 수 있는 평온이 깃들어 있었고, 귀에는 바람도 거짓을 실어 나를 수 없는 분별력이 지키고 있었으며, 입술에는 꿀보다도 더 달콤한 지혜가 흐르고 있었고, 태도에는 어떤 배우도 흉내 낼 수 없는 세련됨이 배어 있었다. 그는 살아서 이미 위대한 철인(哲人)이었다.

진리를 향한 탐구열에 영혼을 불태우던 청년 아리스토텔레스가 이 철인이 가진 거부할 수 없는 매력에서 벗어나기는 불가능했다. 그래서 그는 스승이 죽을 때까지 무려 20년 동안이나 아카데메이아(Academeia)에 머물렀다. 플라톤이 세운 세계 최초의 대학인 그곳에서 아리스토텔레스는 가장 뛰어났다. 특히 논증과 수사학에 탁월했다. 그래서 플라톤이 살아 있을 때 이미 아카데메이아에서 수사학 강좌를 맡았다. 그의 논리학 저서 『오르가논』의 6권인 『소피스트적 논박』은 이때 쓰였다.

플라톤도 이 영특한 제자를 매우 사랑하여 "아카데메이아의 정신"이라고 칭찬했다. 그 때문에 만약 아리스토텔레스가 마케도니아 출신이 아니고 아테네 시민이었다면 플라톤을 이어 아카데메이아의 우두머리가 되었을 것이라고 전해진다. 하지만 플라톤이 세상을 떠나자, 후계자로 플라톤의 친척인 스페우시포스가 뽑혔다.

아리스토텔레스가 크게 상심한 것은 말할 필요가 없다. 그는 아카데메이아를 떠났다. 그리고 마케도니아로 돌아가 당시 왕자였던 알렉산드로스대왕을 가르쳤다. 그의 나이 37세 때의 일이다. 몸이 떠나면 마음도 함께 떠나는 법이다. 아리스토텔레스는 이때부터 점차 플라톤의 철학에서 멀어지기 시작했다. 머지않아 '플라톤 학파'라는 호칭을 스스로 포기했다. 나중에 다시 아테네로 돌아와서도 따로 '리케이온(Lykeion)'이라는 학교를 세워 아카데메이아와 경쟁했다.

단순히 감정적인 문제 때문이라고는 볼 수 없다. 그럴 경우 아리스토텔레스가 지나치게 소심한 사람이 된다. 그렇다면 왜일까? 그는 왜 '자기 어미의 배를 뒷발로 차는 망아지처럼 배은망덕한 행위'를 했을까? 독일의 철학자 요한 고틀리프 피히테(Johann Gottlieb Fichte)는 "어떤 사람이 어떤 학문을 하느냐 하는 것은 그 사람이 어떤 사람인지에 달려 있다"라고 말한 적이 있다. 맞는 말이다. 이 경우에 더욱 그렇다. 플라톤 철학과 아리스토텔레스 철학의 차이는 두 사람의 기질적 차이에서 나왔다.

플라톤은 마지막까지 기하학을 좋아했고, 아리스토텔레스는 처음부터 생물학을 좋아했다. 스승이 세운 학교의 정문 앞에는 "기하학을 모르는 자, 이곳에 들어오지 말라"라고 쓰여 있었고, 제자가 만든 학교의 정원 안에는 자신의 제자였던 알렉산드로스대왕의 지원을 받아 만든 세계 최초의 동식물원이 있었다. 플라톤은 아카데메이아의 골방에서 사색을 즐겼고, 아리스토텔레스는 리케이온의 정원에서 관찰을 즐겼다. 한마디로 스승은 '철학을 하는 신학자'였고, 제자는 '철학을 하는 과학자'였다. 두 사람 사이에 놓인 건널 수 없는 강이 영특한 제자가 위대한 스승에게 등을 돌리게 된 진정한 이유였다.

무엇보다도 결정적인 것은 아리스토텔레스가 플라톤의 이데아론을 부인했다는 점이다. 이것은 그가 스승과 단순히 결별했음을 뜻하는 정도를 넘어서는 일종의 반란이었다. 왜냐하면 이데아론은 플라톤이 평생을 걸쳐 이룩한 그의 철학의 핵심이자 기반이었기 때문이다. 이 일에 대하여 어떤 학자들은 아리스토텔레스의 가장 큰 공적이라고 한다. 그러나 다른 학자들은 그의 가장 큰 실책이었다고 한다. 모순율과 연관된 우리의 이야기도 여기에서 시작한다. 그 기원은 상당히 거슬러 올라가야만 한다.

플라톤이 '이데아(idea)'라는 개념을 만들어낸 것은 서양철학사상 가장 뛰어난 아이디어였다. 그리스어로 'idea'는 본래 어떤 사물이 '눈에 보이는 모양', 곧 '형상(形象)'이라는 단순한 뜻을 가지고 있었다. 그런데 플라톤은 이 말에 매우 특별한 뜻을 억지로 만들어 넣었다. 요컨대 '그 자신은 영원히 변하지 않으면서 세상 모든 변하는 것들을 그것이 그렇게 있게 하는 무엇'이라는 뜻이다.

플라톤이 이런 특별한 생각을 하게 된 것은 우연이 아니다. 그는 소크라테스뿐만 아니라 피타고라스, 파르메니데스, 헤라클레이토스 같은 소크라테스 이전의 철학자들이 남긴 가르침에서도 많은 것을 배웠다. 그것들은 20세기를 대표하는 독일의 철학자 마르틴 하이데거

(Martin Heidegger)가 깊은 경외심을 갖고 '시원적 사고(anfängliches Denken)'라고 불렀던 바로 그 신비로운 가르침들이었다. 그 가운데 서도 플라톤은 특히 파르메니데스의 가르침에 주목했다.

플라톤은 파르메니데스를 "가장 존경할 만한, 그러나 동시에 두려운 사람"이라고 불렀다. 그리고 그에게서 존재란 '변하지 않는 것'이며, 이것에 대한 지식만이 진리임을 순결한 마음으로 배웠다. 동시에 비존재란 '변하는 것'이며, 이것에 대해서는 인식할 수도, 말할 수도 없다는 것도 가슴으로 받아들였다. 이것들은 파르메니데스가 태양의 사원에서 여신에게 전해들은 비밀스러운 진리였다.

파르메니데스는 그 진리들을 예컨대 "오직 존재가 있고, 비존재가 없다고 인식하고 말해야만 한다"(DK 28 B6)라는 식으로 전했다. 이것이 무슨 뜻인가? 조금 철학적이다. 어떤 것이 철학적이라는 것은 재미없고, 무슨 말인지 모르겠다는 의미다. 프랑스를 대표하던 지성 볼테르(Voltaire)도 "듣는 사람이 무슨 뜻인지 모르고, 말하는 사람조차 자신이 무슨 말을 하는지 모르면, 그것은 철학이다"라고 했다. 그러니 예를 들어 설명하자.

당신의 눈앞에 아름다운 여인이 앉아 있다고 하자. 당신은 그녀를 보자마자 '아름다운 여인'이라고 판단하여 "이 여인은 아름답다"라고 말했다. 그런데 그 순간 갑자기 〈슈렉〉에 나오는 피오나 공주처럼 그 여인이 추하게 변해버렸다면, 당신의 판단은 참된 지식이 아니고, 당신이 한 말은 거짓이 된다. 앞에 앉은 여인이 변하지 않고 계속해서 아름다울 때에만 "이 여인은 아름답다"라는 당신의 판단이나 말이 옳은 것이 된다. 단순하고 명백하지 않은가!

그래서 플라톤은 영원히 변하지 않는 것만이 정말로 존재하는 것이고, 이에 대한 지식만이 진리라고 확신했다. 그리고 변하지 않는 것이 무엇인지 찾아보았다. 그러다 마침내 알게 되었다. 그가 'ontos on', 즉 '정말로 있는(really real)'이라는 수식어를 붙이는 그것은 세상에 없다는 것을. "모든 사물은 끊임없이 변한다(panta rei)"라는 헤라클레이토스(Heracleitos)의 말이 옳다는 것을. 그러니 세상에 있는 사물들에 대한 지식 중에는 진리가 없다는 것을 말이다.

플라톤은 무척 실망했을 것이다. 그러나 포기하지는 않았다. 그는 '영원히 변하지 않는 어떤 것'이 세상에 없다면 세상 밖 그 어느 곳에든지 정말로 있어야 한다고 생각했다. 그래야만 진리를 알아내려는 자신의 목표를 이룰 수 있기 때문이다. 이것이 그의 천재성이었다. 그래서 마침내 고안해낸 구성물이 바로 '이데아'다. 플라톤이 이런 아이디어를 낸 과정을 되짚어보면 이렇다.

플라톤은 우선 이 세상이 아닌 다른 어떤 세상에 있으며 유일하고 영원히 변하지 않는 형상을 생각해냈다. 그리고 그것을 이데아라고 불렀다. 그다음 그것이 이 세상 사물들 안에 조금씩 들어 있음으로써 그것들의 모양을 자기의 형상처럼 만든다고 생각했다. 그의 저서 『파이돈』에 보면, 그는 이 말을 이렇게 글로 옮겼다. "만일 아름다움의 이데아 외에 어떤 것이 아름답다면, 그것은 다름 아닌 아름다움의 이데아가 그것에 부분적으로 들어 있기 때문이며, 모든 것이 다 이렇다." 플라톤은 "들어 있다"라는 표현 외에도 이데아가 '본질 자체'로 각각의 사물 안에 "공동체를 이루고 있다" 또는 "살고 있다", "지배하고 있다"라는 표현도 사용했다.

'미(美)의 이데아'는 여인과 꽃과 음악을 비롯한 세상의 모든 아름다운 것들 안에 들어가 그들을 아름답게 하고, '사각(四角)의 이데아'는 책과 책상, 쟁반을 포함한 모든 네모난 사물들 안에 들어가 그들을 네모나게 한다는 것이다.

철학자들은 이 말을 "이데아가 모든 사물에게 본질과 존재를 준다"라는 어려운 말로 표현한다. 본질(本質)이란, 쉽게 설명하면, 어떤 사물을 '그것이 그것이게끔 하는 성질'이고, 존재(存在)란 말 그대로 '있음'을 말한다. 그러니 이데아가 모든 사물에게 본질과 존재를 준다는 말은 이데아가 각각의 사물을 '그것이 그것으로 있게 한다'라는 뜻이다.

그뿐만이 아니다. 플라톤은 좀 더 흥미로운 생각도 해냈다. 이데아가 자신이 들어 있는 사물들에게 '이름'도 준다는 것이다. 예를 들어 '사과의 이데아'는 자기가 들어 있는 사물에게 '사과'라는 이름을 주고, '빨강의 이데아'는 자기가 들어 있는 사물에게 '빨강'이라는 이름을 준다. 그래서 이 둘이 함께 들어 있는 사물의 이름이 '빨간 사과'가 되는 식이다.

이 말은 매우 중요하다. 참된 지식이 무엇이며, 또 그것을 얻을 수 있는 방법이 무엇인지가 바로 그 안에 구체적으로 들어 있기 때문이다. 즉, 어떤 대상에 대해서든 이데아가 그 대상에게 준 이름을 따라

한 판단이나 말이 참된 지식이며, 그렇게 하는 행위가 참된 지식을 얻는 인식 방법이다. 정리하자면 다음과 같다.

당신의 눈앞에 앉아있는 '아름다운 여인'에게는 어떤 이데아들이 들어 있을까? 우선 '인간의 이데아'가 '여성의 이데아'와 함께 들어 있을 것이다. 그래서 여인이다. 그리고 '아름다움의 이데아'도 들어 있을 것이다. 그래서 아름다운 것이다.
각각의 이데아는 자신이 들어 있는 사물에게 '이름'을 준다. 그래서 그 이름을 따라 판단하거나 말하면 참된 지식이 된다. 그러므로 당신이 눈앞에 앉아 있는 대상을, 그 안에 들어 있는 이데아의 이름을 따라 '아름다운 여인'이라 판단하고 "이 여인은 아름답다"라고 말하면 그것이 참된 지식이며, 그러한 행위가 참된 지식을 얻는 인식 방법이다.

단순하다. 그런데 이 단순한 주장을 통해 플라톤은 첫째, 세상 모든 사물이 어떻게 그렇게 존재하며, 둘째, 그것에 대한 참된 인식이 무엇인지를 단 한 번에 설명했다. 그리고 이것이 존재론과 인식론(또는 논리학)이 나란히 가는 서양철학의 전통이 되었다. 그 후 누구도 이렇게 단순하고 분명하게 존재론과 인식론을 정리한 사람이 없다.
그래서 사람들은 이 이론을 '플라톤의 이데아론'이라고 부르며 2300년이 넘는 세월 동안 높은 경외심을 갖고 대했다. 영국의 수리 논리학자이자 철학자인 앨프리드 화이트헤드(Alfred Whitehead)는 "유럽 철학의 가장 믿을 만한 특징은 그것이 플라톤 철학에 대한 주석(註釋)으로 이루어졌다는 것이다"라고 했고, 미국 사상가 겸 시인인 랠프 왈도 에머슨(Ralph Waldo Emerson)은 심지어 "플라톤이 철학이고 철학이 플라톤이다"라고 했다. 물론 과장하긴 했지만 전혀 근거 없는 말은 아니다. 그렇다고 모두 다 그렇게 생각한 것은 아니었는데, 아리스토텔레스가 그 가운데 하나다. 궁금해지는 것은 그가 어떻게 반기를 들었는가 하는 점이다

프로메테우스의
두 번째 선물

아리스토텔레스도 세상의 모든 사물 안에는 그것이 그것으로 있게 하는 '형상'이 들어 있다는 플라톤의 주장에는 반대하지 않았다. 단지 그 형상이 이데아처럼 이 세상이 아닌 다른 어떤 곳에 따로 존재한다는 것에 반대했다. 형상은 우리가 보거나 만질 수도 있는 '개별 사물' 안에 들어 있으며, 동시에 우리의 정신 안에 '개념'으로 들어 있다고 그는 생각했다. 그리고 그것을 이데아라는 이름 대신 4장에서 이미 소개한 대로 '에이도스(eidos)'라고 불렀다.

따라서 아리스토텔레스에게 진리는 세상에 없는 '이데아에 대한 지식'이 아니고 세상에 있는 개별 사물들의 '에이도스에 대한 지식'이다. 그래서 플라톤은 골방에서 사색을 했고(이 세상에 없는 것에 대해 생각해야 하니까), 아리스토텔레스는 정원에서 관찰을 했던 것이다(이

세상에 있는 것에 대해 생각해야 하니까).

그렇다면 누구의 말이 옳을까? 생각해보면, 아리스토텔레스의 말이 옳은 것 같다. 당신도 '철수', '영이' 또는 '영수'라는 개별 인간만을 볼 수 있을 뿐이지, '인간'이라는 대상은 본 적도 만난 적도 없다. 마찬가지로 '빨간 사물'만을 보았을 뿐, '빨강'이라는 것은 본 적이 없다. '아름다운 대상'만을 만났을 뿐, '아름다움'은 보지도 듣지도 못했다. 그렇지 않은가? 우리가 생각하는 '정말로 있는(really real) 것'은 개별 사물이지 이데아가 아니라는 말이다.

그래서 프랑스의 뛰어난 중세 철학자인 에티엔 앙리 질송(Étienne-Henry Gilson)은 그의 책 『존재란 무엇인가』에 재미있는 말을 남겼다. "프랑스의 어떤 의사가 '아픔이라는 것은 없고 오직 아픈 사람들만 있다'라고 말했을 때, 그는 쉽고 간단한 문장으로 아리스토텔레스의 이론 전체를 요약한 것이다."

그런데 당신은 이런 이야기들이 이 장에서 다루려는 모순율과 도대체 무슨 관계가 있느냐고 물을 수 있다. 사실 우리는 조금 멀리 거슬러 올라가 그곳에서부터 다시 내려왔다. 배경지식이 필요했기 때문이다. 그리고 이 지식들은 당신이 서양철학을 이해하기 위한 알파벳과 같다. 그러니 기억해두라. 이제부터 플라톤의 이데아론에 대한 아리스토텔레스의 반란이 모순율과 어떤 관계가 있으며, 그 부작용이 무엇인지를 알아보자.

플라톤과 모순율 사이의 갈등 관계는 현대의 철학자나 논리학자에게는 이미 오래전에 잊힌 이야기다. 그들이 아리스토텔레스가 펼쳐놓은 모순율이라는 안전한 우산 아래서 아무 걱정 없이 일하고 있기 때문이다. 하지만 플라톤 당시에는 가장 뜨거운 철학적 이슈 가운데 하나였다. 물론 아리스토텔레스도 그 와중에 끼여 있었다.

앞서 『파이돈』에서 플라톤이 한 말을 다시 보자. 그는 "만일 아름다움의 이데아 외에 어떤 것이 아름답다면, 다름 아닌 아름다움의 이데아가 그것에 부분적으로 들어 있기 때문이며, 모든 것이 다 이렇다"라고 했다. 여기에서 '부분적으로' 라는 말에 주목해야 한다. 이데아가 사물들에 들어가 그것이 그렇게 있게 하고 또 이름도 주는데, 그것은 '완전하게'가 아니고 단지 '부분적으로' 그렇다는 것이다.

만일 이데아가 어떤 사물 안에 '완전하게' 들어 있다면, 그 사물은 이데아처럼 완전하고 영원불변할 것이다. 그리고 사물들에 대한 우리의 판단이나 말도 완전하고 영원불변한 지식, 곧 진리가 될 것이다. 하지만 세상에 있는 사물들 안에는 이데아가 단지 '부분적으로' 들어 있기 때문에, 그것들은 불완전하며 항상 변한다. 그리고 사물들에 대한 우리의 판단이나 말도 완전하고 영원불변한 진리가 아니다. 예를 들어보자.

어느 여인이 아름답다는 것은 그 여인에게 '아름다움의 이데아'가 들어 있기 때문이다. 하지만 그것이 단지 '부분적으로' 들어 있기 때문에 그 여인의 아름다움은 완전하지도 않고 언젠가는 변한다. 그러니 그 여인에 대해 "이 여인은 아름답다"라고 판단하거나 말하는 것은 당연히 완전하고 영원불변한 진리가 될 수 없다.

설득의 논리학

그뿐만이 아니다. 이데아는 부분적으로나마 모두에게 '똑같이' 들어 있는 것도 아니다. 어떤 것에는 '많이', 어떤 것에는 '적게' 들어 있다. 그래서 사물들은 설사 같은 종류라고 해도 똑같지 않고, 그들 사이에 '질적인 차이'가 생긴다. 그 때문에 사물에 대한 우리의 판단이나 말도 당연히 여기에 맞추어야 한다. 그렇지 않을 경우 어느 정도만 옳을 뿐 완전히 옳지는 않다.

> 빨간 사과에는 빨강의 이데아가 들어 있지만, 같은 빨간 사과라고 해도 어떤 사과에는 '빨강의 이데아'가 '많이' 들어 있고 어떤 사과에는 '조금' 들어 있다. 그렇기 때문에 모두 똑같이 빨간 것이 아니고 어떤 사과는 더 빨갛고 어떤 사과는 덜 빨갛다는 것이다.
>
> 따라서 어떤 빨간 사과에 대해 단순히 "이 사과는 빨갛다"라고 판단하거나 말하는 것은 참된 지식이 아니다. '빨강의 이데아'가 들어 있는 정도에 따라 "이 사과는 매우 빨갛다" 또는 "이 사과는 상당히 빨갛다", "저 사과는 약간 빨갛다"라고 해야 옳다.

플라톤의 이러한 주장을 학자들은 '분유 이론' 또는 '분여 이론'이라고 부른다. 분유(分有)란 '사물들이 이데아를 부분적으로만 가지고 있다'라는 것을 뜻하고, 분여(分與)란 '이데아가 자신을 사물들에게 부분적으로만 주었다'라는 것을 의미하기에 같은 말이다. 이것은 후기 이데아론이라고 할 수 있는데, 플라톤은 『파르메니데스』, 『테아이테토스』, 『소피스테스』, 특히 『필레보스』 같은 말년의 저술들에서 이 이론을 개발했다. 그리고 스스로 매우 자랑스럽게 생각했다.

플라톤은 분명 자신이 위대한 파르메니데스의 한계를 뛰어넘었다고 생각했을 것이다. 있는 것과 없는 것으로만 이루어진 파르메니데스의 이론으로는 세상의 질적 다양성을 설명할 수 없었기 때문이다. 그래서 플라톤은『필레보스』에서 분여 이론을 두고 "프로메테우스의 두 번째 선물"이라고 불렀다. 프로메테우스의 첫 번째 선물인 불이 인간의 육체적 삶에 획기적인 도움을 주었듯이, 자신의 분여 이론이 인간의 정신적 삶에 커다란 도움을 주리라고 확신했기 때문이다.

피타고라스의
신비한 열쇠

앞선 자는 언제나 외로운 법이다. 그는 기껏해야 제 그림자밖에 보지 못하기 때문이다. 플라톤도 그랬다. 그의 자랑인 분여 이론을 당시 사람들은 매우 위험하게 생각했다. 왜냐하면 플라톤의 분여 이론을 인정하는 순간부터 문제는 존재와 비존재라는 단순한 이분법적 구분을 떠나, 그 사이에 있을 수없이 다양한 '중간자(metaksy)'들을 인정해야 하기 때문이다. 당시 사람들의 걱정은 크게 두 가지였다.

하나는 (존재론적인 것으로) 어떻게 '존재'와 '비존재' 사이에 중간자가 있을 수 있느냐는 것이다. 다시 말해, 당시 사람들은 "어떻게 한 사물이 존재하면서 동시에 존재하지 않는다는 것일까? 모순이다. 그럴 수는 없다" 하고 걱정했다. "존재하느냐 아니면 존재하지 않느냐(To be or not to be)"라고 묻던 햄릿처럼 말이다.

다른 하나는 (논리학적인 것으로) 어떻게 한 사물이 '그런 것(A)이면서 동시에 그렇지 않은 것(~A)'일까 하는 것이다. 다시 말해 "어떻게 붉으면서 붉지 않다는 것일까? 이 역시 모순이 아닌가. 이해하기 도저히 어렵다" 하고 염려했다.

플라톤 이후 존재론과 논리학은 언제나 함께 가기 때문에 걱정마저도 그랬던 것이다. 물론 이러한 걱정은 플라톤의 분여 이론을 완전히 이해하지 못한 데서 나온 오해였다. 플라톤은 자신의 분여 이론이 가진 문제점을 누구보다도 잘고 있었다. 그래서 그의 대화편 『파르메니데스』 이후, 그것을 보완할 새로운 방법을 찾는 데에 골몰했다. 그리고 드디어 방법을 찾아냈다. 플라톤은 그것을 이번에는 피타고라스(Pythagoras)에게서 배웠는데, 그 내용은 이렇다.

중간자에는 존재와 비존재 또는 그런 것(A)과 그렇지 않은 것(~A)이 적당한 비율로 함께 들어 있다. 예를 들어 '약간 빨간 것'에는 빨강의 이데아라 빨갛지 않은 이데아가 가령 3 : 7의 비율로 들어 있다는 것이다. 당연히 '매우 빨간 것'에는 빨강의 이데아와 빨갛지 않은 이데아가 가령 9 : 1의 비율로 들어 있다.

비율(proportion)이라는 개념은 새로운 세계로 향한 문을 여는 신비한 열쇠였다. 피타고라스는 예를 들어 직각삼각형의 선분 비율이 3:4:5인 것도 알고 있었고, 현악기의 현의 길이 비율이 2:1로 두 배 길면 한 옥타브 낮은 음을 내며, 3:2면 5도 음정을, 4:3이면 4도 음정을 낸다는 사실도 알아냈다. 그래서 그는 비율이라는 개념이 우주만물을 설명할 수 있는 원리, 곧 '설명할 수 없는 것'을 '설명할 수 있게 하는 존재'라고 생각했다.

플라톤이 그에게 배운 것이 바로 이것이다. 그는 피타고라스에게서 건네받은 이 신비한 열쇠를 통해 중간자를 모순에서 구해냈다. 중간자는 이제 '그런 것(A)이면서 동시에 그렇지 않은 것(~A)', 그래서 '설명할 수 없는 것'이 아니라 비율을 통해 '설명할 수 있는 것'이 되었다. 이것은 당시로서는 실로 천재적 발상이었는데, 플라톤은 그의 저서 『필레보스』에서 이에 대해 자세히 설명했다.

안타깝게도 사람들은 그것을 전혀 이해하지 못했다. 그래서 여전히 중간자를 '빨갛고 동시에 빨갛지 않은 것'으로, 곧 플라톤 자신도 이전에 그랬듯이 '모순적인 것', '불가능한 것', 심지어 '완전히 미친 것'이라는 이름으로 불렀다. 그들에게 플라톤의 새로운 이론은 '미친 논리학'에 불과했던 것이다.

더욱 유감스러운 것은 플라톤이 가장 아끼는 제자 아리스토텔레스마저도 그런 오해에서 벗어나지 못했다는 것이다. 아리스토텔레스는 분명 플라톤의 『필레보스』에 담긴 분여 이론에 대해 알고 있었을 것이다. 그가 아카데메이아에 있을 때 이 책이 쓰였기 때문이다.

설득의 논리학

하지만 그는 플라톤의 분여 이론에 처음부터 비판적이었다. 그것은 플라톤도 알고 있었고, 그 때문에 그의 『파르메니데스』편에 자신의 이론에 반대하는 아리스토텔레스를 등장시키기도 했다.

문제는 왜 아리스토텔레스가 플라톤의 『필레보스』에서 개발한 새로운 방법을 무시했는가 하는 것이다. 그가 고급 수학을 이해하지 못했기 때문이라는 주장도 있다. 이런 주장은 아리스토텔레스가 그의 『형이상학』에다 플라톤은 단지 피타고라스의 '모방'이라는 단어를 '분여'로 바꾸었을 뿐이라고 쓴 데에서 나왔다

하지만 생각해보자. 설마 아리스토텔레스가 플라톤의 비율 이론을 이해하지 못했을까? 아리스토텔레스가 누구던가? 학문의 아버지 아니던가! 당신의 생각은 어떤가? 내 생각에는 그에게 분명 다른 이유가 있었다. 『형이상학』에서 아리스토텔레스가 다음과 같이 주장했기 때문이다.

헤라클레이토스의 '모든 것은 존재하며 존재하지 않는다'라는 가르침은 모든 것을 '참'으로 만든다. 이에 반해 '모순되는 것 사이에 중간자가 있다'는 아낙사고라스의 설명은 모든 것을 '거짓'으로 만든다. 왜냐하면 혼합된 모든 것, 예컨대 '선(善)'과 '선이 아닌 것'이 혼합된 어떤 것에 대해서는 '참'을 말할 수 없기 때문이다.

물론 여기에는 플라톤의 분여 이론을 직접 공격하는 내용은 없다. 그러나 이 글을 보면 왜 아리스토텔레스가 스승의 새로운 이론을 무

시했는지 분명히 알 수 있다. 그는 '혼합된 모든 것', 곧 모든 중간자에 대해서는 '참'과 '거짓'을 가릴 수 없다고 생각했다.

'선'과 '선이 아닌 것'이 혼합된 중간자인 '약간 선한 것'에 대해서는 선하다고 해도, 또는 선하지 않다고 해도, 참도 될 수 있고 거짓도될 수 있다는 것이다. 그러니 논리학으로 다룰 수 없다고 아리스토텔레스는 생각했다. 이것이 그의 한계이자 동시에 지난 2300여 년간 논리학이 가진 한계였다.

아리스토텔레스는 자신이 인류 역사상 처음으로 논리학을 정립하고 싶었다. 그래서 스승이 그토록 자랑스러워하는 새로운 방법을 과감하게 버렸다. 그리고 'A면서 동시에 ~A일 수는 없다'라는 모순율과 'A와 ~A 사이에 중간자는 없다'라는 배중률(law of excluded middle)을 확정했다. 단호했던 그의 결단을 벤다이어그램으로 나타내면 다음과 같다.

이로써 아리스토텔레스는 논리학을 어느 경우에도 모순이 생길수 없는 튼튼한 반석 위에 올려놓았다. 하지만 플라톤이 본다면 그것은 확실한 배신이었다. 그로 인해 좀 더 실용적인 논리학의 세계로 향하는 문은 닫혀버렸고, "프로메테우스의 두 번째 선물"이라고 자랑했던 이론이 2300년이 넘는 세월 동안 땅속에 묻혀버렸기 때문이다.

이치 논리와
다치 논리

모든 배신에는 변명이 있다. 역사상 가장 유명한 예가 카이사르의 심장에 마지막으로 비수를 꽂은 브루투스의 변명일 것이다. 그는 "내가 카이사르를 덜 사랑했기 때문이 아니라 로마를 더 사랑했기 때문"이라고 했다. 짐작건대, 아리스토텔레스의 변명도 마찬가지일 것이다. 내가 플라톤을 사랑하지 않아서가 아니라 논리학을 더 사랑했기 때문이라고. 실제로 아리스토텔레스는 "플라톤의 친구가 되기보다는 진리의 애인이 되리라"라는 거의 같은 말을 남겼다.

그러나 배신에는 그만한 대가도 있는 법이다. 브루투스는 결국 자살했다. 물론 아리스토텔레스는 그러지 않았고 또 그럴 필요도 없었다. 대신 그 대가는 아리스토텔레스의 논리학을 사용하는 사람들이 두고두고 치러야 했는데 결코 만만한 것이 아니었다.

모순율과 배중률을 통해 중간자를 철저히 배제한 다음 아리스토텔레스는 오늘날 우리가 '이치 논리(two-valued logic)'라고 부르는 논리 체계를 세웠다. '참과 거짓이라는 두 개의 진리치(true value)만을 갖는 체계'라는 뜻이다. 그리고 그 둘 사이에는 어떠한 진리치도 허용하지 않는다. 아리스토텔레스는 "모든 주장은 참이거나 거짓이다"라는 말로 못을 박았다.

이치 논리는 참으로 단순하고 안정된 체계다. 문제는 그 논리 체계가 다루어야 하는 자연현상과 인간의 사고(思考) 그리고 언어는 그렇게 단순하지 않다는 데에 있다. '중간자'들이 엄연히 존재하기 때문이다.

세상에는 '빨간 사과'와 '빨갛지 않은 사과' 둘만 있는 것이 아니다. '약간 빨간 사과', '다소 빨간 사과', '상당히 빨간 사과' 또는 '아주 빨간 사과'가 있고, 나아가 빨강과 검정의 중간색을 가진 '검붉은 사과'나 빨강과 노랑의 중간색을 가진 '불그스레한 사과'도 있다. 자연현상에는 '빨간 것'이거나 '빨갛지 않은 것'이라는 양자택일을 강요하는 모순율과 달리 중간자로 가득하다.

우리의 사고와 언어는 당연히 자연현상에 맞추어져 있다. 그 때문에 우리는 "이 사과는 빨갛다"라거나 "이 사과는 빨갛지 않다"라고 두 가지로만 판단하거나 말하지 않는다. "이 사과는 약간 빨갛다", "이 사과는 상당히 빨갛다" 또는 "이 사과는 불그스레하다"와 같이 중간자들을 인정하여 판단하고 말한다. 그러나 이러한 명제, 문장, 진술은 이치 논리로 다룰 수 없다.

그렇다면 생각해보자. 얼마나 많은 명제, 문장, 진술이 논리학의 영역에서 제외되는지를. 이치 논리는 지나치게 단순하고 깔끔하여

설득의 논리학

쓸모가 극히 제한되어 있다. 바로 이것이 아리스토텔레스의 논리학을 사용하는 사람들이 지난 2300여 년간 치러야 했던 대가였다. 아리스토텔레스가 모순율을 최고의 원리로 하여 얻은 것은 어떤 경우에도 모순을 허락하지 않는 안정성과 거의 쓸모가 없을 정도로 좁아진 논리학의 적용 범위였다. 전자는 유익했고, 후자는 유해했다.

20세기에 와서야 이치 논리의 유해함을 제거하려는 노력이 시도되었다. '참'과 '거짓' 사이에 중간의 진리치를 인정하는 다치 논리(many-valued logic)의 개발이 여기에 해당한다. 다치 논리에는 여러 체계가 있다. 가장 최초의 다치 논리 체계는 1920년 얀 우카시에비치(Jan Łukasiewicz)가 가장 먼저, 그리고 1921년에 에밀 포스트(Emil Post)가 각각 개발했다. 이들이 고안해낸 체계는 '참'과 '거짓' 사이에 '제3의 진리치'를 인정한다.

우카시에비치는 이 제3의 진리치가 '참'도 '거짓'도 될 수 없는 미래를 나타내는 우연적인 진술에 대해 주어져야 한다고 생각했다. 그래서 일반적으로 '참(true)'에 대해 't'를, '거짓(false)'에 대해 'f'를 사용하듯이, '비결정적인(indeterminate)'이라는 뜻을 담은 'i'라는 기호로 표기하기로 했다. 그러나 'i'에 대한 해석은 학자마다 각각 달랐다. 예를 들어 스티븐 클린(Stephen Kleene)은 'i'를 증명이 어려운 수학적 명제에 대해 '결정할 수 없는'이라는 뜻으로 사용해야 한다고 했으며, 드미트리 보치바르(Dmitri Bochvar)는 역설에 주어지는 '무의미한' 또는 '역설적인'이라는 뜻이라고 해석했다.

아리스토텔레스가 정확히 파악한 대로 논리학 이론은 본래 일종의 도구(organon)다. 따라서 아무리 흥미롭다 해도 어딘가에 쓸모가 없다면 그런 논리학은 필요가 없다. 다치 논리의 쓸모는 당시에 유행하던 양자역학에서 발견되었다. 1900년에서 1930년까지는 이른바 양자역학의 황금기였다. 수많은 새로운 이론이 쏟아져 나왔고, 그때마다 노벨상이 주어졌다.

1927년에 발표된 베르너 하이젠베르크(Werner Heisenberg)의 '불확정성원리'가 그랬다. 이 원리의 핵심은 소립자의 위치와 운동량을 동시에 측정할 수 없다는 것이다. 따라서 하이젠베르크는 이 둘을 동시에 나타내는 문장은 무의미하거나 잘못되었다고 주장했다. 하지만 과학철학자 한스 라이헨바흐(Hans Reichenbach)는 그것은 무의미하거나 잘못된 것이 아니라 '참'도 '거짓'도 아닌 '비결정적인' 진리치를 갖는다고 해석하고 다치 논리를 적용했다.

그러나 생각해보자. 이러한 '매우 특별한' 쓸모가 과연 논리학의 적용 범위를 확실하게 넓혔다고 볼 수 있는가? 대답은 당연히 '아니오'다. 그래서 다치 논리는 크게 알려지지 않았다. 그런데 1960년대 중반에 그 용도가 실로 광범위한 다치 논리 체계가 하나 개발되었다. 로트피 자데(Lotfi Zadeh)라는 미국의 전기공학자가 고안한 퍼지논리(fuzzy logic)다.

공학과
퍼지논리

영어 'fuzzy'는 본래 '솜털 모양의 보풀이 인' 또는 '솜털로 덮인'이란 뜻을 가졌다. 그러나 논리학자들은 이 단어를 '모호한(vague)' 또는 '불분명한(indistinct)'이라는 의미로 이해하고 사용한다. 왜냐하면 퍼지 집합, 퍼지 시스템 등과 같이 '퍼지'라는 이름이 붙은 이론은 그 대상에 대한 판단이나 말이 모호하거나 불분명한 것을 다루기 때문이다. 여기에서 모호하다는 말의 뜻을 분명히 해둘 필요가 있다.

어떤 대상에 대한 판단이나 말이 모호하다는 것은 그것이 불분명하다는 것을 의미한다. 이 점에서 모호는 애매(ambiguous)와 같다. 하지만 다른 점이 있다. 어떤 판단이나 말이 애매하다는 것은 그것이 두 가지 이상의 의미를 갖고 있어 그 구분이 분명치 않은 경우를 가리킨다. 그러나 모호하다는 것은 그것이 하나의 뜻만을 갖고 있음에도 그 적용 범위가 확실히 결정되어 있지 않아 분명치 않은 경우를 뜻한다.

예를 들어 "김구 선생은 큰사람이다"라는 말이 김구 선생의 몸집이 크다는 것인지, 아니면 사람됨이 뛰어나다는 것인지 분명하지 않아 이해할 수 없는 경우 "애매하다"라고 한다. 그러나 김구 선생의 키가 175센티미터인지 아니면 180센티미터인지를 알 수 없어 그 말을 이해할 수 없는 경우에는 "모호하다"라고 한다.

퍼지논리는 모호한 판단이나 말을 다루는 논리 체계다. 퍼지논리에도 다양한 체계들이 있지만, 그들이 가진 공통점은 '참'과 '거짓' 사이에 이론상 무한히 많은 '중간의 진리치'를 인정한다는 점이다. 그럼으로써 불분명하고 모호한 명제, 문장, 진술을 다룰 수 있게 한다. 자데는 퍼지논리를 '근사 추론(approximate reasoning)'에 관한 논리 체계라고 정의했다. 근사 추론이란 무엇일까? 그가 직접 든 예는 다음과 같다.

A1: U_1은 작은 수다.
A2: U_1과 U_2는 근사하게 같다.

A3: U_2는 다소간 작다.

A1: "U_1은 작은 수다"는 아주 참이다.
A2: "U_1과 U_2는 근사하게 같다"는 아주 참이다.

A3: "U_2는 다소간 작다"는 참이다.

위에 예로 든 두 개의 추론 가운데 첫 번째 추론은 1장에서 소개한 이른바 유비 논증(analogical argument)과 비슷해 보인다. 다시 말해 '지구에는 생물이 살고 있다. 지구와 화성은 환경이 비슷하다. 그러므로 화성에도 생물이 살고 있을 것이다'라는 논증과 유사하게 볼 수 있다. 퍼지논리의 특징이 잘 나타난 것은 두 번째 예다. 이런 식의 논증이 어떻게 가능한지, 기본 원리만 간단히 설명하자면 이렇다.

퍼지논리는 다음과 같은 두 단계의 작업을 거쳐 나온 결과다. 우

설득의 논리학

선 모호한 명제, 문장, 진술의 진리치를 1과 0 사이의 무수한 실수(實數)로 세분한다. 즉 '참'에 '1'이라는 진리치를 주고 거짓에 '0'이라는 진리치를 준 다음, 그 사이에 예컨대 0.1, 0.2, 0.3, 0.4…… 그뿐만 아니라 가령 0.367, 0.78, 0.912…… 등과 같이 이론상 무수한 실수의 진리치를 가정한다.

그다음 '참이다'라는 말 자체도 모호하다고 하여 역시 세분한다. 예를 들어 '약간 참이다', '상당히 참이다', '다소간 참이다'…… 등 다양하게 나누어 각각의 명제, 문장, 진술에 해당하는 진리치에 따라 '퍼지 진리치(fuzzy true value)'를 결정한다. 자데는 퍼지 진리치를 다음과 같은 집합으로 구성해 제시했다.

T = {참, 거짓, 참은 아니다, 아주 참은 아니다, 다소간 참이다, 차라리 참이다, 아주 참은 아니고 아주 거짓도 아니다……}

자데가 예로 든 "U₁은 작은 수다" 대신 우리에게 친숙한 '철수는 젊다'를 예로 들어 설명하자면 이렇다.

'철수는 젊다'라는 진술(p)에 대해, 만일 철수의 나이가 10세라면 0.2라는 진리치를 주고, 20세라면 1이라는 진리치를 주며, 30세라면 0.8이라는 진리치를 주고, 40세라면 0.3이라는 진리치를 준다고 하자. 그런데 철수의 나이가 30세여서 0.8의 진리치를 가진다면, 이때 '철수는 젊다'라는 진술(p)은 '참의 정도'가 0.8로 비교적 높기 때문에 '상당히 참이다'라는 '퍼지 진리치'를 갖게 된다. 하지만 가령 철수의 나이가 10세라서 0.2의 진리치를 갖는다면 참의 정도가 비교적 낮기 때문에 '약간 참이다'나 '상당히 거짓이다'라는 '퍼지 진리치'가 주어진다.

이 같은 원리로 자데는 전제 "U_1은 작은 수다"와 "U_1과 U_2는 근사하게 같다"에 '아주 참이다'라는 퍼지 진리치를 준 것이다. 그리고 여기에서 퍼지논리의 추론 규칙에 따라 "U_2는 다소간 작다"라는 결론에 '참이다'라는 진리치를 얻어낸 것이다. 자데는 퍼지논리의 추론 규칙을 우카시에비치가 고안한 다치 논리의 규칙을 기본으로 하여 구성했다. 그러나 여기에서 그것에 대해 장황하게 설명하는 것은 이번 장의 취지에 맞지 않는다.

우리가 기억해야 할 중요한 것은 퍼지논리가 '참'과 '거짓' 사이에 무수한 중간자들을 인정하여 '진리치'를 하나의 연속체로 만든다는 점이다. 즉 퍼지논리는 '모호한 것'을 '연속적인 것'으로 다룬다. 그럼으로써 이치 논리로는 다룰 수 없는 연속적인 속성을 가진 자연현상과 인간의 사고, 언어를 논리적으로 다룰 수 있게 만들었다.

예를 들어 퍼지논리는 자동차나 전동차를 비롯하여 각종 공업용 기계를 운전자의 작동 없이 운행하는 자동제어 시스템의 핵심 기술로 쓰인다. 모든 운동은 연속적이기 때문이다. 그 밖에도 센서를 통해 문자, 음성, 영상 등을 알아보는 각종 인식 시스템에서 불분명한 또는 모호한 문자, 음성, 영상 등을 알아보는 데에 이용된다. 그리고 로봇이 스스로 걷거나 손을 놀리는 등의 활동을 배우게 하는 학습

시스템 등 수많은 공학 기술에 다양하게 응용되고 있다. 그뿐 아니라 냉장고, 에어컨, 밥솥 같은 가전제품에도 널리 사용되고 있으며, 언어학이나 정보학을 비롯한 각종 학문에도 두루 응용되고 있다. 이러한 모든 일이 가능한 근본 이유는 퍼지논리가 이론상 무한한 연속적인 진리치를 인정하기 때문이다.

물론 퍼지논리에 단점이 없는 것은 아니다. 논리 체계로서 퍼지논리가 가진 가장 치명적인 결점은 모순율이 깨진다는 것이다. 퍼지논리에서 모순은 0.5나 이보다 작은 퍼지 진리치를 갖는다. 즉 '참은 아니지만 거짓도 아니다'라는 것이다. 이것이 논리학에서 의미하는 것은 퍼지논리는 이치 논리가 가진 단순성과 안정성을 상실했다는 점이다. 따라서 실용적인 측면에 있어서도 정확성을 필요로 하는 공학이나 수학에는 사용할 수 없다.

플라톤
시스템

생각해보자! 과연 아리스토텔레스가 스승이 개발한 새로운 이론을 무시해버린 일이 잘한 일인지. 아닌 것 같다. 이미 설명했듯이, 일찍이 플라톤은 비율 개념을 도입하여 중간자를 '모순적인 것' 그래서 '논리적으로 표현할 수 없는 것'에서 구해내 '논리적으로 표현할 수 있는 것'으로 만들었다. 예를 들어 '약간 선하다'를 선함과 악함이

3:7 정도로 섞인 것으로 보자는 것이었다. 달리 표현하면 '약간 선하다'는 '0.3만큼 선하다'는 것이다.

그렇다면 당신도 이제 눈치챘을 것이다. 그렇다. 플라톤의 분여 이론은 퍼지논리와 분명 흡사하다. 그래서 에이브러헴 캔들(Abraham Kandel) 같은 퍼지논리학자들은 퍼지논리의 철학적 기반이 플라톤의 분여 이론이라고 주장했다. 물론 이 말이 꼭 맞는 말은 아니다. 절반만 맞는 말이다. 그 이유는 이렇다.

플라톤은 이데아가 사물에 부분적으로 들어 있다고 했다. 이 말은 '약간 빨간 사과'에는 빨강의 이데아가 약간, 즉 0.3만큼 들어 있다는 뜻이다. 따라서 분여 이론에서는 '약간 빨간 사과'에 대해서 '이 사과는 0.3만큼 빨갛다'라고 한 진술이 '참'이 된다. 그런데 퍼지논리에서는 '이 사과는 빨갛다'라는 진술이 0.3이라는 퍼지 진리치, 즉 '약간 참이다'를 갖는다. 같은 이야기 같지만 전혀 그렇지 않다.

논리학적으로 말하자면, 분여 이론은 '빨갛다'라는 술어를 정밀화(precisification)함으로써 중간자들을 다루는 이치 논리다. 이에 반해 퍼지논리는 진리치를 정밀화하는 방법을 써서 모호한 대상들을 다루는 다치 논리다. 물론 술어의 정밀화를 통한 플라톤의 방법이 훨씬 바람직하다. 왜냐하면 그것이 우리의 언어 습관에도 맞을 뿐 아니라, 이치 논리가 가진 뛰어난 장점인 단순성과 안정성을 포기하지 않아도 되기 때문이다.

퍼지논리를 이용한 각종 시스템은 지금도 널리 이용된다. 그런데 만일 플라톤이 다시 살아 돌아와 자신의 분여 이론에 합당한 논리 체계를 완성한다면 각종 응용 분야에서 퍼지 시스템보다 훨씬 좋은 결과를 가져올 것이다. 가령 인공지능, 로봇공학 같은 첨단 과학이나 다양한 형용사와 부사에 일정한 규칙을 부여하여 자연언어를 처리해야 하는 전산언어학(computer linguistics) 같은 곳에 말이다.

전산언어학에서 예를 하나 들면 이렇다. '철수는 빨리 달린다'와 '영이는 거의 죽었다'라는 말은 문법상 구조가 동일하다. 그런데 '철수는 빨리 달린다'에서는 '철수는 달린다'가 연역되어 나오지만, '영이는 거의 죽었다'에서는 '영이는 죽었다'가 연역되지 않는다. 플라톤 시스템은 이와 같은 문제들을 기존의 어떤 방법보다 단순하고도 안전하게 처리할 수 있을 것이다. 그럼으로써 설득을 위한 우리의 논리적 언어를 상상을 불허할 정도로 확장시킬 것이다.

어떤 사람은 철학은 오래된 것일수록 좋고, 과학은 새로운 것일수록 좋다고 했다. 나는 둘이 만나면 더 좋다고 생각한다. 이런 경우가 그렇다.

- **동일률** : a=a 또는 a→a로 표현되며, 'A는 A다'라는 뜻이다.

- **모순율** : ～(a∩～a)로 표현되며, 'A는 A가 아닌 것이 아니다'라는 뜻이다.

- **배중률** : a∪～a로 표현되며, 'A거나 A가 아니거나 둘 중 하나다'라는 뜻이다.

- **이치 논리** : 모든 공식(명제)이 '참' 아니면 '거짓'으로 정해진 논리 체계.

- **다치 논리** : 모든 공식(명제)에 대해 참과 거짓 이외의 다른 진리치를 허용하는 논리 체계. 예를 들어 우카시에비치의 삼치 논리에서는 '참'과 '거짓' 사이에 비결정을 나타내는 'i'라는 '제3의 진리치'를 인정한다.

- **퍼지논리** : 무수한 진리치를 허용하는 다치 논리. 우선 모호한 명제의 진리치를 1과 0 사이의 무수한 실수로 세분한다. 그다음 '참이다'라는 진리치도 역시 세분한다. 예를 들어 '약간 참이다', '상당히 참이다'…… 등, 다양하게 나누어 각각의 명제에 해당하는 진리치에 따라 '퍼지 진리치'를 결정한다. 그럼으로써 이치 논리로는 다룰 수 없는 연속적인 속성을 가진 자연현상과 인간의 사고, 언어를 논리적으로 다룰 수 있다. 그러나 퍼지논리는 모순율이 깨뜨린다. 퍼지논리에서 모순은 '참은 아니지만 거짓도 아니다'라는 퍼지 진리치를 갖는다. 그 결과 퍼지논리는 이치 논리가 가진 단순성과 안정성을 상실했다.

설득의 논리학

LOGIC OF PERSUASION

10

진리가 뭐냐고
물으신다면

진리론

빌라도가 배운 진리와 예수가 가르친 진리는 전혀 다르다.
빌라도가 알고 있었던 진리는
아리스토텔레스가 정의한'그리스적 진리'였고,
예수가 가르친 진리는 유대인들이 조상 대대로 믿는 신이 내려준
'히브리적 진리'였다. 그런데 그 차이가 엄청나다.
때문에 빌라도는 이해하지 못했고, 예수는 설명하기를 포기했던 것이다.

『신약성서』의 「요한복음」 18장에는 참 안타까운 부분이 있다. 마지막 날 예수가 로마 총독 빌라도 앞에서 심문받는 장면이다. 당시 빌라도는 예수를 죽이고 싶지 않았다. 그는 우선 유대인들의 골치 아픈 일에 끼어들고 싶지 않았다. 게다가 그의 아내가 사람을 보내와 꿈 이야기를 하며 이 일에 관여하지 말라고 했기 때문이다.

빌라도는 예수를 보고 "네가 유대인의 왕인가?" 하고 묻는다. 그러자 예수가 자기의 나라는 이 세상에 있는 것이 아니라고 분명하게 대답한다. 빌라도가 다시 "그러면 네가 왕이 아니냐?" 하고 묻는다. 이에 예수는 "내가 왕이라고 네가 말했다. 나는 오직 진리를 증언하려고 났으며, 그 때문에 세상에 왔다. 진리 편에 선 사람은 내 말을 귀담아 듣는다"라는 애매모호한 대답을 한다. 그래서 빌라도가 "진리가 무엇인가?"(「요한복음」, 18:38) 하고 묻지만, 예수는 더 이상 대답하지 않는다.

안타까운 것은 두 사람 사이에 의사소통이 전혀 되지 않았다는 점이다. 빌라도는 웬일인지 예수가 말하는 진리가 무엇인지 전혀 이해하지 못했고, 예수는 웬일인지 자기를 살릴 수도 있고 죽일 수도 있는 빌라도에게 침묵했다. 그러자 빌라도는 "나는 이 사람에게서 아무런 죄목도 찾지 못하였다"라고 하면서도 예수를 유대인들이 원하는 대로 십자가에 못 박게 내어준다. 왜 두 사람은 의사소통이 불가능했을까?

성서에 빌라도라는 이름으로 등장하는 폰티우스 필라투스(Pontius Pilatus)는 진리가 무엇인지를 전혀 이해하지 못할 만큼 무식한 사람이 결코 아니었다. 그는 로마에서 교육받았고 당시 로마에는 스토아철학이 번성했다. 스토아철학은 진리가 무엇인지를 최초로 밝힌 '위대한 아리스토텔레스'의 막강한 영향 아래 만들어진 철학이다. 당연히 빌라도는 아리스토텔레스가 가르친 진리가 무엇인지를 잘 알고 있었다. 어쩌면 그의 『형이상학』에 적힌 진리론을 직접 읽었을지도 모른다.

그렇다면 빌라도가 일부러 시치미를 뗐다는 말인가? 그건 아니다. 거기에는 그럴 만한 이유가 있었다. 빌라도가 배운 진리와 예수가 가르친 진리는 전혀 다르다. 로마 총독 빌라도가 알고 있었던 진리는 아리스토텔레스가 정의한 '그리스적 진리'였고, 예수가 가르친 진리는 유대인들이 조상 대대로 믿는 신이 내려준 '히브리적 진리'였다. 그런데 그 차이가 엄청나다. 그 때문에 빌라도는 이해하지 못했고, 예수는 설명하기를 포기했던 것이다.

그럼에도 사람들은 오늘날까지도 이 둘의 차이를 구분하지 않고 진리라는 말을 사용한다. 따라서 거기서 오는 혼란이 크다. 아마 당신도 분명 그런 혼란을 한 번쯤은 경험해보았을 것이다. 만일 없다면, 과학자와 종교인이 만나 진리에 대해 토론을 벌일 때를 머릿속에 떠올려보면 짐작이 갈 것이다. 그래서 진리에 대해 이야기하기에 앞서 먼저 빌라도와 예수의 이야기를 꺼낸 것인데, 독일의 신학자 미하엘 란트만(Michael Landmann)이 바로 이 문제를 다루었다.

란트만은 그의 저서 『근원의 형상과 창조자의 행위』에서 그리스 전통과 히브리 전통에 들어 있는 진리 개념에 대한 근본적 차이점을 '거울(鏡)'과 '반석(盤石)'이라는 상징어를 도입하여 구분했다. 우선 진리란 '주어진 사실에 대한 올바른 진술'이라는 아리스토텔레스적 진리 개념을 거울에 비유했다. 이해하기 쉬운 말이다.

> 그리스적 진리는 마치 거울이 사물의 모습을 그대로 비추듯이 사실을 그대로 반영(反映)한 것이다. 예컨대 사과를 사과라고 하고, 배를 배라고 하는 것이 아리스토텔레스가 말하는 진리다. 그래서 '사실적 진리', '과학적 진리' 또는 '존재물의 진리'라고도 한다.

그런데 히브리인들이 이해한 진리는 전혀 다르다. 히브리인에게 진리란 그들이 믿는 신, 곧 '야훼(Yahweh)'의 말씀이다. 란트만은 히브리인에게 진리란 "흔들리지 않는 지속성을 믿는 모든 사람에게 허용되는 것이고, 지속적으로 존재하는 것이며, 그리고 그곳에 사람들이 집을 지을 수가 있는 것"이라면서 반석에 비유했다.

진리에 대한 이 같은 이해는 『구약성서』 곳곳에서 신의 말씀을 '반석' 또는 '시냇물'로 비유해 그것이 사람이 살 수 있게 하는 바탕임을 밝힌 것과 연결된다. 예컨대 신의 말씀을 믿고 따르는 사람은 반석 위에 지은 집처럼 홍수가 나도 무너지지 않고 시냇가에 심은 나무처럼 시절을 좇아 과실을 맺으며 그 잎사귀가 마르지 않는다는 식이다.

같은 관점에서 예수도 자신을 가리켜 "나는 길이요, 진리요, 생명이다"(『요한복음』, 14:6)라고 사람이 가야 할 길과 진리를 같은 원리로 표현했다. 그뿐만 아니라 "악한 일을 일삼는 자는 누구나 자기 죄상이 드러날까 봐 빛을 미워하고 멀리한다. 그러나 진리를 따라 사는 사람은 빛이 있는 데로 나아간다. 그리하여 그가 한 일은 모두 하느님의 뜻을 따라 한 일이라는 것이 드러나게 된다"(『요한복음』, 3:20~3:21)라고 진리를 행위의 원칙으로 가르쳤던 것이다.

히브리적 진리는 사물과 관계있는 것이 아니다. 인간적 행위, 삶 그리고 그것이 마땅히 가야할 '길(道)'과 관계가 있다. '사물이 존재하게끔 하는 바탕'이 아니라 '사람이 살게 하는 바탕'이다. '밖으로 드러난 어떤 것'이 아니라 '밖으로 드러난 것이 그렇게 드러나게 하는 어떤 것'이다. 그 때문에 이러한 진리를 '과학적 진리'에 대하여 '종교적 진리', '존재물의 진리'에 대하여 '존재의 진리'라고 하며, 일상용어로는 '사실'에 대하여 '진실'이라고도 한다.

오늘날 '여호와(Jehovah)'라는 라틴어로 더 잘 알려진 '야훼'라는 히브리어에 대한 가장 일반적이고도 자연스러운 해석은 '그는 있다(He is)', '그는 존재한다(He exists)' 또는 '그는 현존한다(He is present)'라고 할 수 있다. 그래서 고대로부터 신학자들은 이 신을 어떤 '전능한 존재물'이 아니라 '존재 자체', 곧 '있음 그 자체'라고 이해해왔다. '야훼의 말'과 그것이 '존재의 진리'라는 것은 여기에서도 맞아떨어진다.

뭔가 또 어려운 철학적인 이야기 같다. 그러나 사실은 전혀 그렇지 않다. 당신도 이미 아는 내용이다. 표현을 바꾸어보자.

거센 바람이 드러누운 눈발들까지 일으켜 세워 이리저리 몰고 다니던 어느 겨울날, 허름한 중국집에 젊은 여인이 철모르는 소년을 하나 데리고 들어왔다. 그리고 난롯가에 놓인 좌석에 나란히 앉았다. 난로 위에선 커다란 주전자가 수증기를 거세게 뿜어 올리고 있었다. 소년은 뭐가 그리 좋은지 연방 싱글벙글거렸고 여인은 그런 아이를 그윽한 눈빛으로 바라보고 웃었다. 주인이 물을 날라다 주며 무엇을 먹을 것인지를 물었다. "자장면 하나 주세요." 여인이 대답했다. 그러자 소년이 눈을 동그랗게 뜨고 물었다.

"왜? ……엄만, 안 먹어?"

"응. 엄만 조금 전에 밥을 먹었거든. 그래서 배가 불러."

여인의 말에 소년은 잠시 고개를 갸웃거리더니 이내 활짝 웃으며 말했다.

"응…… 그래?"

일본의 동화 작가 구리 료헤이의 『우동 한 그릇』을 생각나게 하는 이 이야기는 진리에 관해 이야기할 때마다 내가 꺼내는 일화다.

무엇이 진리일까? 그때 여인은 밥을 먹지 않았다. 단지 돈이 없었을 뿐이다. 그래서 자장면 한 그릇만 시켜서 "응. 엄만 조금 전에 밥을 먹었거든. 그래서 배가 불러" 하며 아이에게만 먹였던 것이다. 이 것이 사실이다. 그렇다면 이 여인은 아이에게 거짓말을 한 것일까? 당신의 생각은 어떤가?

소년은 자라 나중에 논리학자가 되었다. 그는 아리스토텔레스가 쓴『형이상학』도 읽었다. 그리고 그가 말하는 진리가 무엇인지도 정확히 알았다. 하지만 소년은 자라서도 엄마가 자기에게 거짓말을 했다고는 단 한 번도 생각하지 않았다. 왜냐하면 엄마가 한 말은 '밖으로 드러난 어떤 것'이 아니라 '밖으로 드러난 것을 그렇게 드러나게 하는 어떤 것', 곧 '사람이 살게 하는 바탕'이었음을 깨달았기 때문이다. 그것은 이후 소년이 날마다 사람으로 살아가는 바탕이 되었다. 아마 당신도 기꺼이 그렇게 생각할 것이다.

바로 이것이다! 사람들이 진리라는 말을 두고 혼돈을 일으키는 이유는 '사실'과 '진실', '밖으로 드러난 어떤 것'과 '밖으로 드러난 것을 그렇게 드러나게 하는 어떤 것', '존재물의 진리'와 '존재의 진리'를 같은 단어로 구분 없이 사용하기 때문이다. 그래서 미리 밝혀둔다. 우리가 지금부터 다루려는 것은 예수가 가르친 진리가 아닌 아리스토텔레스가 가르친 진리, 히브리적 진리가 아닌 그리스적 진리, 존재의 진리가 아닌 존재물의 진리, 진실이 아닌 사실에 관한 이야기다. 논리학에서 다루는 진리가 바로 그것이기 때문이다.

있는 것을
있다고 하는 것 : 대응설

아리스토텔레스는 『형이상학』에서 진리를 다음과 같이 정의했다.

> 있는 것을 없다고 하거나 없는 것을 있다고 하는 것이 거짓이요, 있는
> 것을 있다고 하거나 없는 것을 없다고 하는 것이 참이다.

무척 단순해 보이고 조금 우스꽝스럽게 보이지만, 이것이 지난 2300여 년간 군림해온 이른바 '아리스토텔레스의 진리론'이다. 현대 논리학에서 다루는 대부분의 진리론은 이 이론을 모형으로 했다. 버트런드 러셀(Bertrand Russell), 프랭크 램지(Frank Ramsey), 카를 포퍼(Karl Popper), 도널드 데이비드슨(Donald Davidson), 솔 크립키(Saul Kripke) 같은 뛰어난 논리학자들이 직접 또는 간접으로 영향을 받았다. 특히 오늘날 널리 받아들여지는 알프레트 타르스키(Alfred Tarski)의 '의미론적 진리론(semantic theory of truth)'도 이 이론을 현대적으로 정리한 것에 불과하다. 그런데 정작 문제는 아리스토텔레스가 한 말이 무슨 뜻인지 정확히 이해하기 쉽지 않다는 데에 있다. 그렇지 않은가?

이 말을 이해하기 위해서는 여기서 말하는 '있는 것(存在)'이 무엇을 뜻하는지 분명히 알아야 한다. 플라톤 이후 '있는 것'이란 '무엇으로 있는 것'이라는 뜻으로 해석해야 한다. 그리고 '없는 것'이란 '무

엇으로 있지 않는 것'이라고 이해해야 한다. 그 이유는 9장에서 설명했듯이, 세상의 모든 존재물은 이데아 또는 에이도스에 의해 그냥 '있는 것'이 아니라 언제나 '무엇'으로 있기 때문이다. 예컨대 책상은 책상으로 있고, 사과는 사과로 있고, 컵은 컵으로 있다. 이때 그 '무엇'을 철학에서는 본질(本質)이라 하고, '있는 것'을 존재(存在)라고 한다. 그렇다면 우리는 아리스토텔레스의 진리론을 구체적인 예를 들어 다음과 같이 해석할 수 있다.

책상으로 있는 것을 책상으로 있지 않다고 하거나 책상으로 있지 않은 것을 책상으로 있다고 하는 것이 거짓이요, 책상으로 있는 것을 책상으로 있다고 하거나 책상으로 있지 않은 것을 책상으로 있지 않다고 하는 것이 참이다.

이제 분명해졌다. 한마디로 책상을 책상이라 하고 책상이 아닌 것 (예를 들어 컵)을 책상이 아니라고 하는 것이 진리라는 말이다. 아리스토텔레스의 진리론은 이처럼 지극히 소박하고 평범하다. 그러나 여기에는 적어도 두 가지의 중요한 내용이 들어 있다.

• '참'이나 '거짓'이 될 수 있는 것은 사물이나 사실이 아니고 우리의 사고(思考)다.
• 사고의 '참'이나 '거짓'은 사실과의 대응 관계에서 나온다.

우선 참이나 거짓이 될 수 있는 것은 사물이나 사실이 아니고 '사고'라는 말이 무슨 뜻인지 알아보자. 영국의 철학자 버트런드 러셀이 그의 저서 『철학의 문제들』에서 명쾌하게 설명했듯이, 아무도 살지 않는 달(月)을 생각해보라! 그곳에도 예를 들어 월석(月石) 같은 사물과 낮에는 온도가 올라가고 밤에는 내려가는 것 같은 사실이 있다. 하지만 그곳에는 '참'이나 '거짓'이 없다. 그것은 판단하고 표현할 인간의 사고가 없기 때문이다. 단순히 물질만 있는 세계에는 진리와 허위가 없다. 진리란 우리의 사고가 갖는 고유한 특성이다. 이 말을 아리스토텔레스는 『형이상학』에 다음과 같이 표현했다.

참과 거짓은 사물 안에 있는 것이 아니다. 그래서 예를 들어 좋은 사물이 참되고, 나쁜 사물이 거짓인 것이 아니다. 참과 거짓은 오직 우리의 사고 안에 있다.

현대논리학자들은 앞에서 아리스토텔레스가 '사고'라고 표현한 것을 '문장(sentences)', '진술(statements)' 또는 '명제(proposition)'라고 생각한다.

문장은 문법적으로 올바르고 완전한 언어적 표현을 뜻한다. 예를 들어 '이 사과는 빨갛다', '창문을 닫아라!', '철수는 의사인가?'는 모두 문장이다. 그러나 참과 거짓이 되는 문장은 사실을 묘사한 '서술형 문장'이다. 그 때문에 위에서 든 예 가운데 '이 사과는 빨갛다'만이 참과 거짓의 대상이 될 수 있다.

진술은 참과 거짓의 대상인 서술형 문장이 말해졌거나 기록되었을 때 나타난 어떤 것이다. 예를 들어 영이가 철수에게 "너는 정직하다"라고 한 말이나 철수가 "나는 정직하다"라고 한 말은 같은 진술이다.

명제는 우리의 사고 안에서 일어나는 것으로 같은 의미를 가진 서술형 문장들이 의미하는 어떤 것이다. 예를 들어 '철수와 영이는 결혼했다'와 '철수와 영이는 부부다'는 다른 문장이지만 같은 명제를 갖는다.

논리학자들은 이것들이 참과 거짓의 대상이 될 수 있는 것, 이른바 '진리의 담지자(truth-bearers)'라고 한다. 형식논리에서 'p'나 'q'에 해당하는 것이다.

진리의 담지자는 첫째, 참이 아니면 거짓이어야 하고, 둘째, 그 진리치가 변하지 않는다는 믿음을 주어야 한다는 조건을 충족해야 한다. 그런데 엄밀하게 따지면 문장, 명제, 진술 모두 이 조건을 만족시키는 데는 각각 문제점을 갖고 있다. 그래서 학자들은 자신의 연구 취향에 따라 이들 중 하나를 골라 사용한다. 그러니 우리도 편의상 '명제'라는 말을 골라 쓰기로 하자.

그렇다면 '사고의 참이나 거짓은 사실과의 대응 관계에서 나온다'라는 말은 곧 '명제의 참과 거짓은 사실과의 대응 관계에서 나온다'라는 게 된다. 논리학자들은 이러한 주장을 '대응설(correspondence theory)'이라고 부른다. 그리고 아리스토텔레스의 진리론 가운데 그가 "있는 것을 있다고 하거나 없는 것을 없다고 하는 것이 참이다"라고 한 말을 고전적 형태의 대응설이라고 본다. 정리하자면 이렇다.

설득의 논리학

대응설이란 가장 오래된 진리론으로, 어떤 명제의 참이 사실과의 대응 관계에서 결정된다는 주장이다. 단순한 뜻이다. 예를 들어 '지금 비가 온다'라는 명제는 실제로 비가 오고 있을 경우 참이 되고 그렇지 않을 경우 거짓이 된다.

중세에는 토마스 아퀴나스(Thomas Aquinas)를 비롯한 스콜라철학자들이 "진리란 사물과 지성의 일치다"라는 말로 이 진리론을 주장하였다. 현대에 와서는 러셀과 비트겐슈타인이 또 그랬다. 비트겐슈타인은 『논고』에서 문장은 "사실의 그림"이고, 이 그림이 참인지 거짓인지를 알려면 그것을 사실과 비교해보아야 한다고 했다.

아인슈타인이 옳았다

대응설은 단순하면서도 상식과 일치하기 때문에 모두가 선호하는 진리론이다. 다만 문제가 있다. 사실 몇 가지 문제점들을 안고 있기 때문이다. 그중 가장 심각한 것은 사실과 명제의 대응이 실제로는 불가능하다는 점이다. 깜짝 놀랄 일인데, 이유는 이렇다. 우리가 사실과 명제를 비교하려면 먼저 사실에 관한 지식이 있어야 한다. 그런데 사실에 관한 지식이란 곧 그 사실에 관한 판단에서 얻은 또 하나의 명제다. 그렇기 때문에 결과적으로 우리는 사실과 명제를 비교하는 것이 아니라 명제와 명제를 비교하는 것뿐이다. 예를 들어보자!

친구가 당신에게 "책상 위에 망고가 하나 있다"라고 말하면 당신은 먼저 책상 위를 보고 '책상 위에 망고가 하나 있다'라는 판단을 내린 다음에야, 그 말이 '참'이라고 생각한다. 결국 당신은 스스로의 판단으로 얻은 '책상 위에 망고가 하나 있다'라는 새 명제와 친구가 말한 옛 명제를 비교할 뿐이다. 이러한 사실은, 만일 당신이 망고라는 과일이 무엇인지 몰라 그것이 망고인지 아닌지를 판단할 수 없는 경우에는 설사 친구가 "책상 위에 망고가 하나 있다"라고 말해도 그것이 '참'인지 '거짓'인지 알 수 없는 것으로 증명된다.

이렇듯 사실과 명제의 직접 대응은 불가능하다. 그런데 이 난점을 피해갈 수 있는 길이 칸트에게서, 그가 의도한 것은 전혀 아니었지만 열렸다.

칸트는 우리가 알 수 있는 것은 '대상 그 자체'가 아니라, 단지 '우리의 정신에 나타난 대상'이라고 했다. 그는 대상 그 자체를 '물자체(ding an sich)'라 하고, 우리의 정신이 나타난 대상을 '현상(erscheinung)'이라고 불렀다. 칸트는 물자체는 영원히 알 수 없다고 했다. 우리는 오직 감각기관을 통해 대상에게서 얻은 정보(質料)를 우리의 정신이 자신의 선천적인 규칙들에 의해 구성한 현상만을 알 수 있다. 이것이 칸트의 구성주의 인식론의 핵심이다.

그렇다면 칸트에게 진리는 사실과 명제의 대응이 아니다. 현상과 명제의 대응이다. 이러한 주장을 '현대적 대응설' 또는 '약화된 대응설'이라고 부른다. 이 이론을 지지하는 물리학자들 가운데 알베르트

아인슈타인(Albert Einstein)이 있다.

아인슈타인도 칸트처럼 우리의 경험 속에 주어지는 것은 '세계의 본성'이 아니라, 그것에 대한 '인간 의식의 자료'라고 생각했다. 우리는 그것들을 '지적으로 구성(intellectual construction)'해서 지식을 얻는다는 것이다. 그렇다면 과학 지식은 '실재에 대한 지식'도 아니지만, 그렇다고 우리의 '정신이 지어낸 환상'도 아니다. 우리의 정신이 지어낸 개념(또는 이론)과 실험 및 관찰을 통해 얻은 자료들의 대응에서 얻어진 결과물이다. 아인슈타인은 이 말을 "물리학 개념들은 우리의 감각과 대응 관계를 유지한다"라고 표현했다. 좋은 예가 있다.

1919년 성탄을 기다리는 대림절을 앞두고 세상을 떠들썩하게 했던 과학 실험의 결과 발표가 있었다. 아서 에딩턴 경(Sir Arthur Eddington)이 지휘하는 영국 왕립 학술원 소속 원정 탐사대가 아인슈타인의 상대성이론을 증명하려고 실행한 실험에 대한 발표였다.

1916년 발표된 일반상대성이론은 이론 자체가 아름다운 데다 그것이 의미하는 바가 우리의 상식을 뛰어넘는 전혀 새로운 내용이었기 때문에 처음부터 인기를 끌었다. 하지만 에딩턴의 실험이 있기까지는 그 누구도 이 이론을 증명할 수 없었다. 빛이 중력장에 의해 휜다는 아인슈타인의 예측도 그 가운데 하나였다.

에딩턴이 실시한 실험은 별이 트인 하늘에 있을 때 보이는 위치와 태양의 가장자리를 스치듯 지날 때 보이는 위치를 관측하여 서로 비교해 보는 것이었다. 만일 중력이 큰 태양의 주변을 지날 때 빛이 휜다면 두 위치가 다를 것이기 때문이다. 그런데 별이 태양 가까이 있으면 태양이 하늘에 떠 있는 동안은 그 별을 볼 수가 없다. 태양이 너무 밝기 때문이다. 따라서 그런 별들은 오직 일식 때에만 볼 수 있다.

1918년 앤드루 크로멀린과 찰스 데이비슨이 브라질의 수브랄로 출발했고, 에딩턴과 그의 조수 에드윈 터너 코팅햄은 서아프리카 해안에 있는 프린시페섬으로 갔다. 그곳에서 다음 해에 개기일식이 일어날 것이기 때문이다. 그들은 각각 일식 전과 일식 후의 하늘을 몇 달에 걸쳐 사진 찍고, 그 결과를 아이슈타인의 예측과 비교했다.

빛도 휜다는 예측은 일찍이 뉴턴도 한 바 있다. 그러나 일반상대성원리에 따르면 뉴턴이 예측한 것보다 훨씬 더 많이 휘어야 한다. 따라서 판정은 누구의 예측에 더 가까우냐에 따라 내려질 것이다. 1919년 11월 6일, 왕립 학술원의 회장 조지 톰슨 경은 아인슈타인의 예측이 맞았음을 발표했다. 아인슈타인의 이론에 적합한 자료들만 골라 판정했다는 일부 과학자들의 반론도 있었지만, 일반인들은 그것을 일반상대성원리가 증명된 것으로 받아들였다.

지식을 얻는 방법을 연구하는 인식론에서는 이 실험 이야기가 가설연역법의 대표적인 예로 꼽힌다. 5장에서 보았듯, 가설연역법이란 문제를 해결할 수 있는 가설을 내놓고, 그것으로부터 연역에 의해 예측을 행한 다음, 그 예측이 실험과 관찰로 증명되면 진리로 받아들이는 과학적 탐구 방법이다. 아인슈타인의 예측이 에딩턴의 관찰을 통해 증명되어 일반상대성원리가 과학 지식으로 인정된 것이다.

설득의 논리학

그러나 진리론 입장에서 보면 이 실험은 '현대적 대응설'의 좋은 예가 된다. 현실 세계와 상대성원리를 직접 비교하기는 불가능하다. 그러나 상대성원리에서 연역된 아인슈타인의 예측과 에딩턴의 관측 자료들을 비교할 수는 있다. 그 결과 둘이 서로 대응했기 때문에 상대성원리가 진리로 인정된 것이다.

모순만 없으면 완벽할까 : 정합설

근대적 사고의 특징을 이해하는 데는 시계만 한 것이 없다. 시계란 제작자가 수학적으로 계산하여 설계한 다음 정해준 법칙에 따라 스스로 움직이도록 만든 기계다. 그런데 근대인들은 세계가 시계와 같다고 생각했다. 즉 세계란 신(神)이라는 제작자가 수학적으로 계산하여 설계한 다음, 정해준 법칙에 따라 스스로 움직이도록 만든 일종의 기계라는 것이다. 오늘날 우리는 이러한 생각을 보통 '기계론적 세계관(機械論的 世界觀)'이라고 부르는데, 이것이 바로 근대적 사고의 핵심이다.

근대를 대표하는 진리설인 정합설(coherence theory)을 이해할 수 있는 열쇠도 여기에 있다. 정합(整合)이란 아무 모순 없이 꼭 맞는다는 뜻이다. 시계를 한번 생각해보자. 시계는 그 안의 모든 부속품이 서로 꼭 들어맞아야 작동한다. 그렇지 않으면 시계는 멈어버린다. 이런 의미에서 시계는 완벽한 정합 체계다. 기계론적 세계관이 세계 안의 모든 존재물을 시계의 부속처럼 생각하는 세계론이라면, 정합설은 각각의 명제를 시계의 부속처럼 생각하는 진리 이론이다. 즉 정합설은 기계론적 진리론이다. 정리하면 다음과 같다.

정합설은 명제가 그 자체로 무모순이고, 그 명제가 속한 전체 체계와도 모순이 생기지 않으면 '참'으로 인정하는 진리 이론이다. 예를 들어 '삼각형은 둥글다'처럼 자체 모순을 일으키는 명제는 당연히 '거짓'이다. 그러나 '삼각형의 내각의 합은 180도다'처럼 자체 모순을 일으키지 않는 명제의 참과 거짓은 이 명제가 속한 기하학의 다른 명제들과 정합하느냐 않느냐에 따라서 결정된다.

유클리드기하학의 원전인 『원론』은, 예를 들어 "동일한 것과 같은 것들은 모두 같다"(1공준)와 같이 누구나 알 수 있는 10개의 기본 명제로부터 465개의 명제를 차례로 이끌어낸 최초의 연역 체계다. 따라서 '삼각형의 내각의 합은 180도다'라는 명제는 '맞꼭지각은 같다'와 '동위각은 같다'와 같은 다른 명제들을 통해 증명된다. 또 반대로 이 명제로부터 '사각형의 내각의 합은 360도다' 같은 다른 명제도 증명할 수 있다. 따라서 '삼각형의 내각의 합은 180도다'라는 명제는 유클리드기하학 체계와 정합한다. 그래서 '참'이다.

이처럼 정합설은 수학과 논리학처럼 사고를 근거로 하는 형식과학에서는 진리의 확실한 기준이 된다. 미국의 논리학자 윌러드 밴 오

설득의 논리학

먼 콰인(Willard Van Orman Quine)이 저서 『논리학의 방법들』에서 "수학과 논리학의 법칙들은 오직 우리의 개념들의 체계와 정합하기에 참이다"라고 한 것이 이 뜻이다. 하지만 정합설에도 문제가 있다.

우선 버트런드 러셀이 『철학의 문제들』에서 주장했듯이 정합 체계가 꼭 하나만은 아니다. 예를 들어 유클리드기하학과 비유클리드기하학은 모두 다 정합 체계다. 그런데 '삼각형의 내각의 합은 180도다'라는 명제는 유클리드기하학 체계에서는 정합하지만 비유클리드기하학에서는 정합하지 않는다. 삼각형 내각의 합은 평행선이 하나도 없는 베른하르트 리만(Bernhard Riemann)의 '구면기하학'에서는 180도보다 크고, 평행선이 무수히 많은 니콜라이 로바쳅스키(Nikolai Lobachevskii)의 '구면기하학'에서는 180도보다 작다. 그렇다면 어떤 체제에 정합하는 것이 진리라고 할 수 있느냐 하는 문제가 생긴다.

그래서 드러나는 사실이 있다. 어떤 명제가 정합적이라고 해도 그것만으로는 진리가 되지 못하고, 결국에는 우리가 사는 세계와 비교해보아야 한다는 것이다. 정합설은 결국 대응설과 연결된다. 이 문제를 러셀은 흥미롭게 물었다. 예컨대 상상력이 풍부한 소설가의 소설이 그 자체로 무모순적이라고 해서 사실과 비교해보지 않고 진리라고 인정할 수 있느냐는 것이다. 당신의 생각은 어떤가?

어떤 추리소설에서 대통령을 살해한 사건이 일어났다고 하자. 이 사건은 소설 안에서 치밀하게 전개되었기 때문에 아무 모순이 없이 앞뒤가 꼭 맞아떨어진다. 그렇다고 해서 '대통령이 살해되었다'라는 명제가 '참'이라고 할 수 있느냐는 것이다.

그래서 카를 포퍼는 그의 논문 「지식과 무지의 근원에 대하여」에서 정합설은 '참(true)'과 '무모순성(consistency)'을 혼동하고 있다고 비판했다. 정합설이 내세우는 진리의 기준은 이미 알려진 참된 지식과 모순 없이 맞아떨어져야 한다는 것이지만, 진리란 그것보다는 사실과 맞아떨어져야 한다는 것이 포퍼의 생각이다.

이러한 문제는 실제로 이론물리학과 실험물리학 사이에서 흔히 일어난다. 이론물리학적 주장은 설사 이론적으로는 꼭 맞아떨어진다고 하더라도 실험으로 증명되지 않으면 참된 과학 지식으로 인정되지 않는다. 앞에서 설명한 아인슈타인의 일반상대성원리가 에딩턴의 실험이 있기 전까지 가설로 남아 있었던 것이 그 한 예다. 다른 예도 있다. 1933년 노벨물리학상을 받은 폴 디랙(Paul Dirac)의 반입자론(anti-particle theory)이 그렇다.

디랙은 본래 전기기술자가 되려고 했다. 그런데 일자리가 없어 케임브리지대학교 물리학과에 시험을 보고 양자물리학에 발을 들여놓았다. 그럼에도 그는 타고난 이론물리학자였다. 디랙은 일상생활에서 일어나는 사소한 문제들까지 이론적으로 생각하길 좋아했다. 그에 대한 흥미로운 이야기가 전해온다.

어느 날 디랙이 그의 친구인 러시아의 물리학자 표트르 카피차(Pyotr Kapitsa)의 집을 방문했다. 물리학 이야기를 서로 나누면서 디랙은 친구의 부인 안나 카피차가 뜨개질하는 것을 힐끔힐끔 쳐다보았다. 그리고 자기 집으로 돌아갔다. 그런데 몇 시간 후 몹시 흥분해서 다시 돌아와 이야기했다.

"안나, 난 당신이 그 스웨터 짜는 것을 보다가 뜨개질에 관한 위상기하학을 생각해보았습니다. 나는 뜨개질에는 또 한 가지 방법이 있으며, 오직 두 가지 방법만이 있다는 것도 발견했지요. 하나는 당신이 사용한 방법이고, 다른 하나는 이렇게 뜨는 거지요."

디랙은 그의 긴 손가락을 사용해서 그가 발명한 '새로운 방법'을 설명했다. 그러자 안나는 그가 발명했다는 새로운 방법은 여성이라면 누구나 다 아는 '거꾸로 뜨기'라는 것을 그에게 가르쳐주었다. 나는 그때 디랙이 어떤 표정을 했을지 무척 궁금하다. 그는 순수했고 이론적이었다. 그래서 뜨개질에 관한 대칭적인 방법을 구상해본 것이다. 나는 이 젊은이에게 노벨상을 안겨준 반입자론도 이런 식으로 만들어졌을 것이라고 짐작한다.

당시 양자물리학은 상대성원리와 양자론을 통일하는 데 열중하고 있었다. 풀어야 할 문제 중 하나는 전자와 같은 입자를 수학적으로 다루는 에르빈 슈뢰딩거의 파동방정식이나 디랙의 물질 방정식에 필연적으로 개입하는 허수($i=\sqrt{-1}$)를 어떻게 해석하느냐 하는 것이었다. 디랙은 '거꾸로 뜨기'를 생각해했던 것과 같은 순수한 마음으로 반입자(anti-particle)라는 대칭적인 개념을 생각해냈다. 곧 한 입자가 실수의 값을 갖고, 그와 상반된 전하를 가진 반입자가 허수의 값을 갖는다는 것이다.

디랙의 논문이 발표되자, 이론적으로는 아무 모순이 없었지만 대단한 비난과 반발이 있었다. 양자물리학의 대부로 코펜하겐 학파를 이끌었

던 닐스 보어(Niels Bohr)는 '코끼리를 생포하는 법'이라는 우화를 만
들어 이 엉뚱한 이론을 평가했다. 즉 코끼리들이 자주 물을 마시는 강
기슭에 커다란 간판을 세우고 거기에 디랙의 반입자론을 써놓으면
코끼리들을 손쉽게 생포할 수 있을 것이라고 했다. 왜냐하면 코끼리
가 물을 마시러 왔다가 간판에 쓰인 글을 보고 한동안 정신을 잃을 것
이 분명하기 때문이다.

그러나 불과 1여 년 뒤인 1932년에 디랙의 이론을 전혀 모르던 캘리
포니아공과대학교의 칼 앤더슨(Carl Anderson)이 반입자를 찾아냈다.
그는 강한 전자장 안을 지나가는 우주선 전자를 연구하던 중 전자의
반은 음의 전하를 갖는 입자에서 예측되는 진로 방향으로 꺾였지만,
나머지 반은 정반대 방향으로 꺾이는 것을 발견했다. 디랙의 이론에
의해 예측된 '양전기를 띤 전자', 즉 양전자(陽電子)가 발견된 것이다.
이듬해 디랙은 노벨상을 받았다. 3년 후에는 앤더슨도 역시 받았다.

물론 이로써 디랙의 이론이 완전히 증명된 것은 아니었다. 남은 문제
들이 있었다. 중요한 것은 이번엔 '음의 전하를 가진 양성자'의 존재
를 증명하는 것이었다. 양자역학의 풀리지 않는 문제들을 설명하기
위해 꼭 필요했지만, 그것은 1955년에 와서야 이루어졌다. 미국 캘리
포니아대학교의 에밀리오 세그레(Emilio Segrè) 교수와 그의 동료들
이 '베바트론'이라는 입자가속기에서 '음전기를 가진 양성자', 곧 음
양자(陰陽子)를 발견했다. 디랙의 반입자론은 가설이 아닌 과학 지식
으로 인정됐다.

이야기의 핵심은 어떤 이론도 정합만으로는 진리가 되기에 충분하지 않다는 것이다. 정합설은 대응설을 바탕으로 해야 비로소 설 수 있다. 마치 이론물리학이 실험물리학에 의존하는 것과 같다. 아무리 아름다운 정합적 이론이라고 해도 실험과 관찰로 검증되지 않으면 진리라 할 수 없다.

다시 시계를 떠올려보자. 그러면 더 분명해진다. 당신 앞에 그 자체로는 아무 문제없이 작동하는 시계가 하나 있다. 무모순 정합 체계라는 말이다. 그런데 이 시계가 예를 들어 80분 만에 시간이 바뀌고 18시간 만에 하루가 바뀐다고 하자. 아니면 아예 불규칙적으로 움직인다고 하자. 이 시계는 당신에게 아무 쓸모가 없다. 시계는 그 작동 법칙이 자연의 법칙과 대응할 때에만 쓸모 있는 것이다.

표면적으로 보면, 실험과 관찰을 좋아하는 경험론자들은 대응설을 지지하고, 수학과 논리학을 좋아하는 합리론자들은 정합설을 지지한다. 그러나 정합설이 가진 이런 특성 때문에 사실상 정합설은 대응설에 의존해 서 있다. 그래서 역사적으로 보아도 정합설은 '세계의 본성이 근본적으로 정신의 본성과 같다'라는 절대적 관념론(idealism)을 따르는 철학자들에 의해 지지되었다. 게오르크 헤겔(Georg Hegel), 루돌프 로체(Rudolf Lotze), 프랜시스 브래들리(Francis Bradley)가 그들이다. 또 있다. 현대에 와서는 루돌프 카르나프(Rudolf Carnap), 오토 노이라트(Otto Neurath) 같은 논리실증주의자들이 정합설을 지지했다. 이들은 세계의 구조와 논리적 이상 언어의 구조가 같다는 논리적 원자론 시절의 비트겐슈타인이 가졌던 믿음을 바탕으로 하여 정합설을 내세웠다.(이에 대해서는 6장을 보라.)

철학자들이 정합설을 지지하는 근본 이유는 조금씩 다르다. 하지만 그들의 주장에는 첫째, 세계와 정신은 거대한 정합적 체계이고, 둘째, 세계의 법칙과 정신의 법칙이 서로 대응한다는 믿음이 강하든 약하든 들어 있다. 그래서 논리학자들은 정합설을 '존재론적 대응설'이라고 부르기도 한다. 그럼으로써 진리에 관한 문제는 정합에 관한 문제에서 대응에 관한 문제로 다시 되돌아갔다.

그런데 근래에 새로운 논점과 목적을 갖고 대응의 난점을 다시 거론하는 철학자가 있다. 그는 "우리는 사유에서와 마찬가지로 문장에서도 대응의 개념을 버려야 하며, 문장들이 존재의 세계와 연결된 것이 아니라 다른 문장들과 연결된 것으로 보아야 한다"라고 주장했다. 미국의 신실용주의(neo-pragmatism) 철학자 리처드 로티(Richard Rorty)다.

포스트모던한
진리

진리에 관한 로티의 주장은 두 개의 발판을 딛고 서 있다. 하나는 진리란 '좋은 결과를 낳는 유용한 믿음'이라는 실용주의 진리론이고, 다른 하나는 진리가 '자연에 적용하기 위해 잇대어 발명된 상상적 가정'에 불과하다는 토머스 쿤의 패러다임 이론이다.

설득의 논리학

실용주의는 19세기 말에 찰스 샌더스 퍼스(Charles Sanders Peirce), 윌리엄 제임스(William James), 존 듀이(John Dewey) 등이 주도했던 '형이상학 클럽'을 중심으로 주장되었던 사상이다. 이들은 우리의 현실 생활을 존중하고, 진리나 윤리는 그것이 실제 생활에 '유용할(useful)' 때에만 받아들이겠다는 신념을 갖고 있었다.

퍼스는 진리를 "의심에 의해 침범될 수 없는 믿음"이라 했고, 제임스는 한 걸음 더 나아가 "그것이 진리이기에 유용하다는 말과 그것이 유용하기에 진리라는 말은 같다"라고 했다. 그리고 진리를 "성공적인 것", "편리한 것", "만족스러운 것", "유용한 것" 등으로 표현했다. 제임스가 그의 저서 『실용주의』에서 든 예가 있다. 요약하면 이렇다.

어떤 사람이 깊고도 낯선 숲속에서 길을 잃었다. 그는 한동안 홀로 헤매다가 땅에서 소의 발자국을 발견하고 그것을 따라가면 사람이 사는 집을 발견할 수 있다고 믿었다. 그랬더니 정말로 사람이 사는 집이 나왔다. 그렇다면 그가 했던 유용한 생각이 바로 진리다. 왜냐하면 좋은 결과를 이끌어냈으니까.

이처럼 실용주의자들은 진리를 단지 '유용한 믿음'으로 생각했다.

로티는 다른 한편으로 쿤의 이론을 받아들였다. 과학사를 전공한 토머스 쿤은 그의 출세작 『과학혁명의 구조』에서 수많은 역사적 사례를 제시하며 과학 지식이 실재에 대한 객관적 지식이라는 것을 부정했다. 단지 패러다임의 산물이라는 것이다. 그가 말하는 '패러다임 (paradigm)'이란 과학 연구에서 어떤 전통을 만들어내는 하나의 모델이다. 즉 어느 시점부터는 과학자들이 동의하여 더 이상 반복하여 조사하지 않고 받아들여져 그것에 의해 새로운 이론을 만들어내는 과학적 기반을 말한다.

쿤은 프톨레마이오스의 천동설을 예로 들었다. 천동설은 고대와 중세에 진리로 인정되었다. 그리고 그 당시의 모든 다른 이론은 이에 맞추어서 만들어졌다. 그것과 정합하는 이론은 참이고, 그렇지 않으면 거짓이었다. 그러나 천동설은 결코 진리가 아니었고, 단지 당시의 패러다임이었다. 그래서 코페르니쿠스의 지동설이라는 새로운 패러다임이 나와 모든 것을 바꾸었는데, 이것이 쿤이 말하는 과학혁명 (scientific revolution)이다.

아리스토텔레스의 역학, 뉴턴의 역학, 아인슈타인의 상대성원리, 빛의 입자설과 파동설 등도 마찬가지로 진리가 아니고 그때마다 당시 과학 사회가 받아들이는 하나의 패러다임이라는 것이 쿤의 생각이다. 그래서 쿤은 진리란 단지 한 사회의 구성원들이 공통으로 가지는 '신념'과 '가치 체계'이자 '문제 해결 방법'이라고 잘라 말했다. 그리고 아래와 같은 재미있는 예도 제시했다.

과학자의 세계에서 혁명 이전에는 오리였던 것이 이후에는 토끼가 된다. 처음에는 위쪽에서부터 상자의 외형을 보던 사람이 나중에는 밑에서부터 그 내면을 보게 된다. (……) 등고선 지도를 놓고 학생은 종이 위에 그어진 선을 보고, 지도 제작자는 땅의 모양을 읽는다. 포말 상자(泡沫箱子, 아원자들의 움직임을 파악할 수 있게 설계한 기구)의 사진을 놓고 학생은 끊어진 선을 보고, 물리학자는 익숙한 아원자 상태의 기록을 본다.

〈오리 – 토끼 그림〉

쿤이 말하고자 하는 바는 '그렇기 때문에 그렇게 보이는 것이 아니라, 그렇게 보기 때문에 그런 것이다'라는 깨달음이다. 그가 1898년에 미국의 심리학자 조지프 재스트로(Joseph Jastrow)가 논문에 제시한 〈오리 – 토끼 그림〉이 바로 그것을 의미한다. 한마디로 천동설을 주장한 프톨레마이오스와 지동설을 주장한 코페르니쿠스가 똑같이 떠오르는 해를 보고 있어도, 프톨레마이오스는 움직이는 해를 보지만 코페르니쿠스는 움직이는 지구를 본다는 것이다.

로티는 실용주의와 패러다임 이론을 그대로 받아들여 함께 묶었다. 그 결과 그에게 진리란 단지 '한 사회가 인정하는 유용한 믿음'이다. 여기에는 '참'과 '거짓'의 구분이 있는 것이 아니라, '더 유용한 것'과

'덜 유용한 것'의 구분이 있을 뿐이다. 그는 예를 들어 오늘날 우리가 지동설을 믿는 이유는 단지 천문학과 우주여행이 주는 이익이 천동설을 믿는 기독교 근본주의가 주는 이익보다 크기 때문이라고 했다. 그의 논문 「상대주의 : 발견하기와 만들기」에는 이렇게 쓰여 있다.

> 우리의 신념에 관한 질문은 그것이 실재에 관한 것이냐 현상에 관한 것이냐 하는 것이 아니라, 우리의 욕망을 충족하기에 가장 좋은 행동 습관이냐 아니냐 하는 질문이라고 생각한다. 이런 관점에서 보면, 우리가 아는 어떤 신념이 '참'이라고 말하는 것은 그 밖의 어떤 대안적 신념도 우리가 아는 한 더 나은 행동 습관이 아니라고 말하는 것이다.

여기에서 로티가 지식이 "실재에 관한 것이냐 현상에 관한 것이냐 하는 것이 아니라"라고 한 말은 곧바로 '고전적 대응설'과 '현대적 대응설' 모두를 겨냥한 비판이다. 진리는 실재와의 대응에서 얻어지는 것도 아니고, 현상과의 대응에서 얻어지는 것도 아니라는 말이다.

1996년 12월에 로티가 한국에 왔다. 그때 과학 사상 연구회 주최로 수유리 아카데미 하우스에서 세미나가 열렸다. 여기에서도 대응이란 "단지 공허한 말"에 불과하다는 로티에게 한 토론자가 물었다. "아이들을 가르칠 경우 '저건 달이고 이건 금성이다'라고 할 때, 우리는 대응이라는 관념을 가정하고 그것을 활용해 가르침으로써 교육도 하고 또 우리들끼리 의사소통도 할 수 있지 않은가?"라고. 이에 대해 로티는 단호하게 답했다.

설득의 논리학

아이들 교육에서 동일한 사물에 동일한 이름을 적용해야 하는 것은 사실이지만, 그것이 실재와의 대응이라는 관념과 연관이 있는지는 의문이다. 실재에 대해 일관된 언어를 사용하도록 사회적 실행을 견지한다면 아무런 문제도 없다. (……) 우리는 "다른 사람이 모두 그렇게 부르니까 너도 그렇게 불러라" 하고 아이들에게 가르치는 것이다…….

참으로 포스트모던한 대답이다. 우리가 이 말에서 주목해야 할 것은 "다른 사람이 모두 그렇게 부르니까 너도 그렇게 불러라"라는 말이다. 로티는 이렇게 한 사회에서 사람들이 아무런 강제 없이 오직 서로 대화를 통해 합의하여 유용하게 사용하는 지식이 곧 진리라고 생각하는 것이다. 이런 유용성을 로티는 '유대성(solidarity)'이라고 불렀다.

그는 구태여 실재와의 대응이라는 객관성을 고집하지 않더라도, 유대성을 통해 지식에서 '참(true)'이라는 말이 가진 의미, 곧 '우리 모두가 그렇게 인정한다'라는 의미를 충분히 살릴 수 있다는 것이다. 우리가 '진리'나 '참'이라는 용어로 의미하는 것은 사실 '나는 당신의 의견에 동의한다'라는 뜻에 불과하다는 것이 그의 생각이다. 4장에서 과학에도 수사학이 필요한 이유를 설명하며 언급했듯이, 포스트모던 시대라 불리는 오늘날 진리의 문제는 결국 설득의 문제다. 어떤 것을 자신이 속한 공동체에 설득할 수 있으면 그것이 진리이고, 설득할 수 없으면 진리가 아니다.

그렇다면 여기에서 발생하는 심각한 문제가 있다. 진리의 윤리성에 관한 문제다. 로티의 주장대로 진리가 세계로부터 '발견해내는 것'이 아니고, 우리가 단지 유용하게 사용하기 위해 스스로 '만드는 것'이라면, 즉 진리의 바탕이 객관성이 아니고 유대성이라면, 그 책임도 전적으로 우리가 져야 한다는 사실이다. 이것이 포스트모던한 진리가 져야 할 무거운 짐이다!

그래서 로티는 그의 논문 「유대성인가 아니면 객관성인가」에서 유대성에는 '인식론적 토대'가 아니라 오직 '윤리적 토대'만이 있을 뿐이라는 것을 강조했다. 그리고 "우리는 진리를 탐구의 목적으로 삼을 수 없다. 탐구의 목적은 무엇을 할 것인지에 대한 인간적 합의를 달성하는 것"이라고도 주장했다. 그럼으로써 진리의 문제를 윤리의 문제로 넘겼다. 로티가 자신의 신실용주의를 '교화적 철학(edifying philosophy)'이라고 하는 이유가 여기에 있다.

다시 빌라도의 법정에서

설득이라는 관점에서 보면, 진리라는 말만큼 강제적인 것이 없다. 대응설을 따르든, 정합설을 따르든, 아니면 신실용주의를 따르든 진리라는 말에는 우리가 받아들이고 따라야만 하는 어떤 것이라는 뜻이 담겨 있기 때문이다. 이런 의미에서 진리는 윤리와 구분이 없다. 진리와 윤리를 구분하기 시작한 것은 아리스토텔레스부터다. 그리고 그 전통이 지난 2300여 년 동안 유지되어왔다. 아마 당신도 '……이다'라는 사실(事實)과 '……해야만 한다'라는 당위(當爲)가 구분되어야 한다는 것쯤은 어디선가 한 번쯤은 들었을 것이다. '과학의 가치중립성'이라는 말도 마찬가지다.

그러나 이러한 주장들은 객관적 진리가 존재한다는 것을 전제했을 때 타당한 말이다. 그렇지 않고 진리가 단지 패러다임이나 유대성의 산물이라면, 즉 우리가 합의에 따라 그때마다 만들어 사용하는 유용한 믿음이라면, 이제 더 이상 둘을 구분할 수 없다. 우리가 무엇을 진리라고 인정하는가에 따라 우리의 삶이 좌우되기 때문이다. 다른 어떤 것보다도 당면한 환경문제, 핵 문제, 생명공학 문제, 기아 문제, 폭력 문제 등에서 그렇다. 이런 문제에 관한 한, 사실과 당위가 구분된다는 주장이나, 과학은 가치중립적이라는 말은 책임 회피이자 위선에 불과하다.

이런 문제, 적어도 이런 문제에서는 아리스토텔레스가 정의한 진리와 예수가 가르친 진리, 과학적 진리와 종교적 진리, 존재물의 진리와 존재의 진리, 사실과 진실이 그 뿌리에서 서로 뗄 수 없이 얽혀 있다. '밖으로 드러난 어떤 것'과 '밖으로 드러난 것을 그렇게 드러나게 하는 어떤 것'은 결코 둘이 아니다. 그 둘은 서로의 꼬리를 물고 있는 두 마리 뱀처럼 맞물려 있다.

전쟁과 테러를 종식하고, 핵무기와 생화학 무기를 철폐하며, 굶주림이나 질병 같은 인간적 고통을 범세계적으로 줄이고, 생명공학이나 유전공학 같은 과학기술이 가져올 위험을 사전에 방지하며, 사회적 약자를 향한 각종 폭력을 근절하고, 지진과 해일 같은 자연재해를 예방하며, 자연환경을 보호하여 인간을 포함한 모든 생물의 삶의 조건을 개선하는 이 모든 중요한 일 앞에 지금 우리가 서 있다. 그리고 우리의 결정에 따라 우리의 미래가 결정될 것이다.

어쩌면 우리는 다시 빌라도의 법정에 서 있는지도 모른다. 그런데 이번에는 묻는 이도 우리고 대답해야 하는 이도 우리 자신이다. 어떻게 할 것인가? 2000년 전에 빌라도가 그랬듯이 무엇이 진리냐고 시치미 떼고 물을 것인가, 아니면 자연을 보호하고 사람을 살게 하는 것이 바로 진리라고 용기 있게 대답할 것인가!

- **고전적 진리론은 무겁다.**
  - 대응설은 명제의 참이 사실과의 대응에서 찾아진다는 진리 이론이다.
  - 정합설은 명제의 참이 그 명제가 속한 전체 체계와 모순이 생기지 않으면 '참'으로 인정하는 진리 이론이다.
  - 대응설은 경험론 그리고 귀납법과 연결되어 있고, 정합설은 합리론 그리고 연역법과 손잡고 있다. 그러나 아무리 아름다운 정합적 이론이라고 해도 경험적으로 검증되지 않으면 진리라 할 수 없다. 따라서 정합설은 대응설을 바탕으로 해야 비로소 설 수 있다. 결국 진리는 사실과 대응해야 하고 체제적으로 무모순이어야 한다.

- **포스트모던적 진리론은 가볍다.**
  - 실용주의자들은 '좋은 결과를 낳는 유용한 믿음'을 진리라 했다.
  - 쿤은 진리란 패러다임의 산물이며 '자연에 적용하기 위해 잇대어 발명된 상상적 가정'이라 했다.
  - 로티에게 진리란 '한 사회가 인정하는 유용한 믿음'이다.

- **진리와 윤리**

아리스토텔레스 이후 진리와 윤리는 구분되었다. 진리는 가치중립적이다. 그러나 이것은 객관적 진리가 존재한다는 것을 전제했을 때 타당한 말이다. 진리가 세계로부터 '발견해내는 객관적인 것'이 아니고, 단지 우리가 '유용하게 사용하기 위해 만들어내는 것'이라면 그 책임도 전적으로 우리가 져야 한다. 진리는 더 이상 가치 중립적일 수 없다. 윤리적이어야 한다. 이것이 가벼워진 진리가 져야 할 무거운 짐 이다.

설득의 논리학